本书属于国家社会科学基金一般项目"中国特色监狱管理体制改革与创新研究"(项目批准号 16BFX074)最终结项成果

国家社科基金丛书
GUOJIA SHEKE JIJIN CONGSHU

中国特色监狱管理体制改革与创新研究

The reform and innovation research of Chinese characteristic
prison administration system

王恒勤　等著

人民出版社

目　录

前　言

　　《中国特色监狱管理体制改革与创新研究》一书是 2016 年国家社会科学基金项目(项目批准号 16BFX074)的最终成果。项目得到司法部和中央司法警官学院领导及老师的高度重视,得到全国监狱系统、监狱民警和监狱理论研究专家的大力支持。经过课题组全体成员历时 3 年的努力,终于完成了迄今为止我国监狱管理体制方面唯一国家级课题的研究任务。值此付梓之际,谨向为本课题研究提供支持和帮助的各位专家、同仁和同志们表示由衷的感谢!

　　马克思主义认为,实践是理论的基础,理论为实践服务。新中国成立以来,我国监狱工作实践在摸着石头过河的探索中取得了令人瞩目的成就,监狱理论研究围绕监狱的制度设计、监狱管理、罪犯改造等进行了广泛探讨,内容涵盖从宏观到微观,从本体到应用,从监狱物质层面到监狱文化层面,从监狱警察到服刑人员等诸多方面,并产生了一批批重要成果,这些成果又进一步丰富和发展了监狱工作实践。但是,随着社会法治化建设的不断推进,刑罚执行制度的不断完善,监狱管理过程中的热点、难点、焦点问题也在不断涌现,诸如:人民内部矛盾凸显,刑事犯罪高发,犯罪控制形势日趋严峻复杂;监狱押犯持续上升,平均刑期、关押时间在延长;罪犯改造难度不断加大,重新犯罪率缓慢上升;监狱的制度设计、立法保障、设施设备跟不上监狱发展的需要;监狱各级管理部门以及监狱人民警察压力增大,面对新形势、新任务,信心和能力有待增强。特别是在实践中，仍按传统的方式方法进行惯性化的指导与管理，造成了老办法不管用，新办法不会用也不敢用的局面，等等。解决监狱运行中的诸多矛盾与问题，需要监狱理论研究者实时跟进，契合监狱管理新形势、新特点、新任务，结合监狱管理新矛盾、新问题、新挑战，做出更深层次的解读与更高层面的探讨。本研究的目的正是为当前的监狱实践提供指导：对于我国监狱管理体制改革实践提供参考，对于解决困扰监狱管理体制改革的一些现实问题提供启发，更希望为构建中国特色社会主义监狱制度的伟大实践提供理论支持。

在党的二十大报告中，习近平总书记再次强调，全面建设社会主义现代化国家，必须坚持中国特色社会主义文化发展道路，增强文化自信，围绕举旗帜、聚民心、育新人、兴文化、展形象建设社会主义文化强国，发展面向现代化、面向未来的，民族的、科学的、大众的社会主义文化，激发全民族文化创新创造活力，增强实现中华民族伟大复兴的精神力量。

本书以我国监狱管理体制改革的相关理论与现实问题为研究对象，着力探讨中国特色监狱管理体制的内容目标、法律制度、行刑机构，探讨多元制专业化的监狱管理体系构建，探讨监狱管理体制的科技化等问题。全书以法治精神、科学精神为指导，以监狱管理现代化为方向，在实证调查的基础上，对我国监狱管理体制进行科学设计，旨在促进监狱管理体制的现代化转型。从更深远的意义上来说，对监狱管理体制改革的探讨，将有利于进一步优化刑罚执行格局，促进监禁矫正与社区矫正的有机衔接，完善中国特色社会主义司法行政制度和刑罚执行制度，提高罪犯改造质量，为提高监狱行刑效益，维护公共安全，实现监狱治理体系和治理能力现代化作出贡献。

本书在撰写过程中，吸收了很多监狱学专家和同仁的成果，在此一并致以诚挚的感谢！本书虽有课题组成员的辛勤努力，但是疏漏之处在所难免，祈愿专家同仁批评指正！

导　　论

　　中国监狱管理体制发展大体经历了初步建立、探索完善、持续发展的曲折历程。中国特色社会主义进入新时代后,随着全面深化改革、全面依法治国的不断深入,监狱管理体制面临着如何与社会发展新形势相适应的挑战,监狱管理体制改革迫在眉睫。

　　本书第一部分(第一至二章),首先从发展历程、现状、境外考察等方面介绍了监狱管理体制的发展问题。剖析发展现状,提出监狱管理体制的改革与创新要通过法治思维和法治方式,形成为什么要改革、改革什么和怎样改革的共识,以体现其理论性、科学性及合法性。

　　本书第二部分(第三至六章),在监狱管理体制改革与创新方面,从理论与实践基础、信息技术的引入、价值追求、基本路径与主要内容等角度进行探讨。其中,监狱管理体制必须以适应社会发展进步的制度需求为出发点,在制度领域进行积极主动、全面充分的改革创新,着力解决制度缺失和制度缺陷问题。监狱信息化建设,是保障监狱充分履行职能、更好地服务社会安全稳定的客观要求。司法部充分认识到信息技术在监狱管理工作中的重要性,大力推进"数字法治,智慧司法"信息化体系建设,通过在"智慧监狱"建设中迅速发展和应用大数据、物联网和人工智能等新技术,引领监狱管理技术创新,进而推动管理理论和体制改革。在价值追求方面,监狱刑罚执行与罪犯改造相关理论研究的价值,重点在于研究新时代的新情势和新问题,深化和拓展新时代中国特色社会主义法治理论,立足中国国情社情,探求具有中国特色、符合中国风格的解决方案。通过刑罚执行机构设置管理一体化,建立大区协调机制;积极推动监狱相关法律法规建设完善,建立罪犯服刑指导制度、罪犯合法权益保护机制以及科学的教育改造质量评价体系等,大力推进中国监狱管理体制改革创新。

本书第三部分(第七至九章),围绕多元制专业化监狱管理体制的组织结构设计、职权配置架构、中国特色监狱管理体制技术创新,分别进行阐述。设计多元制专业化背景下中国监狱管理体制的组织结构,主要遵循以下基本原则:依法设计原则、系统设计原则、责权利均衡原则、以人为本原则、目标一致原则、强制实施原则。监狱管理职权配置主要是解决监狱应该具有何种权限,以及这种权限在监狱内如何进行分配的问题,应随着国家法治建设进程和刑事执行政策的发展变化不断地进行动态调整。最后对监狱管理技术创新进行了介绍,分功能、分类别地介绍了当前已实现产品化的监狱监管智能技术及应用,也对未来监狱监管技术的整合及发展进行了展望。

本书从监狱体制的国内发展及现状研究引入,全面系统地阐述了监狱管理体制改革的理论基础、价值追求、组织结构、职权配置,并介绍了监管技术创新及其对监狱管理体制改革的推动,力图对监狱管理体制进行全方位的研究和梳理,为进一步建立和完善系统完备、逻辑严谨、内在统一的中国监狱管理体制提供理论支撑和实践导向,促进监狱管理体制改革和发展,以维护总体国家安全和社会和谐稳定。

附录部分分析并借鉴国外监狱管理体制的优点与问题,为完善新型监狱体制和刑罚执行制度提供了较有价值的参考。

本书各章的作者分别为:第一章,夏淑云;第二章,李天发、崔嘉欣;第三章,曾小滨;第四章、第九章,高冠东;第五章、第六章,辛国恩;第七章、第八章,李天发;附录,李天发、侯永国。王恒勤在拟定全书写作大纲的基础上,负责全书的审稿及统稿工作,期间多次对部分章节的内容反复进行了修改。

第一章 中国监狱管理体制的
发展历程

  中国监狱管理体制发展大体经历了不断成熟、日渐完善、持续发展的曲折历程。为便于较为清晰地梳理新中国成立以来监狱管理体制发展的脉络足迹,本章拟将新中国成立以来监狱管理体制的改革发展从三个阶段进行论述,即:监狱管理体制的初创时期(1949—1976年)、探索完善时期(1977—1994年)、持续发展时期(1995年至今)。

第一节 初创时期监狱管理体制

  1949年10月1日中华人民共和国成立,作为国家机器的监狱,如何在新政权的建立后顺利创建,是当时的大事之一。早前,随着解放战争在全国轰轰烈烈地进行,各解放区的人民政权也陆续建立起来,与其他各项工作的交接一样,各地由军管会接管国民党旧监狱并相继开展了接收档案、接管资产、清理在押犯、区别处理旧狱警等工作,保证了接管后监狱日常各项管理工作的有序进行。以此为基础,在解放初期,一套全新的、基本适应新政权新社会的监狱管理制度迅速创建起来。

一、生产与劳动相结合的监企合一模式

早在新中国成立前,党领导的革命政权就确立了用劳动来改造罪犯的基本思想,并贯穿了新中国成立后监狱管理体制创立的全过程。1949年6月,毛泽东同志发表《论人民民主专政》指出:犯了法的人民,也要受处罚,也要坐班房,也会判死刑,但这是个别情况,这和把反动阶级当作一个阶级的专政来说,是有原则上的区别。对于反动阶级和反动派的人们,在他们的政权被推翻以后,只要他们不造反、不破坏、不捣乱,也给土地和工作,让他们活下去,让他们在劳动中改造自己,成为新人。如果他们不愿意劳动,人民的国家就要强迫他们劳动。也对他们做宣传教育工作,并且做得很用心,很充分。这是毛泽东主席改造旧中国伟大设想的组成部分,也是新中国监狱体制创建的指导思想,即通过生产劳动和政治思想教育,把罪犯改造成为能够自食其力,奉公守法的新人。

新中国成立后,为保卫胜利成果,巩固人民民主政权,新的人民民主政权开展了禁娼禁毒、剿匪肃特等各项社会改造工作和镇压反革命运动,随着上述运动的深入开展,大批反革命分子和刑事犯罪分子被依法判刑,除了不杀不足以平民愤者外,其余的依法判处了死刑缓期2年执行、无期徒刑和有期徒刑,监狱押犯从1949年的6万余名一下子激增至1951年的87万余名,至1952年又增至100万以上。而新中国成立时,人民政府接管过来的是工商业不景气、市场混乱、农业萧条、国民经济处于崩溃边缘的烂摊子,加之新兴的人民民主政权正在抗美援朝,国内财政困难,人民生活贫困,面对不断激增的犯人,国家不可能拿出钱来建造大批监狱,更不可能把百万犯人养起来,在这一背景下,1951年5月召开的全国第三次公安会议(以下简称"三公会议"),中央提出"三个为了"的基本方针:"大批应判徒刑的犯人,是一个很大的劳动力,为了改造他们,为了解决监狱的困难,为了不让判处徒刑的反革命分子坐吃闲饭,必须立即着手组织劳动改造的工作"。自此以后,全国范围的劳动改造罪

犯工作全面展开,对罪犯进行大规模劳动改造是新中国改造工作的创举。同时,会议通过了《关于组织全国犯人劳动改造的决议》,以生产为目的、生产与劳动相结合的"劳改机关"应运而生,国家组建了一批批全民所有制的劳改农场、劳改工厂、劳改矿业队、劳改建筑工程队等,监狱①与企业正式合而为一。由于劳改机关基本建立在交通不便的偏远艰苦地区,劳改机关不仅办企业,还承担起办社会职能,托儿所、幼儿园、学校、商店、银行、卫生院等等相应建立起来,逐渐形成了适应当时国情的监狱管理模式:监企社合一,监狱承担起办监狱、办企业、办社会的多重职责。

二、内部管理机制的不断完善

人民民主政权是在彻底摧毁旧的国家机器基础上建立起来的,监狱管理制度亦是如此。早在解放区军管会接管国民党监狱时起,废除旧的监狱制度,对旧监狱进行彻底改造,并制定新的监狱管理制度的工作就已经全面展开。新中国成立初期,监狱管理面临不断出现的诸多问题:押犯方面,押犯人数不断激增,同时,由于人民政权建立的时间不长,国内外阶级斗争的形势严峻,罪犯中公开对抗管教、造谣煽动、书写反动标语、脱逃、破坏生产,甚至行凶、暴动等抗拒改造行为时有发生;干警方面,劳改机关干警在工作中缺少经验,工作方式方法简单,一些干警麻痹思想较为突出。面对监狱管理的新问题和复杂状况,1955 年 9 月,在中央的直接关注下,公安部召开了第三次全国劳改工作会议,提出必须防止"三个不足":必须注意防止对于在一定时期内可能投入劳改的罪犯人数"估计不足";防止对于大约占百分之几的坚持反动立场、继续进行破坏活动、难以改造过来的少数罪犯的破坏性"估计不足";防止对于绝大多数罪犯在目前全国人民进行社会主义建设热潮的影响下,加上劳改机关对他们的政治思想教育工作,能够把他们的劳动积极性鼓舞起来,能够把他

---

① 　除引文等表述需要外,各类劳改机关,均表述为"监狱"。

们加快地改造过来这一点"估计不足"。中央要求对以上方面都必须有"充分的估计并进行全面的规划,采取积极的措施,以便推动这一工作更快的发展"。为此,中央加强了对劳改工作的完善:第一,开展狱内侦查工作。对各种破坏事故及时侦查,查明情况,迅速破案。选择那些"能接近侦查对象,经教育后可以为我利用并保守秘密的犯人"配合做好狱内侦查工作,建立狱内特情制度。第二,充分发挥押犯的作用。对于劳改生产基建工作上的勘察、设计、制图、原料、成品的化验、检查、会计、车间原始记录,劳改场所的医生、医助、卫生员、犯人小组长和犯人的文体活动、炊事、理发等一般技术性的工作,可适当使用具有以上技术并确已认罪伏法的犯人担任。第三,健全狱内管理机构。适应罪犯改造的新形势,公安部明确要求省级劳改机关和劳改单位,分别设立狱政管理、教育和狱内侦查、生活卫生等专门管理机构,从而使各级劳改机关的内部管理机制更为健全和完善起来。

三、改造第一、生产第二方针的确立

新中国的劳改工作,贯彻落实"一劳""二劳"会议精神和 1954 年制定的《中华人民共和国劳动改造条例》(以下简称《劳改条例》),取得了显著的成效。1951 年 10 月底,实行劳动改造罪犯仅半年的时间,全国已经有 67 万余名犯人投入生产,占押犯总数的 62%。到 1952 年"一劳"会议召开,全国三分之一的劳改单位已做到生产的自给,到 1953 年底,全国监狱机关投入劳动改造的罪犯占押犯总数的 83.67%,这一举措不仅基本解决了在押人员的吃饭问题,为劳动改造罪犯提供了大容量的关押改造场所,而且给国家节省了一笔囚粮开支,为监狱生产的不断发展,在押人员的改造工作提供了条件,为建立中国特色监狱管理制度奠定了基础。

但是,劳改机关也出现了"重生产,轻改造"的趋势,追求经济效益、生产指标过高、劳动强度过大、劳动环境及条件艰苦等问题开始出现,并产生了较为严重的后果:劳改犯人出现大批病亡等情况。党中央对此高度重视,毛泽东

同志指出:要将阶级斗争和人道主义相结合;刘少奇同志提出:劳改工作的方针,第一是改造,第二是生产。周恩来同志强调:我们是劳动人民的政权,是要把罪犯改造成为新人,这就是人道主义精神。为更好落实中央领导关于劳改工作的指示精神,1958 年,第九次全国公安工作会议召开,会议通过了《关于劳动改造工作的决议》,第一次把"改造第一,生产第二"确定为劳改工作的原则。"改造第一,生产第二"原则的确立,不仅可以让监狱机关把生产和改造的职能区分开来,而且可以使监狱内部根据管理教育和生产劳动的不同情形来分配工作人员并设置相应机构,对监狱管理体制走向科学化产生推动作用。会议之后,全国劳改机关陆续制定了犯人生活供给标准制度、犯人劳动生产的物质奖励制度、犯人管理制度等相关制度。在日常管理中也采取了一系列卓有成效的管理方式方法,如对不同案情的罪犯实行分别对待,促进罪犯的分类和改造;更加注重细致、深入的政治思想教育工作;坚持群众路线,组织罪犯外出参观、写汇报信;加强监狱的"三道防线"和狱内侦查工作;等等。罪犯管理不断步入正轨。

四、劳改工作分级分类管理体制的形成

随着劳动改造罪犯工作迅速在全国展开,劳改机关管理体制的建立也应运而生,在短时间内,全国创建了从中央到县五级劳动改造机关管理体制。

1. 监狱的组织层级与管理

1950 年 11 月,政务院发布《关于加强人民司法工作的指示》,根据这份文件,司法部和公安部联合发出《关于监狱、看守所和劳动改造队移转归公安部门领导的指示》,从此,监狱工作归公安部门统一领导。根据《关于组织全国犯人劳动改造问题的决议》精神,在全国建立了监狱机关五级组织管理体系:对犯人劳动改造的组织"应由中央一级、大行政区一级、省市一级、专署一级和县一级共五级分工负责",五级管理分别为:中央一级为公安部,负责全国

劳改工作事务的管理;大行政区和省一级设立劳改处;专署一级设劳改科;县一级设劳改股。1953年3月,经过党中央同意和批准,在公安部设立专门负责全国监狱工作的机构——劳动改造管理局。与此相应,各省、自治区、直辖市人民政府也先后设立了劳改局。1954年《劳改条例》颁布,规定:各级劳动改造机关分别接受各级人民公安机关的领导、各级人民检察署的监督,在有关司法业务上,接受各级人民法院的指导,监狱机关的领导监督等体系进一步完善。

2. 押犯的分类与管理

在健全组织管理的同时,根据押犯的刑期建立了分类管理体制:5年以上刑期的犯人组成劳改大队,由省级管理;2—5年刑期的犯人由专署管理;1—2年刑期的犯人由本市、县管理等。《劳改条例》进一步明确了押犯的分类:初步形成了重刑犯与轻刑犯、已决犯与未决犯、成年犯与少年犯分管分押的管理体制。规范了对犯人的奖惩、教育、管理、劳动等刑罚执行各环节的具体情形,建立健全了监狱管理、生产劳动、生活卫生、财务及经费、政治工作等诸多方面的管理制度。

3. 刑罚执行机构的类型

新中国成立后,随着社会的发展,刑罚执行机关机构的设置得到不断调整和完善,在不同的历史时期表现出不同的类型和特征,基本如下:

(1)看守所。解放初期,对于那些未决犯或刑期较短的已决犯,交由看守所负责羁押。如,被判处两年有期徒刑及以下不便于移交监狱、劳改队执行羁押的罪犯,由看守所进行看管。看守所依次从中央、省、专区、市、县为单位分级设置,并由各级公安机关负责管理。看守所一般设立一名所长,根据羁押规模,设立一至两名副所长,所内设立相关看守人员和干事若干名。

(2)监狱。新中国成立初期的监狱,主要监管的是要犯或重刑犯,包括死缓、无期的反革命犯以及一些重要刑事犯罪分子,这些押犯不从事监外劳动。监狱的设置主要在省(市)一级,由公安机关负责管理。设一名监狱长,根据规模,设一至二名副监狱长,内设管教机构、生产机构、总务机构等。

(3)劳动改造管教队。与监狱不同,劳改队监管那些适合在监外劳动的反革命犯和一般刑事犯罪分子。劳改队也只能设置在省(市)一级,由省、市的公安机关负责管理。劳改队通常根据在押人员的规模和生产劳动的需要而设置总队、支队、大队、中队、小队等 5 个不同层级。劳改队设一名队长、若干副队长。

(4)少年犯管教所。管教十三周岁以上未满十八周岁的少年犯。少年犯管教所也是只能设置在省、市一级,由省、市公安机关管辖。

五、创建时期监狱管理取得明显成效

自 1951 年下半年开始的大规模劳改队创建,到 1951 年年底,全国监狱、劳改队总数达到 2452 所,其中省属监狱、劳改队 188 所,地市办监狱、劳改队 303 所,县办劳改队 1961 所。1954 年开始对监狱、劳改队隶属关系进行调整和集中,逐步减少地市和县级所属监狱、劳改队数量,逐步将监狱、劳改队统一划归省级直属,到 1964 年,省属监狱、劳改队增加为 520 所,地市所属监狱、劳改队降为 290 所,县级劳改队减少到 3 所。随着我国行政管理体制的完善,撤销大行政区,在监狱管理上也相应做出调整:大行政区级劳改机构撤销,专署和县级的劳改机构或缩减或裁撤,逐步形成中央和省双重领导、以省管为主的两级管理体制。其中的一些管理制度一直延续至今。应该说,新中国成立以来,监狱管理的思路和举措都走向了成熟与完善。

1. 形成了较为科学的监狱管理理念与实践设计

从大规模劳动改造罪犯的实施,到"改造第一,生产第二"理念的落地;从专注于生产劳动改造到生活、教育、医疗卫生等的全面改造和保障,并进入

"监狱是工厂、农场、学校"时代;从对犯情、国内外形势认识的全面深入,到分押分级管理以及刑罚执行手段的日渐成熟,等等。事实表明,新中国监狱工作不论是理念还是实践都沿着正确的轨道一路走出各种阴霾,并成功把大批罪犯改造成守法公民,确保了新中国的社会稳定,发挥了刑罚执行机关的最大作用。

2. 初创时期的监狱管理始终坚持与国情同步而行

初创时期的监狱管理最大特征就是创立并发展了劳动改造制度。新中国成立初期,由于接管的旧政府经济凋敝,国家经济处于极其困难的状况,监狱组织罪犯从事生产劳动有着经济方面的目的,毛泽东同志明确指出:我们的监狱不是过去的监狱,我们的监狱其实是学校,也是工厂,或是农场。从而形成了从中央到地方各具规模的劳改农场、劳改工厂等,并逐步建立起监企社合一的监狱管理模式,这些都与当时特定历史时期政治、经济、文化等社会条件相适应。大规模劳动改造是新中国成立初期国家经济困难情况下的必要举措;监企社合一模式既是当时监狱位置布局使然,也是计划经济时期监狱管理的飞跃与进步,为改造罪犯、减轻国家负担、维护社会稳定作出了积极的贡献。

3. 在探索中及时调整监狱管理出现的偏颇

改革开放后,随着我国经济体制改革的不断发展,社会主义市场经济逐渐完善起来。然而,在计划经济体制强大的政府调控力下所形成的监狱生产和监狱管理模式,无法适应市场经济的发展,呈现出巨大的局限性:由于监狱企业特殊的性质和特点,在与适应市场经济的其他企业的竞争中处于明显的劣势,监狱生产逐渐陷入了无法承受的困境。为解决监狱的"糊口"问题,监狱管理者的工作重心逐渐偏离,将主要精力放在对经济效益的追求上,难以顾及对犯人的教育改造,管理弊端不断加深。一系列的问题,推动了监狱管理体制的改革。监狱押犯的管理、生产劳动的组织、财经政策与保障以及监狱人事管理、组织纪律、作风建设、执法监督等都建立了系统的管理机制。

从新中国成立到"文革"结束,经过近30年的曲折发展,一套行之有效的监狱管理制度基本形成。虽然在"文革"时期监狱管理遭到破坏,但是较为完善、基本合理的监狱管理体制已经初具规模,为监狱事业不断发展完善奠定了基础。

第二节　监狱管理体制的探索完善

1976年,"四人帮"被粉碎,持续了十年的动乱自此结束。1978年底,中国共产党第十一届中央委员会第三次全体会议在北京举行,思想路线、政治路线、组织路线等实现拨乱反正,监狱管理体制也在拨乱反正中踏上了探索完善的征程。

一、相关背景

1978年12月,党的十一届三中全会作出了把全党的工作重心转移到社会主义现代化建设上来的重大决策。从此,我国进入了以经济建设为中心的新的历史时期,劳动改造罪犯工作呈现出不同以往的变化,面临着许多新情况和新问题:第一,由于"文革"中"左"的思潮影响很深,将阶级斗争扩大化的思想在相当一部分监狱干部中根深蒂固,认为犯人就是敌人,对敌人就得狠,这种思想,从根本上否定了犯人的一些基本的合法权利。第二,新中国成立后监狱在生产劳动改造罪犯中建立了监企社合一的改造管理模式,在市场经济体制下,监狱经费、警察福利全部需要监狱自己来承担,监狱财力的困难致使监狱不得不偏重经济创收。罪犯超时、超体力劳动;打骂、体罚、执法不公等问题频频出现,监狱职能逐渐偏离以劳动来改造罪犯的目的,刑罚执行工作明显弱化、监狱腐败渐渐滋生等后果开始出现。加之许多劳改单位经营管理工作不善,生产秩序混乱,一些劳改单位基本与社会上的工厂企业相类似,由于改造生产秩序的混乱,导致罪犯逃跑和狱内案件不断增加。第三,押犯的构成与20 世纪 50、60 年代相比变化巨大,50、60 年代关押的大多是反革命分子,60年代以后反革命犯逐年下降,至 80 年代初期,反革命犯极大减少,刑事犯相对猛增,在刑事犯中,盗窃、抢劫、性犯罪占了绝大多数。押犯的年龄也逐步呈现年轻化,概括地说,押犯构成的变化体现"三多":刑事罪犯多、青年罪犯多、劳动人民家庭出身的罪犯多,押犯构成出现了历史性的变化。第四,在全国范围内开展严打斗争,半年内押犯净增 30 多万,押犯骤增致使监所爆满,押犯无处关押,往往因陋就简,不少新入监犯人中存在不认罪、不伏法、吵闹监狱、伺机逃脱、狱内重新犯罪等严重问题,监管秩序混乱,监狱安全隐患增多,等等,监狱面临着不得不解决的诸多问题。

二、监狱管理指导思想的变化

面对新历史时期的新情况和新问题,为推动监狱工作的发展,监狱管理的指导思想也随着形势和任务变化进行了调整,为监狱管理体制的更加完善做了较为充分的准备。

1. 罪犯改造新思想

1981 年 8 月,公安部在北京召开"八劳"会议,提出"要加强对罪犯的教育工作,把劳改场所办成改造罪犯的特殊学校",实行"三个象""六个字"的监狱工作方针,推行监狱管理制度化、保障犯人的法定权利等政策。1982 年,中共中央作出了《关于加强政法工作的指示》,指出:"劳改、劳教场所是教育改造违法犯罪分子的学校。它不是单纯的惩罚机关,也不是专搞生产的一般企业、事业单位。现在,劳动改造对象的情况,已经发生很大变化,大多数罪犯是劳动人民家庭出身的青年,是职工的子弟。面对这个新情况,劳改工作更要强调坚持'改造第一、生产第二'的方针,注重改造。劳教工作必须坚决实行教育、感化、挽救的方针,着眼于挽救。对失足的青少年,要像父母对待患了病的孩子、医生对待病人、老师对待犯了错误的学生那样,积极为他们创造条件,促进改造。劳改、劳教工作都要切实抓好政治、劳动、文化和技术教育。要加强监督管理工作,实行文明管理,纠正一切落后的野蛮的做法,使被改造的对象看到出路和光明前途。"文件明确提出,劳改、劳教场所是学校,要加强改造工作,要着眼于挽救,要实行文明管理等要求。1986 年司法部提出了狱政管理实行"依法、严格、文明、科学"的要求,并将改造思想融入具体可执行的制度中,发布了一系列规章,如《监管改造环境规范》《罪犯改造行为规范》《劳改劳教工作干警行为准则》等,确保了与新形势相适应的改造思想的落地,对完善监狱管理体制影响深远。

2. 颁布实行新规定

随着押犯构成的变化和国家法制建设的加强,1982 年 2 月,公安部颁布了《监狱、劳改队管教工作细则》,共 7 章 137 条,是我国监狱管理体制法治化建设进程中具有里程碑意义的文献。《细则》确定了监管改造工作的原则,坚定了"改造第一"的方针;确立了教育改造工作的原则:有法必依、执法必严、违法必究;确立了立足改造、科学文明管理的原则;以教育为主,处罚为辅,管中有教,寓教于管,管教结合;确立了劳改干警必须坚持对犯人进行直接管理的原则:提出了包括武装警戒、狱政管理、生活卫生、教育改造、考核奖惩等较为详尽完整的新措施。提出了迄今仍具有重要意义并具有时代先进性的分押分管、区别对待、评选劳改积极分子等内容,特别是首次明确规定了罪犯的权利与义务,首次建立了对罪犯进行考核奖惩的制度,等等。《细则》不仅对《劳改条例》进行了补充和发展,而且契合了当时监管改造工作的新形势和现实需要,为监狱管理体制的规范化建设奠定了法制基础。

3. 劳改机关的新定位

根据"八劳"会议精神,1985 年召开的全国司法厅局长会议上,司法部把

"争取在三五年内基本上把全国劳改、劳教场所办成'特殊学校'"作为工作目标明确提出。劳改局对各地劳改机关提出了办学的指导思想:"改造思想、造就人才、面向社会、服务四化"。对"三课"提出基本原则和具体要求:以政治教育为核心,以文化教育为基础,以职业技术教育为重点。"特殊学校"的定位是对监狱管理体制的一场变革。

三、管理体制的不断完善

早在"八劳"会议上,就提出了完善监狱管理体制这一命题。随后,结合时代变化和形势的需要,监狱管理体制在实践中探索前行,不断吸取教训和积累经验,不断适应新形势、新任务和新要求,也不断纠错更正,走着一条具有中国特色的发展之路。

1. 变更管理权限

1983 年 5 月,中共中央发出通知,决定由司法部来管理劳改工作,这是我国监狱管理体制不断探索完善时期的重大历史性事件。1983 年 8 月,全国劳改系统完成移交工作。

2. 建立保障措施

"八劳"会议后,全国各地劳改局机构的生产财务、狱政建设单立户头,列入本地区的基建计划;劳改业务费得到恢复,财政部每年补贴基建投资 8000 万元;劳改机构干警的编制得到补充,工业单位为 20%,农业单位为 16%,等等,一系列的改革措施使劳改机关保障得到不断加强。其中,劳改机关的财务管理体制得到较大改善。劳改机关的财务管理先后经历了"统筹统支,全额管理""以收抵支,差额管理""定额上缴,收入分成""财务包干"等阶段,特别是 20 世纪 80 年代以来,劳改机关财务实际是"自负盈亏"的体制,这一体制随着市场经济越来越发达而受到巨大冲击,监狱生产固有的矛盾日益突出,为扶持监狱企业发展,1990 年 1 月,国务院下发国发〔1990〕20 号文件,确立了国家对监狱财政给予保障的政策,即:"劳改劳教单位的改造经费,狱(所)政基本建设、生产建设资金和物资(包括农业生产资料)供应,应纳入国家预算和计划管理"。"严打"以来至 2000 年,国家一共给监狱安排政策性专项基建和技改贷款约 125 亿元,建成 1200 多个生产项目,解决了 50 多万名罪犯的劳动改造场所问题。[①] 尽管如此,随着监狱开支的不断加大,加之监狱企业缺乏市场竞争力,监狱入不敷出,很多劳改企业亏损严重,经济极为困难。1992 年中共中央下发的中发〔1992〕7 号文件,又将监狱干警的工作和犯人的生活费纳入国家财政保障体制内,但是,这一规定只是原则性的,监狱的困难依然没有得到解决。直到 1994 年 12 月《监狱法》的颁布,才以法律的形式将"监狱人民警察经费、罪犯改造经费、罪犯生活费、狱政设施经费及其他专项经费,列入国家预算",监狱的财政保障体制正式建立起来。

3. 改革监管改造模式

为适应国际行刑发展趋势,确保监管改造工作"依法、严格、文明、科学",司法部相继出台了《关于加强监管改造工作的若干规定》《监管改造环境规范》《罪犯改造行为规范》《劳改劳教工作干警行为准则》等规章制度,对监管改造工作的方方面面加以规范,有条不紊地落实"依法、严格、文明、科学"的改造理念。在监管改造工作日渐步入正轨的形势下,1986 年,上海第二劳改总队率先开展对罪犯进行分类改造的试点工作[②];1988 年辽宁省劳改机关开展罪犯累进处遇制试点工作[③]。新监管改造模式试点取得很大成效,为全面实施分押、分管、分教工作积累了经验。1989 年 7 月,司法部在上海召开全

---

① 参见万志兵、王宗顺:《新中国监狱体制的变化、发展及改革研究》,见《新中国监狱工作若干问题研讨会论文集》,2011 年。

② 参见上海监狱陈列馆大事记,http://jyj.sh.gov.cn/jyw/n14/n45/n94/u1ai4063.html。

③ 参见孟庆丰:《辽宁监狱系统实行"累进处遇制"的回顾》,见《我所知道的新中国监狱共第二辑》(内部编印),2010 年,第 175 页。

国监管改造工作会议,会议制定并下发了《关于对罪犯试行分押、分管、分教的实施意见》,"三分"是集执法、管理、教育、改造于一体的监管改造工作新模式,并于1991年在全国正式推行,推动了监狱管理体制科学化和法制化。

四、基本形成了科学化的管理模式

党的十一届三中全会后,监狱管理工作理念和工作模式都得到明显提升,不论是监狱职能定位的日渐明晰、监狱管理权限的重大调整、监管改造模式的更加完善,还是监狱财政保障能力、监狱队伍建设水平等的增强,都表明监狱工作方针政策越来越科学,监狱管理规范化建设在明显加强,监狱正在从企业、社会等多种角色中抽身并回归本位。

1.监狱管理中突出了刑罚执行职能

新中国成立后,监狱机关主要实行"劳动改造",尽管主张"改造第一,生产第二",以"生产劳动"为主要目的仍然是监狱改造工作的主体。党的十一届三中全会后,监狱提出创办"特殊学校",提出"三个象""六个字"方针,刑罚执行职能日渐突显。加之监狱经费、人员保障机制的建立与完善,为监狱专注做好罪犯教育改造工作提供了坚实的保障。

2.监狱管理的法治化得到明显加强

党的十一届三中全会后,监狱围绕提高罪犯改造质量出台了一系列规章,监狱内部管理得到全面规范,特别是《监狱、劳改队管教工作细则》的制定,进一步明确了有法必依、执法必严、违法必究的法治理念。确立了教育为主、处罚为辅的科学文明管理原则,狱政管理、教育改造等措施更加细致全面,监狱管理的各方面工作逐步迈进法制化轨道。

第三节　监狱管理体制的持续发展

20 世纪 90 年代,中国进入改革开放和社会主义现代化建设的关键时期,邓小平南方谈话和党的十四大解决了中国在由计划经济向市场经济转变的过程中一系列重大理论与实践问题,新的历史时期,党和国家对监狱在保障经济建设、维护社会安全稳定的重要作用给予了高度重视。监狱工作围绕"以改造人"为宗旨的方针,回归监狱刑罚执行职能,逐步建立起规范的管理体制,实现了监狱工作的历史性发展。

一、监狱管理持续发展的基础性变革

进入 20 世纪 90 年代,监狱工作依然面临着严峻的考验,主要表现在:进入市场经济之后,由于体制不顺,监狱经济出现极其困难的局面,监狱工作难以适应越来越繁重的改造任务;监狱经费不足和监狱企业大面积亏损使监狱陈旧落后的设施无法得到更新,监狱干警及服刑人员工作生活条件恶劣,部分监狱甚至由于经济困难而出现一系列违法违纪问题。比如,辽宁大连监狱案、湖南邵东监狱案等,不仅损害了监狱系统的社会形象,而且使监狱机关处在舆论的风口浪尖。监狱如何走出困境,需要审慎而科学的顶层设计。

1.《监狱法》颁布实施,"三大改造手段"正式"入法",监狱管理的*法律架构形成*

1994 年 12 月 29 日,《中华人民共和国监狱法》经全国人大常委会讨论通过,这是我国第一部监狱法典。《监狱法》明确了监狱以改造人为宗旨,监管、劳动、教育是监狱改造罪犯的"三大手段",界定了"监狱是国家刑罚的执行机关"这一法律地位,确立了监狱经费的保障体制,进一步明确了罪犯权利的广泛性和现实性。随着《监狱法》的颁布,司法部及省(自治区、直辖市)劳改工

作管理局更名为监狱工作管理局,劳动改造管教队更名为监狱,自此,使用了40多年的"劳改"一词退出历史舞台。《监狱法》的颁布施行奠定了监狱法律体系建设的基础,监狱的各项管理工作都纳入法制化轨道,监狱管理更加科学、规范。

2. 监狱布局调整,全面解决监狱办社会问题

20世纪50年代,出于监狱安全和不与民争利的考虑,监狱大多建到了边荒落后、人烟稀少的边区,内陆省市的监狱基本建设在深山、沼泽地带。这些监狱交通不便、信息闭塞、条件艰苦,建成初期基本是荒无人烟,在这些地方建监狱,一方面劳动生产、监管安全易受恶劣自然条件影响而产生诸多不稳定因素;另一方面监狱警察的工作生活也受到各种限制,子女就学就业、日常生活需要等等难以解决,监狱不得不承担起办社会的沉重负担,分散了监狱有限的财力和精力。为有效解决这些问题,早在80年代中期,广东省劳改局提出:"调整监狱场所布局,从边远山区向靠近城市和交通沿线转移;调整产业结构,从野外农业生产向以监内工业生产为主转移"的"双向调整,两个转移"战略。福建省劳改局也提出了"三个转移,两个收缩"的布局调整思路。"三个转移"即:由边远落后的山区向沿海发达地区转移、由农业生产向工业生产转移、由监外劳动向监内劳动转移。"两个收缩",即收缩不利于监管安全的关押点、收缩发展前景差经济效益低的生产单位。福建和广东两省的关于监狱布局调整的工作得到司法部重视,1995年,司法部在全国监狱推广两省的经验,但是由于财力等问题,布局调整并没有取得实质性进展。2001年12月,国务院印发《关于研究解决监狱困难有关问题的会议纪要》,全国性的监狱布局调整得以全面展开。根据《纪要》要求,国家计委、财政部、司法部组成"监狱布局调整方案审批领导小组",监狱布局调整被纳入当地经济发展规划,中央和地方划拨专项投资,处于边远地区的监狱逐步搬入城市或其近郊。到2010年全国监狱布局调整工作基本结束,大多数监狱通过布局调整,不仅规

模更适度、刑罚执行功能更完善、分类更科学,更重要的是许多历史遗留问题都得到解决,如,监狱的监管生活条件得到极大改善,医疗、教育、生活等问题都得到解决,监狱不再承办医院、卫生所、幼儿园、商店等社会职能,完全解决了办社会问题。

3. 监狱工作"三化"建设的开展,监狱管理更加完善

与监狱布局调整、监狱体制改革同步推进还有监狱工作的"三化"建设。为进一步提高改造质量、提升监狱管理整体水平,2002 年 12 月,在全国司法厅(局)长会议上,司法部首次系统提出推进监狱工作法制化、科学化、社会化(简称"三化")建设的要求。"法制化,指监狱工作要全面落实依法治监,建立健全监狱法律法规体系,时时、事事、处处都要严格依法办事;科学化,指监狱工作要以科学理论为指导,树立科学行刑理念,一切按客观规律办事;同时要运用科技装备,采用科技手段,提升工作水平。社会化,指监狱要大力促进服刑人员的再社会化,广泛运用社会资源,积极争取社会支持,主动接受社会监督"①。监狱的"三化"建设标志着监狱工作实现了由封闭向开放、由传统向现代、由狭义改造向广义改造的转变,实现了由提高监管改造质量向更好实现监狱的刑罚执行职能转变的重大变化,对于完善监狱管理体制具有划时代的意义。

二、监狱管理持续发展理念的调整

1. 优化监狱安全观

2017 年,司法部提出了深化监狱工作改革,践行监狱工作治本安全观的意见,将"底线安全"的工作目标作为治本安全的工作起点,提出了监狱工作

---

① 王明迪:《一个甲子的辉煌》,见《我所知道的新中国监狱第二辑》(内部编印),2010 年,第 116 页。

要把过去"不跑人"的"底线安全观"深化为向社会输出守法公民的"治本安全观"。治本安全观的核心思想就是坚持以改造罪犯为中心,把罪犯看好、管好、改造好,确保罪犯刑满释放后成为守法公民。2018 年 3 月,全国"两会"部长通道上,时任司法部部长张军在"部长通道"回答记者关于"离监探亲和治本安全观"时说:"二十几年前,监狱在押罪犯,在劳动过程当中,管理交易过程当中,逃跑的每年能有 2000、3000 人,甚至达到 4000 人,而现在每年逃跑罪犯屈指可数,'跑不了'是底线安全。现在底线安全我们做到了,在此基础上,我们还要按照十九大报告当中提出的总体国家安全观,实现监狱和司法行政其他方面工作的治本安全,把罪犯改造成为守法公民。"在治本安全观理念下,新时代的监狱管理体系在探索中不断完善和健全,如,教育改造方式方法的创新,规范公正文明执法水平的提升,严格依法实施各种管理手段的"常态化",干警队伍思想政治建设的加强等,监狱管理步入了新的发展轨道。

2. 优化改造手段

新中国成立以来,监狱管理逐步形成的"监管、劳动、教育"三大改造手段,在罪犯改造中发挥了巨大作用,随着国内外形势的变化,监狱改造手段需要进一步加以完善并使之适应新的形势和任务。2018 年 3 月,中共中央印发《深化党和国家机构改革方案》,重新组建司法部。2018 年 6 月,司法部重新组建后首次召开全国监狱工作会议,把前述"三大改造"手段进一步优化为政治改造、监管改造、教育改造、文化改造和劳动改造。其中,政治改造是其他改造成效的重要评判标准和监狱工作的基本遵循,实际上是明确了监狱工作所应坚持的正确方向;监管改造主要侧重于严守规则和执行惩罚;教育改造主要侧重于提升罪犯的知识认识和思想水平;文化改造主要侧重于重新影响和塑造罪犯的价值观;劳动改造主要侧重于矫正罪犯不劳而获等不良习惯。可以看出,此次司法部将我国传统的三大改造罪犯之手段优化为五种,旨在健全完善新型监狱体制和刑罚执行制度,即通过构造一个完备、严谨、统一的改造体系,合力将罪犯改造成为守法公民,维护总体国家安全和社会和谐稳定。它是新时代坚持和发展中国特色社会主义监狱制度的重大发展,是对于新时代监狱管理理念、管理模式和管理方法的深刻变革,是监狱管理体制改革的重要体现。

三、监狱管理持续发展的重要举措

1.建设现代化文明监狱

随着监狱的发展,监狱长期存在的监舍陈旧、环境沉闷、配套设施简陋、监管安全隐患突出等问题在新建监狱得到显著改观,新建监狱监舍建筑美观、监区设施齐全、环境整洁雅致,监狱由原来的平房变为楼房,罪犯的劳动、生活、学习场所焕然一新,高墙、电网、数字监控等监管设施更具现代化,安全性更强。随着监狱设施和工作生活条件的全面改善,1995 年 2 月,司法部明确提出创建现代化文明监狱的目标:逐步建立法制完备、执法严明、管理文明、设施科学完善、物质丰富的现代化文明监狱。随后,全国监狱系统掀起了创建现代化文明监狱的热潮,监狱管理更多注入理性与文明,管理水平明显提升。现代化文明监狱的创建是监狱管理从硬件到软件全面改善的体现,是监狱现代化进程中的重要举措,我国监狱管理开始向规范、文明、效率、科技并重的方向发展。

2.开展社区矫正工作

随着我国市场经济体制的确立和政治体制改革的不断深入,传统的违法犯罪处理体制面临挑战和改革需求,尤其是以监禁刑为主的刑罚制度亟待完善。监禁刑对于一些有相当危险性的罪犯来说,有使用的必要,对于这种犯罪人判处监禁刑,可以有效防止他们再次实施危害社会和国家的行为。但是,我国监狱押犯在 21 世纪初期已经超过 150 万人,并且随着各种社会矛盾的复杂,押犯数量持续攀升,出现方方面面的管理难题,监狱终将不堪重负。2003

年 7 月,最高人民法院、最高人民检察院、公安部、司法部联合下发《关于开展社区矫正试点工作的通知》,社区矫正试点工作在北京、江苏等地正式启动,揭开了我国非监禁刑罚执行制度改革的序幕。2010 年 12 月,司法部社区矫正管理局成立,社区矫正工作的组织体系正式建立。2014 年 11 月,司法部会同最高人民法院、最高人民检察院、公安部召开全国社区矫正工作会议,联合下发了《关于全面推进社区矫正工作的意见》,自此,社区矫正工作全面展开。社区矫正工作的开展,促进了我国监狱管理体制的进一步优化。回顾我国监狱管理历程,在不断探索完善中,实现了从室外到室内,从监内到监外的巨大变化,这种转变既是监狱管理体制的不断优化,更蕴含着刑罚执行功能和教育改造人宗旨的实现。

3. 实行狱务公开

监狱历来以封闭著称,高墙电网铁门使监狱与社会完全隔绝,高墙内的世界鲜为人知。自古以来,这种隔绝既是出于安全需要,也是惩罚犯罪的直接表现。即使到了 20 世纪末,人们对监狱的印象仍停留在:监舍环境阴暗潮湿、管理手段简单粗暴、牢头狱霸恣意横行等,这对监狱工作带来非常不利的影响。1999 年 7 月,司法部发布《关于监狱系统在执行刑罚过程中实行"两公开、一监督"的规定》,要求全国监狱"公开执法依据、程序,公开结果;主动接受有关部门及社会各界的广泛监督",这为监狱系统狱务公开工作拉开了大幕。为进一步加强狱务公开工作,2001 年 10 月,司法部印发《关于监狱系统推行狱务公开的实施意见》,对狱务公开做出全面的细化和量化,明确 14 个方面的公开内容,这些公开的内容涉及监狱管理的方方面面。2014 年 4 月,司法部下发通知,在山西等 9 省(市)11 所监狱开展深化狱务公开试点工作。2014 年 10 月,中国共产党第十八届四中全会通过了《中共中央关于全面推进依法治国若干重大问题的决定》,《决定》指出:"构建开放、动态、透明、便民的阳光司法机制,推进审判公开、警务公开、狱务公开,依法及时公开执法、司法依据、程序、流程、结果和生效法律文书,杜绝暗箱操作"。其中,"狱务公开"作为"阳光司法机制"明确提到议事日程。2015 年 4 月司法部制定《关于进一步深化狱务公开的意见》,在全国全面推开深化狱务公开,对 22 项社会关注度较高的内容进行公开,实际是对监狱主要管理过程的全面公开。在监狱内部,以监区为单位,将执法管理信息等事项依法向罪犯公开,内容包括监狱管理过程中的法律依据、程序、结果,对结果不服或者有异议的处理方式,等等。应该说,透明公开的不仅是狱务,更是监狱自身的管理。狱务公开工作的深入开展,使隐于高墙电网内的监狱管理被纳入阳光下运行,并接受社会监督,这对监狱进一步规范管理产生了前所未有的深远影响。

4. 监狱按戒备等级分类管理

为有效降低监管难度,优化监狱资源配置,形成集约化管理机制,司法部针对罪犯的不同危险程度,按照高、中、低不同戒备要求,探索实行分类管理。2005 年 6 月,全国监狱局长会议召开,明确提出"监狱按照戒备等级分类管理",根据监狱的警力配备、警戒设施、罪犯管理方法和劳动方式等影响因素,将监狱分为三个等级,分别为低度戒备、中度戒备、高度戒备,关押着具有相应危险程度的罪犯。监狱区分戒备等级的管理模式,标志着我国监狱管理由简单粗放转向了专业化与精细化。全国监狱系统按照分级管理要求,深入推进高度戒备监狱(监区)、中度戒备监狱(监区)、低度戒备监狱(监区)建设。在罪犯管理方面,2005 年北京市第二监狱和白潮监狱正式启用"集中关押,滚动改造"的等级戒备监区管理模式,将罪犯从不同危险程度按照戒备等级分为三类五等:一级严管、一级宽管;二级严管、二级宽管;普管。戒备等级不同的罪犯分别关押于不同的监区,并按照改造表现和改造效果进行滚动调整。在监狱安全管理方面,2011 年司法部发布新的《监狱建设标准》,对监狱安全警戒设施建设作出明确规定,努力实现人防、物防、技防的有机结合,监狱管理水平得到明显提高。

5. 监狱提升智能化建设水平

随着监狱各项改革和调整工作的全面推进,我国监狱事业进入快速发展期。与此同时,信息技术以惊人的速度迅猛发展,人们的工作生活发生日新月异的变化,这些都为监狱最大限度提高管理水平提供了可能。长期以来,监狱主要依靠监狱警察"人盯人"的方式来监管罪犯,人力资源成本高;安防设施落后,技术装备老化,物防问题面临改善;技防手段严重不足,导致监狱警察不仅超负荷工作,而且缺乏足够的安全保障。2007 年 5 月,全国监狱信息化建设工作会议在南京召开,会议发布了《全国监狱信息化建设规划》,提出了监狱信息化建设目标:构建覆盖全国监狱系统的网络互联互通、信息资源共享、标准规范统一、应用功能完备的信息化体系。随后,全国监狱信息化建设轰轰烈烈开展起来。对于监狱管理而言,信息网络技术等现代化手段的运用,可以丰富监狱教育改造内容,完善教育改造手段,提高教育改造效果,促进改造质量不断提高。2012 年,司法部又根据信息化建设的实际,发布《监狱信息化狱政管理业务规范》等 14 项信息化业务技术标准,作为司法部正式印发的行业标准,对规范和厘清信息化业务需求发挥了积极作用。到 2015 年,信息化一期工程建设任务如期完成,现代信息技术在监狱各业务领域广泛应用,监狱工作技术装备保障能力显著增强。各地监狱相继建立了完备的监控系统、门禁系统、移动报警系统以及监听、对讲、电子点名等设备装备,监狱信息化建设使各级各类监狱实现了基础网络全联通,主要功能全覆盖,重要部位全监控,彻底改变了过去"凭经验,人盯人"的状况,技术装备和技术防范上的发展,监狱管理水平的提升,不仅节约了警力,而且使监管更安全,监狱进入智能化管理的新时代。

6. 打造"智慧监狱"

在监狱信息化建设取得显著成效的基础上,2018 年 11 月,北京、江西等

11个省份被司法部确认为"智慧监狱"建设试点省份,监狱管理由"智能化"向"智慧化"转变。智慧监狱建设是司法部着眼于监狱工作实际,落实建设"数字法治、智慧司法"信息化体系的重要举措,努力实现信息技术与监管改造工作的深度融合,统筹推进物联网、大数据、云计算、人工智能等现代信息技术的嵌入应用,优化大平台功能、加强技防设施建设、推进移动警务平台及终端开发,全方位提升监狱工作智能化水平。随着智慧监狱的深度推进,监狱的各项管理将发生巨大的转变,监狱风险防控从被动响应向主动预防转变,指挥决策从经验驱动向数据驱动转变,犯情研判从人工摸排向精准发力转变,等等。形成民警执法全程留痕、罪犯改造全程留迹、监狱日常管理全方位精细、监狱决策多渠道智能辅助的局面,从而为监狱创新管理带来更大的便利。2018年12月,司法部"智慧监狱"技术标准研讨会在赣州市召开,来自全国监狱系统的55名参会代表体验了一回"智慧监狱"成果应用。赣州监狱已经初步实现了围墙周界、区域管控等全方位的物联感知与交融。建立了智慧会见系统,通过该系统自助终端,服刑人员亲属可以自助完成首次注册、会见登记、亲情汇款等操作。该系统采用人脸识别方式代替人工完成了身份核对和开门验证等功能,流程一步到位。该系统具有全程录音录像、实时狱务公开展示、全程人脸识别监督、语音关键词识别和微表情分析等功能。赣州监狱的物联网智能管控平台,则通过安全指标体检、设备控制管理、业务信息管理等智能手段,有效地实现了管理教育的科学化和应急处置。借助物联网智能终端,监狱民警可以实时执法操作,服刑人员也可依权限进行考核奖惩查询、预约谈话申请等。基于该监狱智慧应用先行先试取得的阶段性成果,全国首个智慧监所产业与技术创新联盟在该监成立。2019年1月,司法部在浙江杭州召开"智慧监狱"建设工作推进会,确保2019年底完成"智慧监狱"管理应用体系建设任务。建设智慧监狱,推动基础设施和管理的智能化,实现了监狱安防、矫正、执法、政务管理模式的变革,是监狱管理模式的极大创新。

1995年以来,我国监狱管理改革发展取得举世瞩目的成就,从监狱管理理念到监狱管理实践,从创新性发展新中国成立以来监狱管理的成功做法到吸收借鉴其他国家的管理经验,从传统管理到"智能化""智慧化"管理,等等,都越来越鲜明地体现了中国特色社会主义监狱管理制度的日渐成熟、完善和持续发展,在法治中国建设进程中发挥着重要的作用。

第二章　中国监狱管理体制的现状

中国监狱管理体制从新中国成立之初的无章可循发展到初步的有法可依、有例可循,再到今天的法制化、规范化、标准化程度大幅提升,不仅管理体制本身取得了长足的发展,而且极大地推进和保障了我国罪犯改造质量提升:2008年以来,全国监狱共完成对125万名罪犯的扫盲和义务教育工作,100%的罪犯接受了心理健康教育、入监心理评估和出监心理评估,98.1%的罪犯刑满时获得普法教育合格证,取得职业技术证书的罪犯达到参训总数的77.3%,罪犯回归社会后重新犯罪率始终保持在较低水平。①

第一节　基本情况

目前,我国对监狱实行"两系两层多级"的多元化管理体制,其中"两系"是指监狱的管理主体除了政府还有军队,"两层"是指政府主管的监狱又分中央政府管辖和地方政府管辖两个层次(特区政府与新疆生产建设兵团是地方政府),"多级"是指地方政府管辖的监狱一般都有二级至四级的管理机关。换言之,我国司法部并不是全国监狱工作的唯一主管机关,中国人民解放军、

---

① 参见邵雷主编:《中英监狱管理交流手册》,吉林人民出版社2014年版,第196、197页。

公安部、香港及澳门特区政府也是其所属监狱的主管机关:军事监狱由中国人民武装警察部队主管,秦城监狱、执行拘役刑及代为执行剩余刑期三个月以内有期徒刑的看守所归公安部主管,香港特别行政区的监狱归香港特别行政区保安局下属的惩教署主管,澳门特别行政区的监狱归澳门特别行政区保安司下属的惩教管理局主管。只有燕城监狱、大陆各省(自治区、直辖市)及新疆生产建设兵团所辖的监狱才归司法部主管。① 目前,司法部主管的监狱共有600多所,关有押犯170余万人,监禁率约为10万分之125,监狱警察30多万人。同时,除秦城监狱、燕城监狱、特区政府的监狱和军队所属监狱的人、财、物及业务均只有一个上级管理机关外,其他监狱人、财、物及业务至少有两个以上的上级管理机关。如北京市女子监狱,其业务的上级管理机关即有司法部监狱管理局、北京市监狱(戒毒)管理局共两个上级管理单位,其人事权有北京市司法局和北京市监狱(戒毒)管理局两个上级管理单位。另外,少数省(区、市)其监狱有的归省政府司法行政机关直接管理,有的归地市级地方政府管理,有的归省(区、市)监狱管理局下设的分局管理。如广东省深圳监狱是市属监狱,在人、财、物上有深圳市政府和深圳市司法局两个上一级管理机关,其业务上有司法部监狱管理局、广东省司法厅、广东省监狱管理局、深圳市司法局四个上级管理单位;河北省监狱管理局冀东分局所属的第一、第五等监狱,其上级管理机关即有司法部监狱管理局、河北省司法厅、河北省监狱管理局及河北省监狱管理局冀东分局四个上级管理单位。

第二节　监狱的领导机关

领导机关,又称首脑机关、中枢机关,是指中央政府和地方各级政府统辖

① 新疆生产建设兵团"是在自己所辖垦区内,依照国家和新疆维吾尔自治区的法律、法规,自行管理内部行政、司法事务,在国家实行计划单列的特殊社会组织,受中央政府和新疆维吾尔自治区双重领导"。(《新疆生产建设兵团,体制机制》,http://www.xjbt.gov.cn/bt/)

全局的指挥中枢和决策监督核心。其主要职能是制定组织的总目标和长远规划，以及颁布大政方针和政策，对辖区内的重大行政管理问题进行决策，并指挥督导决策的实施。① 司法部、公安部是内地监狱的领导机关，中国人民武装警察部队政治工作部是内地军事监狱的领导机关，香港特别行政区政府的保安局、澳门特别行政区的保安司分别是其监狱的领导机关。其中，司法部设置了监狱管理局来管理全国除军事监狱、秦城监狱、特区监狱和看守所以外的所有监狱，公安部设置了监所管理局来管理秦城监狱、全国的看守所。

一、司法部监狱工作管理局

为了规范对所属监狱的管理工作，司法部监狱管理局机关还设置了狱政管理、教育改造、刑罚执行、狱内侦查、政策研究等 10 多个业务处室，分别履行下列主要职责：一是贯彻执行《中华人民共和国监狱法》等监管改造罪犯的法律法规；向主管部门提出监狱设置、撤销、迁移方案的建议，编制监狱工作的中长期规划和年度计划并组织实施。二是负责监狱的狱政管理及刑罚执行工作，统一调配和组织罪犯的收押、调遣、释放、行政考核奖惩；指导对罪犯减刑、假释和审批暂予监外执行的刑罚执行工作；检查指导监狱的安全防范工作；负责监狱突发性事件的预防措施和反暴乱劫狱工作。三是指导监狱的现代化文明建设工作，制订对罪犯进行政治、文化、技术教育改造计划，配合各级政府做好刑满释放人员的安置工作。四是监督指导对罪犯生活卫生的管理工作，预防各种流行疾病的发生。五是制订监狱场所技术装备、警戒设施和犯人被装计划并做好发放工作。六是指导监狱产业结构调整、项目开发、技术改造，办理投资项目和技改项目的审批手续；指导监狱生产管理和劳动安全等工作。七是指导监狱干警队伍的思想、组织、文化和纪律作风建设；负责干警教育、警体训练、警容风纪、警衔的日常管理；协同有关部门管理监狱系统机构编制，按

---

① 参见 360 百科，领导机关，https://baike.so.com/doc/74233-78336.html。

干部管理权限管理监狱领导班子,指导全系统的党建工作。八是承办党委、中央政府和司法部及主管部门交办的其他事项。

二、公安部监所管理局

为了规范对所属监狱和看守所的管理工作,公安部监所管理局机关也设置了相应的业务处室,分别履行下列主要职责:一是拟定监所管理的政策、制度、规定并负责监督检查。二是指导秦城监狱及各省(区、市)公安机关看守所、拘留所、收容教育所、强制隔离戒毒所、戒毒康复中心、安康医院等公安监管场所开展好管理、教育转化、矫治治疗、深挖犯罪、信息化建设、建设保障、生活卫生及公安监管民警队伍建设工作。三是掌握监所管理工作信息,开展对策调研和情况分析,检查指导公安监管场所做好安全防范工作,依法保障被监管人员的合法权益。

第三节　监狱的管理机关

根据刑罚执行工作的需要,我国监狱内地各省(区、市)的司法厅(局)和公安厅(局)、新疆生产建设兵团、香港特区保安局设立的惩教署、澳门特区保安司设立的惩教管理局是地方政府的监狱管理部门,其中内地各省(区、市)的司法厅(局)设立有监狱工作管理局、公安厅(局)设立有监所管理总队(处)、新疆生产建设兵团设立有监狱工作管理局,来专职管理本辖区的监狱工作。

一、各省(区、市)监狱管理局

为了规范对本辖区内监狱的管理工作,各省(区、市)监狱管理局机关设置了相应的业务处室,北京、吉林、河北、湖北、安徽等省份还设立了监狱管理分局,具体负责相关业务工作。如天津市监狱工作管理局设置了政治部(下设训练处、人事警务处、组织干部处、老干部处、机关党委办公室)、办公室、信息技术处、狱政管理处、刑罚执行处、侦查保卫处、教育改造处、生活卫生处、环保安全处、计划财务处、监狱物资供应处、行政装备处、监察室、执法监督处(警务督察大队)、审计处等 19 个业务处室,分别履行下列主要职责:一是贯彻执行国家有关监狱工作的法律、法规和方针、政策,研究起草有关地方性法规、规章草案,并组织实施;二是监督管理监狱刑罚执行、狱政管理、生活卫生管理、教育改造、劳动改造工作;三是负责规划、部署监狱系统的经济工作,管理所属单位的生产、基建、财务、装备等工作,负责局机关及所属单位国有资产的管理、监督工作;四是负责编制、申报监狱系统人民警察经费、罪犯改造经费及其他各项经费预算;五是负责监狱人民警察的配备调整、警务督察、教育管理和职工队伍的管理工作;六是参与社会管理综合治理工作,组织社会力量对罪犯进行教育改造;七是承办市委、市政府和市司法局交办的其他事项。①

二、监所管理总队(处)

为了规范对所属看守所的管理工作,各省(区、市)公安厅(局)的监所管理总队(处)机关也设置了相应的业务科室,分别履行下列主要职责:一是组织实施本级公安机关和上级业务主管部门的工作部署,研究制订本地区监管工作规划、计划;二是依据有关法律、法规、规章制定本地区监管工作规程、规范;三是组织实施等级化管理,开展监管业务指导工作;四是指导监管民警队伍建设,开展县(市)级监管民警的业务培训工作;五是查处本地区重大监所安全责任事故,督促整改安全隐患;六是开展与有关部门的联系协调工作,为解决基层监管工作中存在的问题和困难提供帮助;七是组织指导监所深挖犯罪工作,组织指导监管信息技术建设工作。

---

① 参见 360 百科,天津市监狱管理局,https://baike.so.com/doc/29311269-30815135.html。

三、新疆生产建设兵团监狱管理局

1995 年 2 月 10 日,"新疆生产建设兵团劳改工作管理局"正式更名为"新疆生产建设兵团监狱管理局"后,其局机关下设办公室、政策法规处、规划建设处、刑罚执行处、狱政管理处、狱内侦查处、教育改造处、生活卫生处、劳动和生产管理处、财务装备处、审计处、监察处、指挥中心、政治部(内设组织处、人事处、警务管理和督察处、宣传教育处)、机关党委等工作机构。① 同时,新疆生产建设兵团监狱管理局(正厅级)在担负改造罪犯的农一、二、三、六、七、八师还设立监狱工作管理局,直接管理其辖区内的监狱。

四、香港特区惩教署

香港特区惩教署的任务是确保羁管环境稳妥、安全、人道、合适和健康,与各界持份者携手创造更生机会,通过社区教育提倡守法和共融观念,其职责一是管理辖下之惩教院所;二是提供羁押管理服务;三是提供更生管理服务;四是惩教署为未满 21 岁的青少年在囚人士提供教育课程,并鼓励他们参加本地及海外认可的公开考试。

五、澳门特区惩教管理局

根据澳门特别行政区政府 2015 年第 27 号行政法规,2016 年 1 月 1 日成立惩教管理局,隶属于保安司,负责监禁刑的执行。惩教管理局共设五个从属机构,分别是组织、资讯及资源管理厅,路环监狱,少年感化院,公共关系及新闻处,法律支援处。组织、资讯及资源管理厅下设人力资源处、财政财产处、组

---

① 新疆生产建设兵团监狱工作管理局,来源:兵团监狱管理局,http://jygl.xjbt.gov.cn/c/2015-04-28/554966.shtml。

织资讯处、维修保养处。①

第四节 监狱的职能机关

监狱的职能机关是依据宪法和法律规定设立的、专门履行对罪犯执行刑罚和矫正的机关。根据管理主体及所管罪犯身份、性别、年龄的不同,我国监狱的职能机关可以区分为以下类型。

一、中央监狱

目前,我国由中央政府直接管理的监狱即中央监狱有两所:司法部主管的燕城监狱和公安部主管的秦城监狱。这两所中央监狱的财政保障由中央财政保障、警囚比例大,罪犯权利能得到较好的保障、监狱设施方面堪称典范。

1. 燕城监狱。燕城监狱成立于 2002 年,位于河北省三河市燕郊开发区,是一个正局级的法人单位。燕城监狱设计关押罪犯的能力不足 2000 人,现实际关押罪犯不足 1000 人。该监狱职务犯监区关押的职务犯最低是厅级,主要是关押中央部委中的职务犯罪人,也有一些地方调来的职务罪犯,平均年龄50 多岁。

2. 秦城监狱。秦城监狱建立于 1958 年,前身为国民党北平第二模范监狱即功德林监狱。1955 年根据时任公安部部长罗瑞卿的指示精神重新选址修建在北京市昌平区小汤山镇附近的兴寿镇秦城村,并因此被称为“秦城监狱”。秦城监狱曾关押过清朝要员、国民党将军、“四人帮”、成克杰等高级别的罪犯。统计资料显示,2004—2014 年被查处的副省(部)级以上高官超过100 人。其中,除 8 人被执行死刑外,被判死缓的占 11%,无期徒刑者占 8%,

---

① 参见张玉卿:《澳门监狱制度介绍司法部政府网》,http://www.moj.gov.cn/organization/content/2019-04/10/jygljsjxw_232251.html。

有期徒刑 10 年以上者占 21%,有期徒刑 10 年及 10 年以下者占 15%。①

二、地方监狱

1. 特区监狱。特区监狱即香港和澳门这两个特别行政区的监狱。其中澳门有路环监狱和少年感化院两所监狱:路环监狱是澳门唯一一所监狱,由男子监仓区和女子监仓区组成。另有独立的第九监仓区,属于特别囚禁区,用于囚禁被列为防范类且须作特别隔离的罪犯。少年感化院是负责执行法院判决收容措施的教育场所,收容年满 12—16 周岁的违法青少年,收容期一般为 1—3 年,设男童区、女童区,两区分别管理。截至 2017 年底,路环监狱共有罪犯 1284 人,其中已决犯 1022 人,未决犯 262 人,主要是贩毒罪、吸毒罪、非法再入境罪、盗窃罪、诈骗罪。少年感化院在押违法青少年 13 人,主要是贩毒罪、盗窃罪、伤害罪②;香港特别行政区现有马坑监狱、赤柱监狱、白沙湾惩教所、大榄女惩教所③等 15 所监狱,其中 9 所关押成年男性罪犯、3 所关押未成年男性罪犯、2 所关押成年女性罪犯、1 所关押未成年女性罪犯。

2. 省辖监狱。据不完全统计,截至 2021 年 3 月 1 日,我国内地 22 个省、5 个自治区和 4 个直辖市共 31 个省级行政单位共建有监狱 600 多所,其中数量多的省份有近 40 所监狱,数量少的如西藏,只有 4 所监狱(详见表 2.1)。根据关押对象性别和年龄的不同,省辖监狱主要有专门关押女性罪犯的女子监狱、专门关押未满 18 周岁罪犯的未成年犯管教所和关押成年男性罪犯的监狱;根据关押对象身体健康状况的不同,绝大多数省份都建立有像吉林省新康

---

① 参见 360 百科,秦城监狱,https://baike.so.com/doc/6737988-6952420.html。

② 参见张玉卿:《澳门监狱制度介绍》,司法部政府网,http://www.moj.gov.cn/organization/content/2019-04/10/jygljsjxw_232251.html。

③ 从 1841 年香港第一所监狱设立,一直到 1982 年都是叫监狱,1982 年"监狱署"正式更名为"惩教署",其主要目的是以此来反映香港社会重视犯人康复和更生。不过,在这之前的监狱仍延续监狱的叫法,之后设立的监狱就叫惩教所,所以,在香港有的叫惩教所,有的还是叫监狱。(参见汪兴军:《近观香港惩教所和内地监狱的同与不同》,http://www.yidianzixun.com/article/0Kt3JXqq)

监狱、山东省新康监狱这类专门关押重症病犯的监狱,有的省份还专门建立关押老病残罪犯和传染病犯的监狱。如北京市延庆监狱是专门关押老病残罪犯的监狱,柳林监狱则是专门关押传染病犯的监狱;根据监管改造功能的不同,部分省(区、市)建立有专门收押新入监罪犯的入监监狱和专门收押出监罪犯的出监监狱。如四川省入监监狱、上海新收犯监狱等监狱是专门收押新入监罪犯的入监监狱,而湖南省星城监狱是专门关押和改造届临释放罪犯的出监监狱。此外,山东、浙江、广东、黑龙江等少数省份还有地级市主管的监狱,如广东的深圳监狱是深圳市主管的监狱、浙江宁波市的黄湖监狱是宁波市主管的监狱。

表 2.1　我国司法部主管的监狱数量(不包括新疆生产建设兵团所属监狱)

单位:所

序号	省份	数量	序号	省份	数量	序号	省份	数量
1	北京	13	2	黑龙江	24	3	吉林	18
4	辽宁	36	5	天津	12	6	河北	22
7	内蒙古	18	8	山东	36	9	山西	21
10	河南	24	11	安徽	15	12	宁夏	5
13	青海	8	14	新疆	20	15	甘肃	15
16	西藏	4	17	陕西	21	18	四川	31
19	江西	14	20	湖南	20	21	湖北	31
22	海南	8	23	广西	16	24	广东	22
25	江苏	25	26	重庆	16	27	福建	15
28	上海	14	29	浙江	16	30	贵州	35
31	云南	30						
总计	605							

　　3. 兵团监狱。即新疆生产建设兵团监狱管理局所属的监狱,如新疆生产建设兵团监狱管理局第一师监狱管理局所属的阿拉尔监狱、科克库勒监狱、沙河监狱等。这些监狱主要关押从个别外省份犯罪判刑后遣送到那里服刑和改造的罪犯,也包括在兵团辖区内犯罪被判处刑罚的罪犯。从外地遣送来的罪

犯刑期比较长,而且主要是成年男性罪犯。新疆生产建设兵团监狱很多,据不完全的统计,兵团监狱有 27 所监狱:兵团西山监狱,农一师 8 所监狱,农二师 4 所监狱,农三师 5 所监狱,农六师 3 所监狱,农七师 2 所监狱,农八师 4 所监狱。① 为了强化对这些监狱的管理,新疆生产建设兵团监狱管理局在担负改造罪犯的农一、二、三、六、七、八师设立监狱管理局,如前面所说的新疆生产建设兵团监狱管理局第一师监狱管理局等。

三、特殊监狱

1.军事监狱。这类监狱主要包括中国人民武装警察部队第一监狱、第二监狱、第三监狱和第四监狱。其主要关押的对象为:一是判处刑罚后,未开除军籍的罪犯和已被开除军籍但判处刑罚前担任副师职以上领导职务的(不含未担任领导职务的副师职以上机关干部和享受相应待遇的专业技术干部)罪犯;二是已被开除军籍的罪犯,犯罪前掌握过党、国家、军队的重要机密,不宜送交地方监狱执行刑罚的,仍由军事监狱执行;对其中有明确脱密期的,待脱密期过后再移交地方监狱执行。② 换言之,如果某军人因犯罪被判处刑罚并开除军籍,他(她)将被交由原籍或家庭居住地的地方监狱执行刑罚。

2.看守所。全国各县(市)和地级市(区)的公安机关,以及铁路、交通、林业、民航公安机关均设立有看守所,其主要任务是羁押、监管有犯罪嫌疑并正在进行刑事诉讼的未决人员,同时负责对判处拘役、或剩余刑期 3 个月以内有期徒刑的罪犯执行刑罚。根据我国《刑法》《刑事诉讼法》和公安部《看守所留所执行刑罚罪犯管理办法》等法律法规的规定:"看守所应当将男性和女性罪犯、成年和未成年罪犯分别关押和管理。有条件的看守所,可以根据罪犯的犯罪类型、刑罚种类、性格特征、心理状况、健康状况、改造表现等,对罪犯实行分

---

① 参见 360 搜索,新疆兵团监狱在哪里? https://wenda.so.com/q/1599480466213185。
② 参见司发通〔1998〕113 号,司法部总政治部《关于军人判处刑罚后执行问题的联合通知》。

别关押和管理""看守所应当根据罪犯的改造表现,对罪犯实行宽严有别的分级处遇。对罪犯适用分级处遇,按照有关规定,依据对罪犯改造表现的考核结果确定,并应当根据情况变化适时调整。对不同处遇等级的罪犯,看守所应当在其活动范围、会见通讯、接收物品、文体活动、奖励等方面,分别实施相应的处遇"。①

第五节　监狱的管理模式

依据《中华人民共和国刑事诉讼法》《中华人民共和国监狱法》等法律法规,我国监狱根据罪犯性别、年龄、住址、有无特殊身份、健康状况、家庭情况、判处的刑期以及剩余刑期、服刑表现、犯罪性质等因素,②对其实行如下管理。

一、按照不同的管理分类关押

一是按照罪犯的性别不同,内地和香港特区实行男、女分开在不同的监狱关押(香港的女性罪犯关押在大榄女惩教所等监狱),澳门特区的女性罪犯在路环监狱内与男性罪犯分不同的监区关押;二是按照罪犯年龄的不同,实行成年犯、未成年犯分开关押,其中内地的未成年罪犯关押在未成年犯管教所,澳门特区的未成年罪犯主要关押在少年感化院,香港特区的未成年罪犯主要关押在教导所或更生中心;三是按照罪犯是否具有军人的特殊身份,实行军人与其他人员分监狱关押,其中军人专门关押在军事监狱;四是按照罪犯是否患有传染病、精神病或残疾等身体健康状况,将健康犯与病残罪犯分开关押。

---

① 见 2013 年公安部令第 128 号公布《看守所留所执行刑罚罪犯管理办法》第四十三、四十四条的规定。

② 《中华人民共和国监狱法》第三十九条:监狱对成年男犯、女犯和未成年犯实行分开关押和管理,对未成年和女犯的改造,应当照顾其生理、心理特点。监狱根据罪犯的犯罪类型、刑罚种类、刑期、改造表现等情况,对罪犯实行分别关押,采取不同方式管理。

二、以罪犯在居住地服刑为主,异地服刑为辅

通常情况下,我国被判处自由刑的罪犯都是在被判处刑罚的省级行政区监狱里服刑。但是,由于多数罪犯都是在居住地被判刑的,所以他们大多数人是在居住地的省级行政区监狱服刑改造。同时,自 1980 年以来,根据公安部批转的北京市公安局《关于打击处理流窜犯罪的请示报告》的意见,北京市公安机关对在北京的外省籍违法犯罪人员判刑或决定劳动教养后,均遣送原籍执行。[①] 1998 年 10 月 30 日,司法部、公安部联合下发了《关于将在北京违法犯罪的外省籍罪犯和劳教人员遣送原籍执行的通知》(司发通〔1998〕136号),进一步明确由北京市监狱管理局所属的北京市外地罪犯遣送处(现在的北京市天河监狱)继续负责将外省籍罪犯遣送回原籍执行。另外,根据司法部、总政治部《关于军人判处刑罚后执行问题的联合通知》(司发通〔1998〕113号)的规定,军事法院"向地方监狱移交被开除军籍的罪犯,一般应移送到罪犯原籍所在地的监狱。如罪犯的配偶子女所在地与原籍不属同一省、自治区、直辖市,也可由其配偶、子女所在地的地方监狱执行刑罚"。但是,"对被判处有期徒刑 10 年以上的黑社会性质组织头目,应当实行跨省(区、市)异地关押。对这类罪犯,应当先行收押,并报部监狱管理局确定关押地点。"[②]

三、混合居住为主、独居为辅

我国监狱对关押实行混居制为主、独居制为辅的管理模式。如燕城监狱关押的普通刑事犯是 6 人一间监舍,职务犯的监舍则是 2 人一间。[③] 各省(区、市)所辖监狱每个监舍关押的人会比燕城监狱要多一些,但是关押成年

---

① 参见司法部监狱管理局编:《监狱工作手册》(第六册,2006.7—2011.6),第 80 页。
② 见(2006)司狱字 227 号文件,即司法部监狱管理局《关于收押黑恶势力罪犯工作有关问题的通知》。
③ 参见 360 百科,燕城监狱,https://baike.so.com/doc/5689035-5901732.html。

健康男犯通常不超过 20 人一间，成年健康女犯和未成年犯通常不超过 12 人一间，老病残罪犯通常不超过 8 人一间。下列罪犯是被单独关押：一是身患传染病且正处于传染期的罪犯；二是服刑期间又犯新罪、或被发现余漏罪犯并正在进行侦查、公诉及审判等诉讼程序的罪犯；三是服刑期间故意破坏监管秩序并被处以禁闭处分的罪犯，将单独关置在禁闭室 15 日以下；四是患有严重精神病且攻击他人的罪犯；五是实施性质特别严重犯罪的罪犯。如我国《反恐怖主义法》规定："监狱、看守所、社区矫正机构应当加强对服刑的恐怖活动罪犯和极端主义罪犯的管理、教育、矫正等工作。监狱、看守所对恐怖活动罪犯和极端主义罪犯，根据教育改造和维护监管秩序的需要，可以与普通刑事罪犯混合关押，也可以个别关押。"

四、对监狱和罪犯均实行分级管理

我国《监狱法》明确规定，"监狱根据罪犯的犯罪类型、刑罚种类、刑期、改造表现等情况，对罪犯实行分别关押，采取不同方式管理。"2007 年初，司法部、国家发改委、财政部、国土资源部和建设部联合印发了《关于进一步推进监狱布局调整工作的意见》（司发通〔2007〕5 号），明确规定内地由司法部主管的监狱"根据对罪犯管理和改造的需要，逐步按照高度、中度和低度三个戒备等级对监狱进行分类建设和管理"。[1] 其中高度戒备监狱主要应关押判处 15 年以上有期徒刑、无期徒刑或死刑缓期二年执行罪犯，累犯惯犯，判刑两次以上的罪犯或者其他有暴力、脱逃倾向等明显人身危险性的罪犯。中度戒备监狱主要应关押刑期不满 15 年的罪犯。低度戒备监狱主要应关押人身危险性较低的罪犯。实际工作中，收押监狱将会依据罪犯的犯罪性质、刑罚种类、社会危险性程度、刑期长短、有无前科等情况，评估、甄别出每一名罪犯的人身危险性大小及矫正难易程度，然后再把成年男性罪犯分别关押

---

[1]　司法部监狱管理局编：《监狱工作手册》（第六册，2006.7—2011.6），第 392 页。

在高、中、低度戒备等级的监狱,女子监狱整体是中度戒备等级,但是其内部设立有高、中、低度戒备等级的监区,未成年犯管教是低度戒备监狱。我国规划建设高度戒备监狱 43 所、高度戒备监区 15 个,总设计关押规模 11 万 6 千人;截至 2016 年底,全国列入规划的在建和完工的高度戒备监狱 28 所、高度戒备监区 9 个。① 如江苏省根据犯罪性质、犯罪经历、刑期、心理行为特征、现实表现以及公共安全等,将罪犯划分为极高危险、高度危险、中度危险以及低度危险等四个等级。龙潭高度戒备监狱主要关押极高危险等级罪犯和部分需要集中关押的高度危险等级罪犯。② 此外,北京等省(区、市)所属监狱对各个戒备等级里关押的罪犯,又根据其改造表现分为“三等五级”:一级严管、二级严管、普管、一级宽管和二级宽管。不同管理级别的罪犯在减刑幅度、采买金额和拨打亲情电话次数等方面均享受不同的服刑处遇。香港的监狱有高度设防、中度设防、低度设防、更新中心和中途宿舍五个不同的保安等级,其中低度设防的监狱 13 所,中度设防的监狱 7 所,高度设防的监狱 6 所,中途宿舍 3 所,更生中心 5 所。如芝麻湾惩教所、喜灵洲惩教所、大榄惩教所、白沙湾惩教所、歌连臣角惩教所、罗湖惩教所、塘福惩教所等监狱即是中度设防的监狱。

五、积极采取多种手段,对罪犯实施全面矫治

为了实现把罪犯改造成为守法公民的监狱工作宗旨以及我国刑法规定的预防犯罪目的,内地由司法部主管的监狱主动运用监管改造、政治改造、教育改造、心理矫治和劳动改造等改造手段,对成年健康犯实行“5+1+1”(5 天劳动、1 天教育和 1 天休息)、对未成年犯实行周一至周五“半天学习、半天劳动、周六日休息”的全面改造模式。对病残犯不组织劳动改造,在积极治疗其疾

① 参见邵雷:《推进高度戒备监狱建设与管理的研究和探索》,《中国司法》2018 年第 1 期。
② 参见周鹏:《高度戒备监狱建设与管理初探——以江苏省龙潭高度戒备监狱为例》,《中国司法》2018 年第 1 期。

病的同时对他们实施监管改造、政治改造、教育改造和心理矫治。对入监 3 个月内的罪犯和 3 个月后刑满释放的罪犯,监狱将安排专门的入监教育和出监教育。香港和澳门特区的监狱,也组织罪犯劳动,并且还对他们进行文化教育和心理矫治。

六、划分不同的区域,实行隔离管理

内地监狱的总平面布局分为罪犯生活区、罪犯劳动改造区、警察行政办公区、警察生活区、武警营房区;各区域之间彼此相邻,有通道相连,并有相应的隔离设施。在平面布置中,按功能要求合理确定各种功能分区的位置和间距。如中度戒备监狱围墙内建筑物距围墙距离不应小于 10 米,各功能划分主要建筑物之间应当以不低于 3 米高的防攀爬金属隔离网进行隔离并应有通道相连。中度戒备监狱如果设立高度戒备监区关押高度危险性的罪犯,该区域必须远离其他区域或建筑,与其他监区、建筑物的距离不宜小于 20 米,自成一个分区,封闭独立,且应布置在武警岗哨观察视线范围内,并有不低于 4 米高的防攀爬金属隔离网进行封闭隔离。

第六节　监狱的内部管理

布局调整前,我国内地的监狱根据设计关押人数的多少,分为大型监狱、次大型监狱、中型监狱和小型监狱。其中大型监狱是指在押犯在 5000 人以上的监狱,次大型监狱是指在押犯在 3000—5000 人的监狱,中型监狱是指在押犯在 1000—3000 人的监狱,小型监狱是指在押犯在 1000 人以下的监狱。①2007 年开始全国监狱布局调整后,内地由司法部主管的监狱"监狱关押罪犯的规模适应刑罚执行的需要;不同监狱的押犯规模符合大、中、小三种类型

---

① 参见范方平主编:《监狱劳教所机构设置研究》,法律出版社 1999 年版,第 26 页。

的需要"。① 其中大型监狱是指在押犯在 3000 人以上的监狱,中型监狱是指在押犯在 1000—3000 人的监狱,小型监狱是指在押犯在 1000 人以下的监狱。为强化对所押罪犯的改造和管理,即根据刑罚执行工作的需要,我国内地由司法部所属各监狱,均设置了机关业务科室和押犯单位,并配置相关人员,进一步规范、强化对罪犯的刑罚执行、教育矫正、生活保障、劳动改造、职业培训、社会感化教育、罪犯权利保障等管理工作。②

一、监狱的内部管理机构

根据管理对象及工作内容的不同,监狱的内部管理分为机关科室和押犯单位两种职能部门,其中机关科室作为业务管理部门专司整个监狱的民警管理、狱政管理、教育矫正、生活卫生、职业培训、考核奖惩、执法监督等业务工作,而押犯单位则负责直接对所管的民警实施管理、对罪犯执行刑罚和改造。由于现在实行监企分离,所以多数监狱都设立专门的监狱企业管理机构。如四川省雷马屏监狱就设立了电力公司、公司办公室、公司财务科、生产经营科、人力资源科等业务科室,专门主管监狱企业的事务。

1. 机关业务管理部门。根据监狱大小、押犯机构和管理要求的不同,各监狱设置的具体业务科室也不完全相同。如上海提篮桥监狱的机关有 15 个科室,分为"监管改造""队伍建设""后勤保障""综合管理"四大类;③广东省四会监狱设置有办公室、指挥中心、信息技术科、狱政管理科、生活卫生科、狱内侦查科、教育改造科、改造质量评估科、刑罚执行科、纪检与审计科、规划财务

---

① 司法部、国家发改委、财政部、国土资源部和建设部联合印发了《关于进一步推进监狱布局调整工作的意见》(司发通〔2007〕5 号),见司法部监狱管理局编:《监狱工作手册》(第六册,2006.7—2011.6),第 392 页。

② 因为不具有代表性,军事监狱、公安部所属监狱(包括看守所)、特区监狱的内部管理机构在这里不再阐释。

③ 参见上海提篮桥监狱,https://jyj.sh.gov.cn/n66/20141229/0042-228.html。

科、劳动改造科、安全生产监督管理科、政治处(警务督察大队)等 14 个机关科室。① 总体而言,各监狱均设立有下列主要机关科室,主管全监狱涉及罪犯改造的相关业务(企业管理的业务部门不再阐释)。

(1)指挥调度部门。作为监狱日常工作的最高指挥机关、中枢机关和应急处置的司令部,监狱指挥调度主要负责下列业务:一是管理指挥中心平台运行,指导、监督各分控中心业务建设;二是配合应用视频监控平台进行执法监督;三是负责狱情监测、研判、预警,组织编制监狱重大紧急事件的总体及分类预案,组织、协调、指挥突发事件应急处置,协同落实联防联动机制;四是负责指导门卫民警查验车辆、物资及外来人员出入监狱的工作;五是负责管理监狱特警队,对罪犯"三大现场"、监内公共区域、重点部位及重点时段的巡查;六是负责组织处突演练及处突技能训练;七是负责空防无人机管理、负责协助监狱执行罪犯押解任务等。

(2)综合办公部门。作为监狱党委和监狱领导业务组织与督办部门,综合办公部门即监狱办公室主要负责下列业务:一是负责组织拟定监狱工作中长期规划和年度计划并组织实施;二是负责文电、会务、机要、档案等日常工作;三是负责综合调研、信息、保密、信访、统计、政务公开、制度建设、宣传、交流等工作;四是负责门户网站管理、舆情监控处置、新媒体管理等工作。

(3)政治工作部门。政治工作部门即政治处是监狱党委建设、队伍建设、思想建设的职能机构,主要负责如下工作:一是负责组织监狱党建工作;二是负责警察和事业编制人员队伍建设、思想政治工作;三是负责机构编制、人员调配、培训、工资、福利、保险、安全保障等工作;四是负责警务管理和权限内公务员管理工作;五是负责退休人员服务和管理工作;六是负责民警遗属抚恤金、特别抚恤金、生活困难补助费的管理工作;七是负责民警提前退休的审查、报批;八是指导共青团工作;等等。

---

① 参见广东省四会监狱,http://shjy.gd.gov.cn/dwgk/jgsz/index.html。

（4）狱政管理部门。作为监狱监管改造业务主管科室，狱政管理部门主要负责如下工作：一是负责抓好全狱罪犯的日常管理，年度改造工作计划的制订和组织实施；二是负责监管改造信息管理，狱政数据管理，分级处遇管理，罪犯档案管理，罪犯入监、会见、刑满释放、调配及遣送管理，罪犯考核、奖惩管理，狱政设施、监控、通信等设施管理和各类监管突发事件的处置，做好与驻监武警的执勤联系工作；三是做好武器、弹药、警戒具管理；等等。

（5）刑罚执行管理部门。作为监狱刑罚执行业务的主管科室，刑罚执行部门主要负责如下工作：一是负责罪犯暂予监外执行及保外就医罪犯外调工作；二是负责罪犯刑满释放信息管理系统录入和维护等工作；三是负责罪犯释放衔接工作；四是负责与各区县司法所结对帮教等工作；五是负责罪犯申诉、控告、检举相关工作；六是协助负责罪犯解回再审等相关工作；七是负责法律援助工作；八是协助负责罪犯外就医情形消失收监执行工作；九是负责刑释人员回归社会安置帮教及重新犯罪情况的调查研究；十是负责抓好狱务公开、抓好依法治监工作；十一是负责与人民法院、人民检察院等相关部门的协调联系。

（6）狱内侦查管理部门。作为狱内情报收集、狱内又犯罪预防和侦破的业务主管科室，狱内侦查部门围绕保障监狱、罪犯、监狱工作人员与其他人员人身安全的目标，主要负责如下工作：一是负责狱情调研分析，狱内犯罪预防、案件侦查、预审等相关业务；二是抓好顽危犯的确定、撤销、登记及耳目构建、管理和使用工作；三是准确掌握狱内顽危罪犯及重点嫌疑罪犯的活动，制定防范预案；四是检查重点要害部位的安全和防范措施的落实情况；等等。

（7）教育改造管理部门。为把罪犯改造成为守法公民，教育改造部门必须按照因人施教、分类教育和以理服人的原则，对他们进行思想、文化、法治、职业技术等方面教育。其主要职责有：一是负责制订实施教育改造工作计划及制度，依法对罪犯进行法治、道德、形势、政策、前途等内容的思想教育；二是根据罪犯的文化程度，对其进行扫盲教育、初等教育、初级中等教育等文化教育,考试合格的联合当地教育部门发给相应的文凭;三是根据监狱生产和罪犯释放后就业的需要,对罪犯进行职业技术教育,经考核合格的,联合培训部门发给相应的技术等级证书;四是定期分析、掌握罪犯思想动态,加强对顽固、危险犯的思想转化工作;五是做好对罪犯个别教育和社会帮教工作;六是服刑人员改造质量评估、改造积极分子的评选审定工作。

(8)劳动改造管理部门。为落实我国《监狱法》关于"有劳动能力的罪犯,必须参加劳动"的规定,各监狱成立了劳动改造科,组织罪犯进行劳动改造。其主要职责为:一是负责罪犯劳动考核、劳动保护和劳动技能培训;二是负责罪犯劳动定额、劳动报酬等管理工作;三是负责罪犯劳动现场管理、劳动改造效果评估等工作;四是负责协调处理监狱与公司劳务及其合同的相关事项。

(9)生活卫生管理部门。为有效组织罪犯开展公共卫生防疫、保障罪犯有病得到及时治疗、保障罪犯吃饱穿暖,各监狱几乎都成立了生活卫生科,其主要职责为:一是负责制订罪犯生活卫生工作计划,并组织实施;二是负责对罪犯伙食、生活物资供应、公共卫生环境等的管理监督,负责组织处置狱内公共卫生安全事件;三是协调监狱医院工作,负责罪犯的疾病预防、治疗和卫生防疫工作;四是负责管理、指导罪犯内务环境卫生、个人财物、罪犯伙房、生活卫生设施设备等工作;五是负责监督、管理、指导罪犯病亡处理、监狱医院医疗业务等工作;等等。

(10)安全监督管理部门。安全工作是各地区、各部门一切工作的基础,因此不少监狱均设置了安全管理监督部门,主要负责下列工作:一是负责罪犯劳动生产安全各项制度的落实;二是负责监狱制度、生产、生活和学习三大现场安全工作的监督检查及安全隐患的排查整治;三是协调处理狱内外各类安全事故。

(11)信息技术管理部门。积极运用物联网、云计算、大数据、人工智能、区块链等现代信息技术,不断推进监狱安全保障程度、不断提升监狱执法水平和罪犯改造质量、不断提高监狱治理现代化的水平和能力,是各监狱落实科技强国、科技强警的重要举措。故此,近年来各监狱先后成立了信息技术科、信息技术办公室等业务部门,主要负责如下工作:一是负责监狱信息化系统、安防系统、信息安全和网络安全的规划、建设和维护保障工作;二是负责信息资源、软件平台、智能应用的使用和维护保障工作;三是负责安防设施的建设和维护保障工作;四是负责采集、录入服刑人员基本信息,以及刑释人员安置帮教信息衔接和核查工作;五是负责监狱办公自动化网络、计算机应用管理及涉及监狱的网上舆情监测等工作。

(12)后勤保障管理部门。与其他单位一样,监狱的正常运转及罪犯改造质量的提高,离不开吃、住、行等后勤保障工作。故此,各监狱的后勤保障管理部门主要负责如下工作:一是负责后勤保障、装备管理、基建维修和房屋管理工作;二是负责警用车辆管理,交通安全法规教育;三是负责办公用品,通讯设施、固定资产等管理;四是负责干职食堂管理、监区外办公区和备勤楼卫生清洁、水电暖供应及维护、固定资产管理、基建维修、公积金、房补、服装、办公用品、物资采购、装备管理工作。

2.押犯单位。监狱的根本任务和职责是收押罪犯、将其改造成为守法公民,并帮助其顺利回归社会。为了全面完成这些任务、较好地履行相关职责,各监狱必然要成立相关的罪犯收押、管理和改造单位。目前,内地由司法部主管的监狱主要有如下几类押犯单位:分监狱、监区或分监区,均是非法人单位,仅是监狱内设机构。有的监狱下设分监狱、分监狱再下设监区共两级押犯管理单位,如浙江省乔司监狱下设9个分监狱,每个分监狱都有6—9个监区,每个监区有120—250名的罪犯;有的监狱下设监区、监区再下设分监区共两级管理单位,如贵州省北斗山监狱下设监区,之后在监区之下再设分监区。目前,全国多数监狱都实行扁平化管理,即监狱之下只设监区一级押犯管理单位,不再设分监区这类二级管理单位。如四川省雷马屏监狱设置了9个监区、广东省英德监狱下设17个监区、北京市所属所有监狱都只设监区。此外,多数监狱还会根据押犯结构及改造需求的不同,分别设置了普通监区和功能监区。

香港和澳门特区的各监狱均实行扁平化管理,没有"分监区"一级机构的设置,实行监狱直管各个功能区的做法。

(1)分监狱职责。作为监狱管理罪犯的二级单位,它不直接管理罪犯,而是通过下设的监区来直接管理罪犯,并有普通分监狱和功能分监狱之分,其中普通分监狱的主要职责是:一是负责贯彻落实监狱法律法规,组织落实各项监管工作制度,依法对罪犯进行改造;二是负责分管罪犯的日常管理、改造工作;三是负责组织罪犯劳动改造;四是依法对罪犯进行考核奖惩,提出给予罪犯减刑、假释、暂予监外执行的建议,做好监区的安全防范工作;五是负责罪犯生活卫生管理工作;六是负责监区的队伍管理工作;七是承办监狱交办的其他工作任务。功能性分监狱除了履行上述全部或绝大部分职责外,入监分监狱专门负责罪犯入监教育的组织、实施及管理,出监分监狱负责罪犯出监教育的组织、实施及管理。如浙江省乔司监狱的八分监狱就是承担罪犯入监及出监教育的功能型分监狱,其他分监狱是执行普通改造任务的分监狱。

(2)监区的职责。由于内地相关监狱的监区有的是一级管理单位即直接管理罪犯,有的是二级管理单位即通过下设的分监区来间接管理罪犯,所以它的功能和职责也有所不同,其中作为二级管理单位的普通监区的主要职责是:一是负责贯彻落实监狱法律法规,组织落实各项监管工作制度,依法对罪犯进行改造;二是负责分管罪犯的日常管理、改造工作;三是负责组织罪犯劳动改造;四是依法对罪犯进行考核奖惩,提出给予罪犯减刑、假释、暂予监外执行的建议,做好监区的安全防范工作;五是负责罪犯生活卫生管理工作;六是负责监区的队伍管理工作;七是承办监狱交办的其他工作任务。作为二级管理单位的功能性监区除了履行上述全部或绝大部分职责外,入监监区专门负责罪犯入监教育,惩教监区负责罪犯惩处、集训和禁闭室的管理,出监监区负责罪犯出监教育,罪犯伙房监区负责罪犯饮食、伙房管理等后勤事务。如果作为一级管理单位直接管理罪犯,无论是普通监区还是功能型监区,它们还将承担下列职责:一是直接组织罪犯班组及其主管民警,依法对罪犯进行日常管理,及时掌握罪犯基本情况;二是直接组织民警对罪犯进行个别谈话教育,教育疏导工作;三是直接实施对罪犯的日常考核、办理减刑假释和暂予监外执行等行刑工作;四是组织民警物建耳目,收集罪犯思想动态和狱情动态摸排并管控顽危罪犯,落实各项安全防范措施;五是直接负责对罪犯的劳动、生活、学习"三大现场"进行管理;等等。①

(3)分监区的职责。分监区是监狱直接管理罪犯的基层单位,通常按罪犯监舍分成组或班来管理。其主要职责为:一是组织民警具体实施对罪犯进行日常管理,及时掌握罪犯基本情况;二是组织民警按照监狱教育计划,或分监狱、或监区的教育安排具体实施对罪犯的思想教育、法治教育、前途教育和心理疏导等教育疏导工作;三是负责结合罪犯的性别、年龄、劳动能力、健康状况、能力特长以及现有的工作岗位等,为每名罪犯安排劳动项目和岗位,具体组织他们实施劳动改造;四是直接实施对罪犯的日常考核、办理减刑假释和暂予监外执行等行刑工作;五是组织民警物建耳目,收集罪犯思想动态和狱情动态摸排并管控顽危罪犯,落实各项安全防范措施;六是直接负责对罪犯的劳动、生活、学习"三大现场"进行管理等。

二、监狱的内部管理人员

监狱的内部管理人员分为领导人员、管理人员和普通工作人员三类,其中正副监狱长及监狱企业的正副经理或总经理为领导人员,监狱机关业务科室的正副职领导和押犯单位正副职领导为管理人员,机关业务科室和押犯单位从事具体工作的人员为普通工作人员。② 其中,内地军事监狱的管理人员是现役军人,政府监狱的管理人员是警察,香港特区监狱和澳门特区监狱的管理

---

① 有的监狱还建立一些非押犯监区,专门管理一些涉及监狱安全和罪犯权利保障的相关工作。如贵州、北京等省(区、市)的监狱还成立了勤务监区,专门负责监狱 AB 门安全管理、进出监管区人员和车辆的检查管理工作,负责人民群众会见罪犯的相关事务管理工作等。

② 负责监狱外围警戒即围墙监管和巡逻人员是军人,他们直属军队管理,不是监狱的内部管理人员。

人员有的是警察,有的则是文职管理人员。如澳门监狱的文职人员主要负责组织管理监狱以及对外联系,狱警队伍由路环监狱保安看守处负责,下设保安行动协调组、保安辅助组、保安行政事务组、保安策划研究组,主要职责是看管囚犯、维持囚仓区秩序、押送囚犯、巡逻监狱外围、驻守更亭(相当于内地监狱的武警岗楼)、处理探访囚犯、为囚犯入狱后的隔离和分类以及囚食调配提出建议、统计管理囚犯资料、统筹大型活动和特别行动的保安工作等。① 下面将以内地由司法部主管监狱的内部管理人员为例,对有关人员的职责进行阐释。

1. 监狱的领导人员。监狱的领导人员从行政职务上分,主要有监狱长和副监狱长、监狱企业的公司总经理和副总经理;从党内职务来分,主要有党委书记、副书记和党委委员。目前,多数监狱的党委书记是监狱长,政委是监狱党委副书记,即监狱长是监狱的"一把手"、主要负责人。但是,有的监狱党委书记是政委,监狱长是党委副书记,所以政委是监狱的"一把手"、主要负责人。监狱政治处主任是党委委员,单从行政职务上讲他不是监狱领导,只是监狱的部门领导,在行政待遇上高配为副处级。如北京市某监狱党委领导班子在北京市监狱管理局党委领导下开展工作,共有班子成员 7 人,其中监狱长 1 人(正处职),政委 1 人(正处职),副监狱长 4 人(副处职),政治处主任 1 人(副处职)。党委书记、监狱长负责全面工作,主管审计工作;党委副书记、政委、纪委书记协助监狱长抓全面工作,负责队伍建设、纪检监察工作,分管政治处、监察审计科,挂钩监区为一监区、二监区、惩教监区;1 名副监狱长负责狱政管理、狱内侦查、生活卫生和应急处突、指挥协调、情报搜集等工作,分管狱政管理科、指挥中心,挂钩监区为三监区、五监区;1 名副监狱长负责罪犯刑罚执行、教育改造和心理咨询工作,分管刑罚执行科、教育改造科,挂钩监区为六监区、七监区;1 名副监狱长负责办公机要、理论调研、法制、新闻宣传、信息化建设、基建维修、行政后勤、装备管理和安委会工作,分管办公室、行政科,挂钩

---

① 参见张玉卿:《澳门监狱制度介绍》,司法部政府网,http://www.moj.gov.cn/organization/content/2019-04/10/jygljsjxw_232251.html。

监区为八监区、九监区;1名副监狱长负责罪犯劳动改造、计划财务工作,分管劳动改造科、计划财务科,挂钩监区为十二监区、十三监区;政治处主任协助政委抓队伍建设工作,负责政治处、老干部、工会工作,挂钩监区为十监区、十一监区。

(1)监狱长。通常情况下,监狱的党委书记兼任监狱长,是监狱的"一把手"、主要负责人,政委是党委副书记、"二把手"。同时,女子监狱的监狱长多数由女性民警担任,少数是由男性民警担任。监狱长作为单位的主要负责人,其工作职责有:一是按照党的路线、方针、政策及法律法规制订符合本单位实际工作计划和发展规划,并认真抓好落实;二是负责监狱审计工作;三是协调好监狱政工、管教、生产、基本建设等各项工作;四是抓好班子建设,按照议事日程规则主持召开监狱长办公会、监狱党委会,发挥好"一把手"的应有作用,有效推动监狱工作的规范化、科学化、法制化发展。

(2)政委。政委是监狱党委政治委员的简称,协助监狱长负责全面工作,分管队伍建设工作、纪检监察工作。① 其工作职责有:一是协助监狱长抓好监狱工作;二是抓好监狱干警、职工的思想政治工作,认真抓好监狱的纪律监察和党风廉政建设工作;三是抓好干警的任免、考核、警衔晋升、工资福利、组织发展以及支部建设等各项工作,组织好政工、工会、共青团、纪检监察工作,抓好老干部的管理工作;四是落实好监狱全年政治工作计划和工作规划;五是协助监狱长抓好中层领导班子建设和干警队伍建设;六是完成领导交办的各项临时性工作。

(3)公司总经理。在监狱党委和公司董事会领导下,负责监狱企业的日常管理工作,其主要职责有:一是落实好监狱全年生产工作计划和工作规划;

---

① 国内不少监狱设立了专职的纪委书记,其主要工作职责有:一是主持纪委工作,贯彻党的纪检工作方针、政策和有关规定,履行纪检监察工作职能;二是在上级纪检机关和监狱党委的领导下,监察督促党组织和党员贯彻执行党的路线、方针、政策、决议情况以及遵守党章、党纪、国法和监狱纪律制度的情况。三是协助党委抓好对党员的党性、党风、党纪和勤政廉政教育,检查督促全监狱党风廉政建设和行业职业道德建设工作,等等。

二是按照分工抓好监狱的劳动改造工作,组织劳动改造部门制订年度生产计划,下达生产指标,审查生产合同,掌握生产进度;三是建立健全本单位各项生产管理制度、安全规章、生产台账、岗位职责和安全操作规程,并定期检查,督促落实;四是负责监狱各生产场地、车间设备的协调使用工作,保障车间场地和设备的正常合理使用;五是负责设备、计量、标准化、工艺、物资、成本、质量、定额等方面的管理工作;六是负责全监狱的生产安全教育工作以及罪犯岗前培训、技能调查及《劳动上岗证》和《劳动安全合格证》的培训、考核、发(撤)证、复核工作等。

(4)副监狱长及监狱企业的副总经理。副监狱长及监狱企业的副总经理是监狱里协助监狱主要领导具体抓好相关业务工作的主管领导,其职责依据其主管工作的不同而不同。如某监狱分管罪犯监管改造工作的副监狱长,其主要职责包括:一是按照分工抓好监狱的狱政管理、情报搜集等工作,组织相关部门制订可行的工作计划,并定期加以检查落实;二是抓好监狱指挥协调、应急处突工作,做好预案,加强演习;三是负责监管安全的形势分析工作,提出问题,加以解决;四是完成领导交办的各项临时性工作。

2.监狱的管理人员。监狱的管理人员分为相关业务的管理人员和押犯单位的管理人员两类,即监狱机关业务科室的正副职领导、分监狱或监区的正副领导。

(1)监狱机关业务科室的管理人员。目前,各监狱在科学管理、规范管理、依法管理原则的指导下,将监狱机关的业务科室分为政治工作部门、管教工作部门、后勤保障工作部门和综合管理工作部门四大类,每一类下面再分设相关的职能科室、细化工作职责。如北京某监狱机构改革后,管教工作部门包括指挥中心、刑罚执行科、狱政管理科、教育改造科4个职能部门,领导职位设置共15个。其中,指挥中心设主任(正科职)、干职思想政治工作和队伍建设工作教导员(正科职)、分管视频巡查和总值班室副主任(副科职)、分管情报室副主任(副科职)、分管带班、现场督察、应急处突副主任(副科职)、分管安防维护副主任(副科职),刑罚执行科科长(正科职),狱政管理科设科长(正科职)、分管警管工作副科长(副科职)、分管计分考核工作副科长(副科职),教育改造科设科长(正科职)、分管常规教育工作副科长(副科职)、分管辅助教育工作副科长(副科职)、分管心理矫治工作副科长(副科职),生活卫生科设科长(正科职)。这些正副部门领导,均有各自具体负责的业务工作和职责。如教育改造科科长的主要职责有:一是在监狱党委和主管管教副监狱长的领导下,负责监狱罪犯教育改造工作;二是负责本部门各项工作的筹划、指导、沟通、协调、督促、检查,对各项工作的落实提供保障和服务;三是负责与省局教育改造处进行联络沟通工作,明确工作方向工作重点,负责与监狱各部门之间的协调;四是抓好教育改造科思想政治工作,坚持做好干职思想状况分析,做好干职队伍建设工作;五是完成上级领导交办的各项临时性工作任务。

(2)监狱押犯单位的管理人员。为了实现对收押罪犯执行刑罚并实施全面改造、使其成为一个守法公民,每所监狱均下设数量不等的监区、或分监区等押犯单位具体监管、改造罪犯,个别监狱甚至下设分管狱。每个分监狱、或监区又设立了分监狱长、副分监狱长、监区长、副监区长、分监区长、副分监区长等管理人员,依照各自的职责组织所管民警对从事相关工作。如某监狱规定其监区长是监区各项工作的第一责任人,其主要工作职责有:一是在监狱党委的领导下,负责监区全面工作,对监区的安全稳定负总责;二是根据监狱的年度工作计划,负责制订和组织实施监区的工作计划,年终做好监区本年度工作总结;三是负责召集监区支部大会,支委会、区务会和监区长办公会,对相关事项作出决策;四是组织监区民警对罪犯实施刑罚执行、日常管教和劳动改造工作;五是结合监区工作实际,合理调整警察、职工的工作岗位。

3. 监狱的普通工作人员。在单位或部门具体从事某些或某项事务的非领导人员即是普通工作人员,监狱机关里的多数工作人员都是普通工作人员。

(1)监狱机关的普通工作人员。监狱机关的工作承上启下、纷繁复杂,不仅要设置相关业务科室来承办与管理,更需要设置相应的工作岗位、安排专职人员来执行。如某监狱指挥中心设置了指挥中心内勤、监管督察、情报室、安防系统管理、计算机和信息系统管理、现场管理、有线通信管理、值班室、网络和信息安全管理等9个工作岗位，每个岗位又根据工作任务的多少安排一名或多名普通工作人员来从事相关工作。如前述监狱指挥中心情报室工作人员主要从事下列工作：一是制定本单位有关情报工作的规章制度；二是组织、指导本单位情报人员，及时、全面、深入地搜集各类情报信息，甄别、汇总、研判、评估后，编写《情报信息周刊》，于每周一下午报省局情报信息中心和监狱领导，送相关科室；三是组织召开工作会议，对复杂、重要的情报信息及相关工作进行研讨，分析预判，提出处置意见；四是对各单位、各部门落实领导针对情报决策情况进行跟踪问效，及时反馈；五是建设本单位情报网络，并对各级情报人员进行培训和考核，检查和指导各部门情报工作；六是负责本单位的情报信息库建设，做好日常维护管理；七是通过监听、查看、统计、分析罪犯亲情电话、会见、采买、劳动、得分、获奖、减刑（假释）等情况，关注重点人情况，查找有无罪犯违法违纪的线索，收集罪犯主要思想动态、倾向性或苗头性问题；八是对罪犯计分考核、狱内消费、狱政管理等业务系统进行检索，查找有无问题等。

（2）监狱押犯单位的普通工作人员。为全面落实我国法律法规规定的监管改造工作，每个监区或分监区等直接管理罪犯的单位均会安排所管民警管理罪犯班组及狱政管理、狱内侦查、教育改造、减刑假释、劳动改造等工作。如某监狱监区里直接从事狱内侦查的民警，主要从事下列工作：一是协助分管狱侦工作的监区领导，组织落实监狱、监区狱内侦查各项工作制度，确保监管安全"四无"①；二是建立健全监区狱情收集网络，落实上级管理机关规定的耳目选建、管理、考核制度，让本监区耳目数量达到押犯总数的规定比例；三是组织监区每周召开的狱情分析会，做好狱情分析的记录；四是认真审核监区顽固罪犯、危险罪犯等重点人员的认定材料，组织、督促、检查落实对本监区"重点罪

① 监管安全"四无"，即无暴狱、无脱逃、无重大狱内案件、无重大生产安全事故。

犯"的包夹控制措施;五是协助业务部门侦办狱内案件,以及配合公、检、法等部门的办案工作等。

三、特区监狱的内部管理人员

1. 香港特区监狱的内部管理人员。香港特区监狱的内部管理人员分为四类:第一类为高级管理人员,即总监督和监督,约占全体职员的3‰。第二类为惩教人员,相当于内地的监狱民警,有公务员身份,占职员的85%。第三类为惩教工作人员,约占职员的10%,他们穿蓝色工作服,相当于内地监狱中的企业管理人员,工作固定,名为"政府雇员",但又不是公务员;第四类为文职人员,即未列入监狱正式编制,是监狱临时聘用的技术人员和工勤人员,约占5%。① 此外,从惩教职级上分为三级,其中首长级的惩教事务总监督,主任级的有惩教事务高级监督、惩教事务监督、总惩教主任、高级惩教主任、惩教主任,员佐级的有一级惩教助理、二级惩教助理。

2. 澳门特区监狱的内部管理人员。澳门特区监狱的内部管理人员分为警察和文职人员,其中文职人员主要负责组织管理监狱以及对外联系,监狱民警主要负责看管罪犯、维持监区内秩序、押送罪犯、巡逻监狱内外警戒区域、驻守监狱围墙上的岗楼、为罪犯入监后的隔离和分类提出建议、定期统计所管罪犯的相关情况、组织并实施在监狱内举办的大型活动和特别行动等。

第七节　当前中国监狱管理体制
存在的主要问题

总结、反思我国当前司法部主管的监狱管理体制现状,主要存在如下问题:

---

① 参见闵征:《香港囚犯矫正工作特色研究》,《中国监狱学刊》2009年第1期。

一、监企分开,但不彻底

监企分开是监狱体制改革的核心内容。从全国当前的改革情况看,各省(市)监狱均已按照"监企分开"的改革要求成立了监狱企业,将监狱与企业分开,合理设置机构,优化人员配置。监企分开后,监狱和监狱企业作为两个不同性质的法人实体,二者相互独立。监狱是机关法人,实行公务员制度管理,建立现代文明监狱制度,履行机关法人的权利义务。监狱企业是企业法人,实行企业管理,建立现代企业制度,履行企业法人的权利义务。监企分开基本上实现了机构分开、职能分开。如重庆市监狱管理局进行改革中,负责生产经营管理的内设机构被分离出来,组建渝剑集团,由重庆市监狱管理局管理。渝剑集团设立董事会和监事会,集团的正职领导按重庆市管干部配备,集团副职和下属公司正职领导由重庆市司法局按有关干部管理权限配备。重庆市监狱管理局下属各监狱将负责生产经营管理工作的机构分离出来,组建为渝剑集团的下属公司,由渝剑集团管理。如重庆市永川监狱将原监狱企业重庆市新胜茶场及其下属茶叶公司、工业公司、建筑公司整合后,重新组建为重庆市新胜实业有限责任公司,为重庆市渝剑集团的子公司。监狱是国家刑罚执行机关,其职能是负责执行刑罚,教育、改造、组织罪犯生产劳动。集团及其所属公司的主要任务是为监狱改造罪犯提供劳动岗位和技能培训,并支付劳动报酬。监企分开后,监狱与企业的职能基本得到了分离,二者按照各自的职能运行。

二、全额保障基本落实,但仍需加强

监狱经费按支出标准足额保障是监狱体制改革的前提,直接关系到体制改革工作的成败。按照国务院批转的《司法部关于监狱体制改革试点工作指导意见的通知》(以下简称《通知》)精神,在试点实施阶段,监狱经费按照中央和地方分级管理,分级负担,以省级财政为主的原则,中央和地方财政以各自负担的比例和数额保证监狱经费落实到位。为保障监狱体制改革顺利进行,根据财政部与司法部共同制定的《监狱基本支出经费标准》,将监狱基本支出经费划分为两类。一类标准的执行地区为北京、上海、天津、江苏、浙江、福建、广东、山东、西藏9个省(区、市),其他地区执行二类标准。监狱基本支出经费标准是财政部门对监狱拨款的最低参照标准,原则上要求2—4年达到,个别经济困难和基础较差的地区可延长至5年,经济发达地区要尽快达标。这既是落实《国务院关于〈研究监狱布局调整和监狱体制改革试点有关问题〉的会议纪要》的重要举措,也是不断提高监狱经费国家保障程度的重要基础性工作。按照2003年国务院批转的《通知》要求和财政部与司法部共同制定的《监狱基本支出经费标准》,要求全国各省(区、市)财政对省(市)直属监狱实施全额保障。根据要求和《监狱法》的有关规定,罪犯改造经费、罪犯生活经费、监狱行政运行经费、狱政设施经费、监狱人民警察的工资待遇津补贴等列入省级部门预算,由各省(市)财政予以全额保障。根据2007年国务院批转的《司法部关于全面实行监狱体制改革指导意见的通知》要求,监狱经费全额保障进一步得到落实。据公开报道,"2011年,全国监狱系统财政拨款占监狱经费支出比重达到88%","2015年,财政拨款占监狱经费支出比重已达到90%左右"。随着中国监狱管理体制改革的进展,这一比例还将不断增长。但是,目前仍有部分省份对监狱体制改革既定任务落实的不够彻底,监狱经费保障尚不充足,主要体现在监狱经费基本支出项目和科目还不健全且保障标准偏低、监狱基本建设资金缺口较大等。

可以说,监狱经费全额保障是解决监狱经费不足的迫切需要,是保持监狱警察队伍稳定、加强监狱警察队伍建设的需要,也是关系到监狱本质职能回归、事关监狱体制改革成败的关键因素,所以,一定要实现监狱经费全额保障。

三、刑罚执行的方式亟待提高

监狱管理体制改革的目的是使监狱回归刑罚执行的本质职能,提升刑罚执行方式水平,提高罪犯改造质量,使罪犯改造工作更加科学化。与国际先进的刑罚执行方式相比,当前中国的刑罚执行方式仍处于较落后的水平。其表现之一是中国仍重点强调监禁刑的使用,对非监禁刑的运用不足。监禁刑替代肉刑、生命刑是人类刑罚史的巨大进步,目前仍是国际上主要的刑罚执行方式。但越来越多的学者认为监禁刑的弊端也是明显的,如监狱中罪犯的思想观念容易交叉感染、监禁刑对罪犯的再社会化不利、监禁刑的执行成本过高等。目前国际刑罚执行的趋势是限制监禁刑的适用,而加强非监禁刑的运用,即用社会化的行刑方式替代监禁刑。当前,社区矫正制度已是被世界各国广泛接受的刑罚执行方式并不断发展。而我国社区矫正制度起步较晚,2003年开始试点、2009年全面实行,虽然实施时间不长,但自社区矫正在中国开始试点至今十几年来,社区矫正在矫正罪犯、促进罪犯再社会化、预防犯罪、降低行刑成本、维护社会稳定等方面发挥了非常重要的作用,取得了良好的法律效果和社会效果。但中国社区矫正的适用与世界先进国家相比起步较晚、适用比例偏低。分析我国刑罚执行方式落后,其原因之一是监狱过度强调安全,诚然,安全稳定是保障监狱体制改革深入进行、监狱工作发展的必要前提,但提高罪犯改造质量是监狱首要任务。安全是改造的前提和基础,改造反过来也会影响安全,改造效果好可以消除监狱中的危险因素,营造安全的监管环境,安全和改造之间本应是一种良性互动关系。但追本溯源,完成对罪犯的矫正才是监狱所有工作的最终目标。随着监狱体制改革的深化,进一步改革完善现行刑罚执行制度已成必然,应继续加大非监禁刑的适用,提高社区矫正、假释等的适用比例。

四、监狱民警队伍整体素质难以适应体制改革发展的需要

监狱民警队伍的制度管理上仍显现诸多欠缺。改革开放40多年来,在司法部、部监狱管理局以及各省(区、市)监狱管理局的努力下,尤其是自2003年监狱管理体制改革以来,随着监狱布局的调整和全额保障的实施,监狱民警的社会地位和物质待遇显著提高,监狱工作吸引力逐步增强,吸引了大批高学

历优秀人才加入监狱人民警察队伍中来,基本扭转了监狱人才匮乏的状况。整体而言,全国监狱民警的年龄结构、专业配置、学历层次渐次合理化,监狱民警的队伍建设成绩斐然。然而,相对于依法治监、科技兴监的要求、押犯结构的日趋复杂,与新形势下监狱管理体制改革的要求,监狱人民警察队伍的素质与现实、未来发展的趋势仍存在一定的差距,需要进一步提升。比如,最为典型的问题是高学历民警所占比例仍然较低,其中有法学专业教育背景的民警所占比例更低,而学习监狱学专业的民警更是少之又少。另外,信息专业的监狱民警比例也比较低。人才是第一资源,对罪犯改造第一线的监狱民警而言,其素质水平的高低,直接影响监狱管理体制水平,罪犯改造效果的高低。

监狱民警整体素质需要提高,数量也需要增加。当前,监狱民警数量不足,加上警力配置不合理,造成基层一线警力严重不足。在基层监狱,机关科室占用了相当一部分警力编制,虽然从全国整体看,监狱民警与押犯的配置比例能够达到司法部规定的18%的要求,但真正在基层一线从事管教罪犯工作的民警比例达不到这一要求。由于监狱基层警力不足,加之管教工作、安全防范、组织罪犯劳动任务繁重,致使一线民警经常加班加点、精神长期高度紧张,身心健康受到影响。由于警力紧张,基层民警参加正规警体训练、接受业务培训的机会和时间很少,很难提高自身的素质。

当前,中国监狱人民警察采用的是行政公务员管理体制,这种体制利弊明显。一方面,公务员管理体制下监狱民警稳定,社会地位高,有利于民警队伍的稳定,促进民警责任感和使命感的提高。另一方面,就监狱工作的专业化问题,目前的管理体制难以保障监狱专业技术结构、岗位设置和专业人员的配备与管理,不利于专业技术人才的培养和吸纳。监狱的教育改造工作,不仅需要行政管理人员,还需要矫正专家、教育专家、心理专家、医学专家、计算机专家等。缺少大量的专业技术机构设置与大量专业技术人员来进行监狱教育改造工作,监狱工作就无法适应体制改革的需要,无法实现科学化、规范化的运行。

总体来看,我国监狱体制改革取得了显著的成绩,给全国的监狱工作注入了活力,带来了新变化、新气象:一是监狱刑罚执行的本质职能回归并不断加强;二是罪犯的改造积极性被充分调动;三是监狱安全稳定得到有力保障;四是监狱财政保障水平大幅度提高;五是监狱企业稳步健康发展;六是监狱民警队伍建设不断加强。在党的十八届三中全会提出"创新社会治理、建设法治中国的战略目标"、党的十八届四中全会通过《中共中央关于全面推进依法治国若干重大问题的决定》、党的十九大报告进一步提出"提高社会治理社会化、法治化、智能化、专业化水平"和党的二十大报告提出"健全共建共治共享的社会治理制度,提升社会治理效能"的背景下,中国监狱体制改革将继续深化并不断完善。

第三章 监狱管理体制改革与创新的现实需要和法律、理论、实践基础

第一节 监狱管理体制的界定

界定监狱管理体制,需要明确"体制"与"管理体制",在此基础上来明确监狱管理体制。

一、体制

界定"体制",要清楚"制度"与"体制"的关系。"制度"在现代汉语词典中的解释为:"要求大家共同遵守的办事的规程或行动准则;或在一定的历史条件下形成的政治、经济、文化等方面的体系"[①]。"体制"则可以理解为:"国家机关、企业、事业单位等的组织制度;或文体的格局"[②]。"制度"一般可以从宏观、中观和微观三个角度将其分为根本制度、体制制度和具体制度。其

[①] 中国社会科学院评议研究所词典编辑室编:《现代汉语词典》,商务印书馆 2015 年版,第 1678 页。

[②] 中国社会科学院评议研究所词典编辑室编:《现代汉语词典》,商务印书馆 2015 年版,第 1281 页。

中,在宏观层次上为社会根本制度,一个社会的根本制度在制度系统中处在核心地位,它体现社会管理中心(统治阶级)的利益和意志,规定社会的发展方向和道路。如资本主义制度、社会主义制度等。在中观层次上的体制制度,它是根据第一层次的原则和要求而对社会运行机制的规定,而社会体制从横向可以分为经济、政治、法律、文化教育等不同领域,因此有政治体制、经济体制、社会体制等之分。微观层次上是各种具体的制度安排,它是指一定群体根据第一、第二层次,依循本群体、行业、部门的实际情况而制定的人们共同遵循的办事规程或行动准则。① 由前面来看,体制是制度的中观层次,但体制又不限于此。具体而言,体制一方面是指一定的组织结构;另一方面是指规则或制度,是指这个组织结构被全部或部分地决定了,或蕴含着、影响着这个组织为实现某种管理功能而进行运作的规则。体制既可以依据社会生活的领域不同而将其划分为政治体制、经济体制、文化体制、教育体制等;也可以是有关组织形式的制度,正如《现代汉语词典》中解释的国家机关、企业、事业单位等的组织制度,包括领导体制、学校体制等,监狱管理体制中的"体制"正是此含义,包括监狱机关的组织机构设置、组织机构间的上下级领导关系、管理职责与权限划分、运行等方面的内容。

二、管理体制

管理体制可以理解为体制的一个种概念,而其关注点是在"管理"。如果说,体制是被系统化的组织制度,那么,管理体制则是一个管理机构中被系统化了的管理制度,包括权限划分、机构设置及其运行机制。"管理体制是指管理系统的结构和组成方式,即采用怎样的组织形式以及如何将这些组织形式结合成为一个合理的有机系统,并以怎样的手段、方法来实现管理的任务和目的。具体地说,管理的体制是规定中央、地方、部门、企业在各自方面的管理范

---

① 参见周燕军:《制度伦理评价系统的原则与建构》,《理论与现代化》2000 年第 5 期。

围、权限职责、利益及其相互关系的准则,它的核心是管理机构的设置。各管理机构职权的分配以及各机构间的相互协调,它的强弱直接影响到管理的效率和效能,在中央、地方、部门、企业整个管理中起着决定性作用。"①

三、监狱管理体制

在这里将监狱管理体制界定如下,监狱管理体制是指规定监狱机关内部各方面的管理范围、权限职责、利益及相互关系准则的为实现管理的任务和目标的制度体系。监狱管理体制是被系统化了的监狱管理制度,是关于监狱机关的职能定位、权责划分、机构设置和运行机制的总称。它是一个国家在一定政治、经济和文化制度基础上建立起来的对监狱工作进行组织管理的各项制度的总和,是整个监狱体制得以构成和运行的保障,直接影响着监狱改革和发展的方向、速度、规模、质量和效益等。

具体来说,我们可以从宏观和微观两个方面来理解监狱管理体制:

从宏观上讲,特指国家管理监狱工作的根本制度,是国家在监狱工作中的机构设置、相互关系和责权划分的制度,主要是明确国家对监狱进行行政管理工作中由哪级政府进行统筹和决策,它们之间的责权如何划分,以及对监狱各机构如何管理等。宏观监狱管理体制主要在于规定中央与地方、政府与监狱机关在做好监狱工作的过程中的相互关系及其各自职能定位,包括采取什么样的管理方式来理顺国家与监狱、监狱与社会,以及监狱系统内部上下之间、各部门之间关系的一系列规定和制度。监狱管理体制是带有监狱系统全局性、整体性的制度,支配着监狱系统的全部管理工作。

从微观上讲,特指监狱的管理体制,涉及监狱系统内部的领导分工、机构设置、管理权限及相互关系等管理制度,它决定监狱自身履行其职责,在管理、教育罪犯、人事等一系列管理活动,直接支配着监狱的全部管理工作。它一方

---

① 管理体制,https://baike.baidu.com/item/%E7%AE%A1%E7%90%86%E4%BD%93%E5%88%B6/5809011? fr=Aladdin,2019-05-27。

面是监狱履行其职责的重要基础,另一方面是监狱与社会沟通与联系的纽带和桥梁。

第二节　现实需要

一、社会管理创新的需求

我国改革开放的进行与市场经济的逐步完善促使我国的社会经济状况发生诸多的变化,这些变化表现为:一是经济体制的转型。经济体制的转型,即计划经济向市场经济的转变使原有的社会结构和经济结构出现了变化,在经济成分与经济利益格局方面、社会生活方面、社会组织形式方面、就业岗位和就业形式方面由单一向多样发展。二是城乡二元体制的逐步破除。农村改革的深化,农业生产力水平的提高,促使大批农民向城市迁徙,使城乡二元体制逐步破除。三是对外开放的深入。对外开放的深入使我国逐步融入世界经济社会的格局当中。这些变化在促使社会发展的同时也导致社会诸多问题的出现——社会矛盾和冲突凸显、群体性事件此起彼伏、民生问题多发,致使"维稳"成本不断增加。① 社会问题的出现使我国的社会管理暴露出其不能适应社会经济变化之处:一是落后的管理理念,单一的管理主体。在计划经济体制下,社会管理理念落后,政府大包干,对经济进行全面干预,导致经济发展缓慢、政府机构膨胀。改革开放后,尽管政府权力逐步下放,但社会管理主体单一的问题依然存在。二是僵化的管理方式与手段。管理方式上,单纯地依靠行政手段,而这已难以解决现实问题,更无助于完成社会管理的目标。并且,在管理手段上,过多地运用了刚性手段;在公民参与方面,因缺乏有效的平台和途径而使公民无法参与社会管理;在治理方式上,采取"运动式治理",缺乏

---

① 2010 年 5 月 27 日出版的《社会科学报》公布,2009 年度全国维稳经费达到 5140 亿元,中央政府公共安全支出增长幅度达 47.5%。

常规化;在管理信息上,信息和资源不够公开透明。

面对这些问题,进行社会治理创新才是解决之道。正因为此,社会治理创新逐步进入人们的视野。"加强社会建设和管理,推进社会管理体制创新"的要求在2004年的中国共产党十六届四中全会上被提出;"建立健全党委领导、政府负责、社会协同、公众参与的社会管理格局"在2007年党的十七大报告被提出;2010年的《政府工作报告》中也指出推进社会管理体制改革和创新。2011年的《政府工作报告》更是强调了"社会管理创新"。在2011年5月30日的中共中央政治局会议指出,我国社会管理面临严峻的形势,面对实际变化,我国社会管理在理念思路、体制机制、法律政策、方法手段等方面却有很多地方不能适应这种变化。这种情况下,加强和创新社会管理显现出它的重大战略意义,它在巩固党的执政地位、国家的长治久安、人民的安居乐业方面显现出其重要性,并且有利于继续抓住和利用好我国发展重要战略机遇期,以此推动党和国家事业发展、实现全面建设小康社会目标。在此之后,2011年7月,我国第一部关于创新社会管理的正式文件——《中共中央 国务院关于加强社会创新管理的意见》出台。党的十八大以来,以习近平同志为核心的党中央,统筹推进"五位一体"总体布局、协调推进"四个全面"战略布局,推进国家治理体系和治理能力现代化,将进社会治理创新推进到一个新的时代。

应当说,当社会发展到一定的阶段,特别是在社会转型的时期,社会管理创新成为一种历史的必然。社会管理创新通过经济社会协调发展、通过社会改革来促进政治发展,并通过解决社会问题及社会矛盾来使社会保持稳定的状态,促进社会的和谐稳定,从而促进经济与社会协调发展。社会管理创新以实现社会良好治理为目标,通过社会管理体制的完善,通过完善社会消解、缓和社会矛盾与冲突、排除社会纠纷、化解社会风险的机制和能力来实现目标。同时,社会管理创新对于促进中国特色社会主义政治制度的不断完善,对于我国政治改革和政治现代化也将产生作用。

创新社会管理,是一项系统工程,需要全社会各个方面统一思想行动起来相互配合,这样才能真正构建起适应新时期发展要求的新型社会管理体制。

二、司法体制改革协同推进的需要

新中国成立 70 多年来,我国的司法制度建设始终着眼于我国的特点,立足于我国的基本国情,形成中国特色的社会主义司法制度,其总体上与我国社会主义初级阶段的基本国情相适应。但是,因为我国的司法制度的一开始是在计划经济体制基础上而形成的,因此,随着不断深入发展改革开放,随着社会主义市场经济的发展、依法治国基本方略的全面推进,因社会转型而引发的矛盾与不和谐现象在我国的司法制度中也日渐凸显,司法不公、司法腐败、法院管理体制不科学、司法外干扰因素过多等问题的出现使我国的司法制度面临前所未有的挑战。面对挑战,改革成当务之急。推进司法改革在 1997 年的党的十五大被提出。至此,改革成为中国司法机关的主旋律。改革会面临许多的困难,但党中央坚定不移,并于党的十六大提出"推进司法体制改革",司法改革加入"体制"两字。之所以如此,是因为司法改革的根本在于解决体制问题,体制问题如果不能得到解决,那么,其将会影响到司法改革的成效,会导致无论制定多少部法律,也难以让人民群众在每一起案件中都感受到公平正义的现象的出现。而这些决定了我国亟需对司法体制进行改革,而且是迫在眉睫,改革得越晚,付出的成本会更大,所面临的失败的风险也越高。党的十七大更是提出"深化司法体制改革",推进司法体制改革向更深的阶段发展。党的十八大则提出"进一步深化司法体制改革"。因为,十八大以来,以习近平同志为核心的党中央坚定不移地全面推进依法治国,习近平总书记强调要坚持依法治国、依法执政、依法行政共同推进,坚持法治国家、法治政府、法治社会一体建设,而司法体制改革作为全面推进依法治国的重要内容其要跟上这个进程。经过改革,"一种新的司法管理体制、司法权力运行机制正在逐步形成,一种适应中国国情、符合司法规律的新型司法体制正在显现"①。在此基础上,党的十九大报告提出:"深化司法体制综合配套改革,全面落实司法责任制,努力让人民群众在每一个司法案件中感受到公平正义。"

人民法院、人民检察院依法独立行使职权,去地方化,解决司法管理体制问题——推动省以下地方法院、检察院人财物统一管理,建立与行政区划适当分离的司法管辖制度等都是司法体制改革所涉及的问题。这些改革使司法效率提升明显、人权保障水平更上一台阶、司法职业化改革成效明显、司法公开化程度进一步提高。

然而,司法体制改革不仅涉及人民法院、人民检察院,而且要求公安机关、人民法院、人民检察院、监狱机关各部门改革在内的司法行政改革协同推进。我们不能因为目前的司法体制改革为法院和检察院的改革,就想当然地认为司法体制改革只涉及审判机关、检察机关。实际上,改革本身是一个系统工程,要考虑其整体性、协同性之间的关联性,司法体制改革同样如此,这里的"司法"涉及的是公安机关、检察机关、审判机关、司法行政机关,司法管理体制所涉及的是公安机关、检察机关、审判机关、司法行政机关的管理体制,公安机关、检察机关、审判机关、司法行政机关之间是分工负责,相互配合,又相互制约,是一个整体。如只关注检察机关、审判机关,而忽略了其他部门所要进行的司法体制改革是不完整的,改革的进程就会受到阻碍,改革的效果会受到影响,需要通过统筹推进整体的改革来提升各部门维护社会稳定大局、保障公平正义的能力。而作为司法行政机关的重要组成——监狱在此的地位是不言而喻的,唯有在司法体制改革中融入监狱体制改革并将其与其他改革协同推进,才能够确保监狱体制改革在整体的司法体制改革中不掉队,确保司法体制改革取得实效。基于此,中共中央转发的《中央司法体制改革领导小组关于司法体制和工作机制改革的初步意见》中将监狱体制改革纳入司法体制改

---

① 周斌:《紧扣时代脉搏司法体制改革不断向纵深发展》,《法制日报》2019年6月6日。

革之中。监狱的特殊性决定了监狱体制改革的特殊性,但监狱体制的改革不是随意的,要从社会主义司法制度的需要来考虑,即建立公正、高效、权威的社会主义司法制度的需要;监狱体制的改革不能是盲目的,要按照司法规律进行。

三、深化行政体制改革的应有内容

中国特色社会主义进入新时代,全面深化改革更加任重道远,更需砥砺奋进。新时代的全面深化改革,必须深化行政体制改革。深化行政体制改革是推进国家治理体系和治理能力现代化的重要组成部分。1978 年,我国拉开改革的帷幕。1984 年,在党的十二届三中全会通过的《中共中央关于经济体制改革的决定》中明确提出,我国社会主义经济是公有制基础上有计划的商品经济。随着改革的进行,计划经济体制下的弊端逐渐显现,需要经济体制改革,于是,1992 年党的十四大报告提出建立社会主义市场经济体制。到 2003 年,党的十六届三中全会通过《中共中央关于完善社会主义市场经济体制若干问题的决定》,其标志着我国的经济体制改革取得成效,进入完善社会主义市场经济体制的新阶段。党的十八大以来,我国进入全面深化改革的阶段,总目标是完善和发展中国特色社会主义制度、推进国家治理体系和治理能力现代化。我国行政体制改革也适应经济社会发展的新变化和经济体制改革的新要求,经历了全面变革,不断与经济社会变革做出回应。40 多年来,我国的行政体制改革经历了 1982 年、1988 年、1993 年、1998 年、2003 年、2008 年、2013 年、2018 年 8 次较大规模的政府机构改革,可以分为四个阶段:以机构精简和人员分流为重点,建立适应社会主义商品经济体制要求的行政体制(1978—1992);以减少对微观经济干预为重点,初步建立适应社会主义市场经济体制要求的行政体制(1993—2002);以公共服务体系(服务型政府)建设为核心,通过完善政府职能体系深化中国特色社会主义行政体制改革(2003—2012);以深化"放管服"为重点加快转变政府职能,推进政府(国家)治理现代化

(2013—2018)。① 通过改革,取得逐步建立起适应社会主义市场经济发展需要的行政体制,政府职能与组织框架日趋合理等成效,但改革取得的成绩只是阶段性成果,并且在改革过程中,仍有一些不如意的地方,政府的职能定位需要更加精准,管理的科学性系统性仍有待加强。面对新时代新任务提出的新要求,行政体制改革还要继续并予以深化,以与国家治理现代化的要求相适应。

深化机构和行政体制改革的重点任务之一是统筹推进各类机构改革,完善国家治理的组织架构。它要求:一方面,统筹考虑各类机构设置,科学配置党政部门及其内设机构权力,明确职责。紧紧围绕发挥党总揽全局、协调各方作用和切实加强党的长期执政能力建设,进一步理顺职责关系,按照改革要求进行调整完善。并且,机构的设置、方案的制定要在综合各方面意见、调查清楚机构设置存在的问题、通盘考虑各方面的情况下科学进行。机构的设置既要符合实际情况,科学合理,也要讲究效率,做到精干高效。另一方面,各类编制资源予以统筹使用,从而促使科学合理的管理体制的形成。为此,要坚持对机构编制予以缩减,同时,不能忽略机构编制的"健身",让各种机构编制资源动起来、活起来,根据各种情况科学动态调整,从而提高机构编制资源的效用。而政法领域机构改革,是其题中之义。在 2019 年 1 月 15 日至 16 日召开的中央政法工作会议上,习近平总书记指出:"政法系统要在更高起点上,推动改革取得新的突破性进展,加快构建优化协同高效的政法机构职能体系。要优化政法机关职权配置,构建各尽其职、配合有力、制约有效的工作体系。要推进政法机关内设机构改革,优化职能配置、机构设置、人员编制,让运行更加顺畅高效。"②政法领域机构改革是对党和国家机构改革方案的贯彻落实,监狱机关作为政法机构的其中一员,监狱管理体制的改革创新是对党和国家机构

①　参见马宝成、安森东:《中国行政体制改革 40 年:主要成就和未来展望》,《行政管理改革》2018 年第 10 期。

②　《习近平谈治国理政》第三卷,外文出版社 2020 年版,第 354 页。

改革的贯彻落实,也是对国家治理现代化的适应。

四、监狱职能专门化、纯化的需要

中华人民共和国成立后,在马克思主义的指导下,立足于我国的国情,从我国的政治、经济、文化发展实际出发,借鉴国外的监狱工作经验,在新民主主义革命时期的监所实践基础上建立了适合我国国情具有中国特色的监狱制度。监狱的发展离不开国家政治、经济、社会发展的变革,即监狱的发展与国家政治、经济、社会发展的变革要相适应。新中国成立之初,国家处于百废待兴的局面,监狱关押着大批战犯、反革命犯,监狱押犯骤然增加,为此,1951 年5 月毛泽东亲自修改和审定的《第三次全国公安会议决议》提出"三个为了"①,认为大批应判徒刑的犯人,是一个很大的劳动力,而这些劳动力不能坐吃闲饭,应该让他们参与国家的建设,因此,需要对他们进行劳动改造。遵照指示,各地本着因地制宜、勤俭持家、自力更生的原则,纷纷建立劳动改造农场、工厂和水利、建筑等工程队,组织罪犯进行各种有益于社会的生产劳动。第三次全国公安会议还通过了《关于组织全国犯人劳动改造问题的决议》,对劳动改造工作的领导体制、机构设置、干部配备、武装看押,对罪犯的监管控制、教育改造及奖惩原则作了具体规定,标志着新中国监狱制度正式创建。② 1954 年颁布的《中华人民共和国劳动改造条例》确定了"惩罚管制与思想改造相结合,劳动生产与政治教育相结合"的方针,1956 年中央提出"改造第一,生产第二"的方针,依靠这些,监狱成功地改造了末代皇帝及日本战犯、国民党战犯、伪蒙伪满战犯。而在"文化大革命"时期,受"彻底砸烂公检法"和极左思潮的影响,监狱制度建设遭受严重的挫折和损失,处于停滞的状态,这一状态持续到"文革"结束后。

---

① "三个为了"是指为了改造他们,为了解决监狱的困难,为了不让判处徒刑的反革命分子坐吃闲饭。

② 参见张全仁、翟中东:《世纪之交中国监狱行刑的回顾与展望》,见王明迪、郭建安主编:《岁月铭记——新中国监狱工作 50 年》,法律出版社 2000 年版,第 317 页。

1978 年,在北京召开中国共产党十一届三中全会。党的十一届三中全会确立了思想路线,提出战略决策,并确立了健全社会主义民主和加强社会主义法制的任务,从此,我国的社会主义事业进入健康发展的轨道。监狱工作也进入了一个崭新的历史时期,拨乱反正,监狱工作逐步恢复与发展。在 1981 年召开的第八次全国劳改工作会议上,总结了 30 多年来监狱(劳改)工作的基本经验,提出新的历史时期监狱工作的方针、政策和任务,确立"争取把绝大多数罪犯改造成为拥护社会主义制度的守法公民和对社会主义建设的有用之材"的工作目标。为适应改革开放初期的形势,监狱工作开始了一系列改革,如创办特殊学校、推行计分考核、试行"三分"工作、发展改造工作的"三个延伸"等等,取得明显成效。

1994 年底出台《中华人民共和国监狱法》,标志着中国监狱工作已进入了全面法制化、规范化的轨道,其明确规定了我国监狱的性质和任务,明确监狱工作方针。① 监狱工作方针在随后下发的《国务院关于进一步加强监狱管理和劳动教养工作的通知》中再次被强调,即监狱要坚持"惩罚与改造相结合,以改造人为宗旨"的工作方针。进入 21 世纪后,国内外形势都发生了变化,监狱现有的体制与布局已不能适应这些变化,要求监狱进行改革与调整。于是党中央、国务院根据形势变化,批准了司法部党组提出的实行监狱体制改革和布局调整的重大决策。监狱为此展开监狱体制改革与布局调整。从 2003 年 2 月开始实施的中国监狱"监、企改革"试点和与之相伴的"监、社改革"试点。而之所以进行"监企改革"与"监社改革",是因为长期以来,我国监狱不仅履行刑罚执行的职能,还承担着生产职能,以获取经济效益,一度使监狱职能发生偏移,不是"改造第一、生产第二",而是"生产第一、改造第二",这是 1949 年以来计划经济条件之下财政保障不力所造成的结果;同时,由于社会分工的不足,监狱还有社会保障功能,许多由社会来承担的职能由监狱自给保

---

① 监狱性质:国家的刑罚执行机关;监狱任务:惩罚和改造罪犯,预防和减少犯罪;监狱工作方针:惩罚与改造相结合,以改造人为宗旨。

障。"监狱、监狱企业和监狱社会"三重合一结构的存在,严重制约监狱刑罚执行功能的发挥,影响着对罪犯的改造质量,监狱、企业、社会分离,监狱职能的纯化是监狱工作改革的必然趋势。而随着市场经济的快速发展、国家财政保障的逐步到位和社会分工的重新调整,监狱有了分工纯化和职能回归的现实条件,改革得以应运而生,这也是监狱对国家政治、经济、社会发展的变革而做出的调整与适应。① 新的形势要求监狱制度建设要能适应形势发展,迫切要求完善监狱管理体制。

监狱职能纯化实质是重新明确监狱的社会分工,实现监狱本质职能的历史性回归。这是对 1949 年以来中国监狱曾经发生的结构扭曲和功能异化的拨乱反正。纯化监狱将促使监狱的行刑活动回归本质职能。纯化监狱历经多年,但其在职能分离方面还存在监企分离不同步、监企分离的类型不细等问题,这些问题的存在也说明监狱职能纯化需要进一步推进,这个推进也需要监狱管理体制作出回应。

第三节　法律基础

在现代国家,法律制度的设计、改革及其运行过程中,目的的正当性不能掩盖或削弱对手段正当性的追求,这是文明社会在法治问题上形成的基本共识,也是国家实现依法治理应当遵循的基本规律。同时,在当代中国,监狱管理体制既与国家法律法规体系密切相关,也是国家治理体系的重要组成部分,面向现代化、法治化的监狱管理体制改革,无疑属于全面推进依法治国进程中的"重大改革",必须"立法先行",必须遵循"重大改革于法有据"中国特色社会主义法治基本方略的要求。

具体来讲,监狱管理体制改革应当"立法先行""于法有据"的意义在于:

---

① 参见郭明:《中国监狱的现状及其变革》,《中国监狱学刊》2013 年第 2 期。

首先,宪法、法律、法规、规章等规范性法律文件,是我国"国法"的主要形式,也是正式的法律渊源,具有国家强制性。显然,监狱管理体制改革如果具备规范性法律文件的依据,将使该项重大改革不仅具有政策的号召力,更具有国法意义上的权威性、强制性,既是为锐意改革者免除后顾之忧的必要法治保障,又是破除自身既得利益藩篱和因循守旧思维、实现"刀刃向内"自我革命的有力手段。其次,监狱管理体制改革只有"立法先行""于法有据",才能使刑罚执行、监管改造这一重要的公权力始终在"制度牢笼"中运行,防止该项改革出现争夺部门利益、任意扩大部门和单位权力的乱象,避免该项改革陷入背离改革终极目的误区。最后,监狱工作涉及国家、社会和国民重大利益,社会影响度和关注度较高,监狱管理体制改革"立法先行""于法有据",使改革在法律框架内推进,是通过刑罚执行、监管改造的法治化运行树立法律权威以及参与和推动法治国家、法治政府、法治社会一体建设的内在要求。习近平总书记曾指出,要努力以法治凝聚改革共识。也就是说,改革要具有合法性。如果监狱管理体制改革违法进行,其本身就是对法律的践踏,特别是在全面依法治国的大背景下,违法进行会产生恶劣的示范效应,会造成通过改革形成的法律制度被再次逾越,制度被频繁否定,形成恶性循环。这样不仅无法树立自身的权威,也会给党和国家造成负面影响,更影响法律的权威。

当然,从法治原理来讲,恪守法治与深化改革总体上是统一的、一致的,但在某些方面也会有不统一、不一致的现象,尤其是一些地方和部门搞的"先行先试"的试验性改革,一些敢闯法律和政策"禁区"的探索性改革,一些涉及合法性的改革尝试,必然会挑战既有的法治秩序和法治权威,出现所谓"良性违法"等改革现象。① 因此,监狱管理体制的改革与创新,要通过法治思维和法治方式尽可能达成为什么要改革、改革什么和怎样改革的共识,以

---

① 参见李林:《怎样以法治凝聚改革共识》,《北京日报》2013 年 3 月 11 日。

体现其合法性。

一方面,监狱管理体制改革与创新应在法律的框架下进行。首先,是在宪法的框架下。宪法是根本保障,宪法是一切法律的制定根据和最终效力来源,我们要求重大改革于法有据,无疑是要求重大改革于宪法有据。因为宪法作为治国理政的总章程,是"党和国家的中心工作、基本原则、重大方针、重要政策在国家法制上的最高体现"①,无疑也是指导全面深化改革在国家法制上的"顶层设计"。因此,重大改革也只有在宪法层面取得共识,才能为其提供强大法治动力和保障。显而易见,监狱管理体制改革与创新要以宪法作为依据,要于宪法有据。监狱管理体制的改革与创新以宪法作为底线,着力避免与宪法规定发生抵触。其次,中央及地方人民政府组织法、人民警察法等相关法律法规以及近年来中央、国家层面出台的相关政策文件,既是监狱管理体制改革与创新的法律基础,也是要遵守与应遵循的。通过此,将监狱管理体制改革与创新纳入法治轨道。

另一方面,要考虑到法律的滞后性,这意味着监狱管理体制的改革与创新会存在一些改革找不到法律依据,有可能出现突破现行的法律框架的情况,出现"于法无据"的状况。而这个状况显然于我国现有的改革趋势是相违背的,我们的改革不再是改革先进行,后有法,也不再是边改革边立法,而是事前引领。事前引领是目前我们国家改革的趋势,不再是事后转换,这样也才能真正实现"于法有据"。那么意味着,当监狱管理体制改革找不到法律依据时,就需要通过立法、修法或获得全国人大常委会的授权来获得依据,否则,就是违法,尽管初衷是好的。十八届三中全会就强调全面深化改革要将"顶层设计"和"摸着石头过河"结合起来,更加注重改革的系统性、整体性和协同性,要坚持立法先行,发挥立法对改革的引领和推动作用,确保重大改革于法有据。与过往相比,现阶段的改革思维,更加侧重事前设计、全面统筹和依法推进。其

---

① 《习近平在首都各界纪念现行宪法公布施行 30 周年大会上的讲话》,《人民日报》2012年 12 月 5 日。

中，"依法推进"意味着改革对立法的要求已不再停留于总结实践经验、巩固改革成果的阶段，而是转变为通过立法做好顶层设计、引领改革进程、推动科学发展。这意味着立法追认改革模式的重大转换。以前，立法总结改革经验，现在，立法论证改革决策，在立法与改革之间，出现了一个位次上的前后调换：立法由对改革的事后确认转换为事前引领。而考虑到中国特色社会主义法律体系已经形成的制度现状，对已有立法的废止、修改和解释，应是确保改革实现"于法有据"的重点关注。① 例如，为保证改革于法有据，在 2018 年进行的第 8 次国家机构改革中，就坚持了改革与法治并举。② 同样，"于法有据"要求监狱管理体制的改革与创新要发挥立法的事前引领作用，即，监狱管理体制的改革与创新要根据具体情况来对法律、法规及规定进行创立、废止、修改或解释，从而实现"于法有据"。

第四节　理论基础

一、新公共管理理论

我国监狱目前采取的是直线职能式行政组织结构，从纵向看，监狱是一个等级分明的权力"金字塔"，组织被划分为若干层次，通过一个管理的等级链进行垂直领导，划分为中央的隶属于司法部的监狱管理局——省监狱管理局——监狱三个层次；从横向看，组织被分解为若干并列的部门，每个部门按规定的职能负责专门的工作，各司其职、独立运作，具体到各监狱，是按照业务

---

① 参见苗连营、陈建：《宪法与改革关系的中国逻辑》，《江海学刊》2019 年第 1 期。

② 2018 年 4 月 27 日，全国人大常委会表决通过《全国人民代表大会常务委员会关于国务院机构改革涉及法律规定的行政机关职责调整问题的决定》，随后，完成超过 40 部法律的修改；2018 年 5 月 24 日，国务院制定印发《关于国务院机构改革涉及行政法规规定的行政机关职责调整问题的决定》，解决了相关法律法规修改前机构设立重组、职责调整、管理执法的合法性问题。（参见《扬帆破浪再启航——以习近平同志为核心的党中央推进党和国家机构改革纪实》，ht-tp://www.xinhuanet.com//photo/2019-07-06/c_1124718789.htm，2019-07-08）

性质平行划分为刑罚执行科、教育改造科、生活卫生科等若干职能部门,这些职能部门主要对同级监狱负责,也接受对口的上级职能部门的领导。这样的管理体制似是条块清晰、职责明确,但实际是却存在以下几方面的问题:其一,管理的层级多、环节多,无端延长了管理链,而这必然会影响到管理时效。其二,职能部门多,过于分散,导致各部门之间的信息沟通难以顺畅,各部门之间的配合也呈松散状态,难以协调。其三,机构设置不科学,存在着为人设事的情况,而业务流程设计也不尽合理。其四,人力资源管理落后,责任不明确,各部门间的人员忙闲不均等。这些问题的存在需要监狱管理体制进行改革,而新公共管理理论可以为监狱管理体制的改革与创新提供一些理论基础。

1991 年,英国著名公共管理学家胡德提出"新公共管理"概念。实际上,新公共管理运动在 20 世纪 70 年代就已经展开,它主导了当时许多西方国家的行政改革。改革是因为,自 20 世纪 70 年代以来,西方许多国家被传统的行政管理模式所带来的弊端困扰,官僚体制是当时来说不得不面临的最大问题,官僚体制造成一系列危机,如管理危机、财政危机与信任危机的出现。管理危机、财政危机与信任危机的出现直接导致这些国家政府行政管理平庸、低效率,资源浪费,财政赤字居高不下,以及费用高昂等问题产生。面对这种情况,面对经济全球化、信息化的发展要求,西方国家不得不对传统的官僚式的行政体制做出反应——进行政府改革,通过改革使陷于困境的行政体制重新焕发生机与活力。而这个改革,致力于解决官僚体制所带来的系列问题,因此,也在此上下工夫,将市场机制和竞争机制引入公共部门,特别是政府管理之中,以绩效化、分权化和公共服务市场化为核心内容,与此同时,在管理方法上,采用商业管理主义的理论和方法。这个改革就是新公共管理运动。"新公共管理"实践催生出"新公共管理理论"理论新范式。

"在基本理念上,新公共管理理论认为,管理是社会发展和经济持续增长的关键因素。运用复杂的信息技术、组织技术、物质形态的商品生产技术来有效地管理劳动力要素,是社会生产力进步的保证。因此,管理又是一项重要的组织功能。管理者必须拥有合理的'权限'。'新公共管理'的信条就是'让管理者来管理'。这是良好管理的基本准则。良好的管理可以消除繁文缛节,高度激励管理人员,促使机构有效运作,发现和消除浪费,将资源集中到关键领域,为国家复兴提供钥匙。"①新公共管理理论与传统的行政管理理论的差别在于:①强调组织结构的扁平化,组织具有灵活应变能力;②组织由集权向分权转变,权力向基层下放;③行政组织由实行强制管理向引导,服务转变,顾客至上;④注重绩效考核,讲究成本效益等。② 认为行政机构改革一定要注意到3E,即 Economy、Efficiency 和 Effectiveness,经济、效率和效益。这也是新公共管理对私人管理办法的引入,强调绩效管理。

　　新公共管理理论及改革运动在世界的兴起不代表其适合于中国,学术界对此是存在着不同的意见的。实际上,中国借鉴新公共管理的条件已经基本具备,已具备澳大利亚公共管理学家休斯(Hughes)和世界银行公共部门咨询专家舍克(Schick)从正反两个方面证明的——发展中国家实施新公共管理需要两个最基本的条件——健全的市场和法治条件。中国的行政改革中就含有新公共管理的因素,而且特点越来越明显,体现了世界行政改革的基本方向;中国新公共管理意义的改革经历了自发、自觉和主动的深化过程,具有独创性,不是对西方的被动模仿,不是彻头彻尾强加的舶来品。③ 正如海外学者张梦中和杰弗里·D.斯特劳斯曼在《中国行政改革带有英国、美国和日本的特性吗?》一文中断言:一方面,中国改革有她的独特特征,不完全复制那些新公共管理使用的方法;另一方面,中华人民共和国改革又具有新公共管理

---

① 黄小勇:《新公共管理理论及其借鉴意义》,《中共中央党校学报》2004 年第 3 期。

② 参见李自如、李卫勇:《运用新公共管理理论改造海关组织架构》,《求索》2004 年第 9 期。

③ 参见鞠连和:《论新公共管理及其对中国的适用性》,吉林大学学位论文,2008 年,第 89 页。

的一些主要特征——最值得注意的有权力下放,民营化,市场化和精简的举措。①

　　中国的行政改革含有新公共管理因素,同样,新公共管理理论也可以作为监狱管理体制改革与创新的理论支撑,通过新公共管理理论这一种高效的管理理论的运用,来改正监狱管理中出现的问题,并逐渐完善管理体制。实际上,2006年以来,按照司法部监狱体制改革的要求,陆续推行的监狱扁平化管理就是对新公共管理理论的实际运用。监狱推行扁平化管理就是针对我国传统的监狱管理体制层次多、分工细而出现的管理效能不高、基层警力不足、信息传递不畅、职责不明等问题而采取的改革措施,通过减少管理环节、权力由集权向分权的转变等来提高监狱管理效能。扁平化管理带来监狱组织层次减少、一线警力增加、信息传递灵敏、决策快速执行、工作效率提高等诸多益处。但是,在以新公共管理理论作为支撑的同时,我们要考虑监狱管理的特殊性,必须同我国监狱的实际情况相结合。"我们需要'本本',但是一定要纠正脱离实际情况的本本主义。"②没有说哪一种管理理论是放之四海皆准的。一是我国监狱由司法行政部门领导,由司法部主管,各省监狱管理局具体管理,呈现出其行政性的一面,但其又是刑罚执行机关,监狱执行刑罚是司法权的延伸,具有一定的司法性质,也因此而就监狱的刑罚执行权是行政权还是司法权引起了争论,就此来看,我们不能单纯地将监狱管理视为行政管理,将监狱视为纯行政部门。二是我国监狱与监狱间因历史沿承等种种原因而存有显著差异,监狱管理不能只是为了"赶时髦""追潮流"而忽视各自的具体实际和亟待解决的不同问题。在监狱推行的扁平化管理中而因管理规模、管理素质、管理制度、监狱文化等出现了职能错位、职责不能落实、"过程监控"缺乏等不适应

---

　　①　参见张梦中、杰弗里·D.斯特劳斯曼:《中国行政改革带有英国、美国和日本的特性吗?》,http://www.crcpp.org/cpipphtml/zhangmengzhong/2007-4/19/200704191336.html。转引于鞠连和:《论新公共管理及其对中国的适用性》,吉林大学学位论文,2008年,第89页。

　　②　毛泽东:《反对本本主义》,见《毛泽东选集》第一卷,人民出版社1991年版,第109页。

的状况，从一个角度说明我们要以客观、审慎的态度来看待新公共管理理论，不能盲目，要自知其实，明辨其势，探索出符合监狱实际的监狱管理体制。

二、创新理论

熊彼特于1912年在其专著《经济发展理论》中提出创新理论，认为创新才是经济发展的内在因素，创新属于经济范畴而不是技术范畴。在他看来，创新有以下五种形式：一是在生产中引进新的要素；二是在生产中采用新式方法；三是开拓新的产品市场；四是得到生产原料的新的来源；五是实施一种新式组织形式。他认为，经济增长的动力是创新者——有远见卓识、有组织才能、敢于冒险的企业家。他还指出，在近代的某些国家里，政府或者代表企业家进行创新，或者把企业家的能力聚集在一起，使之通过制度机构发挥作用，因而，政府也起到经济增长发动者的作用。经济增长的过程就是创新引进的竞争的过程，其步骤是创新—模仿—适应。通过生产要素的新组合，推动了经济增长，又造成了旧企业和旧资本的毁灭。创新—模仿—适应在激烈的竞争中推动着经济的增长。在熊彼特看来，创新和经济发展构成了资本主义生命力的核心，离开了创新资本主义必然会灭亡，更谈不上发展了。熊彼特将资本主义视为一个复杂的生命变化过程，这个过程包括在破坏中创新、在创新中发展。在这个资本主义经济发展的过程中，生产方法的改善和生产技术的创新具有至高的地位。西方创新理论在熊彼特理论的基础之上逐渐发展成了创新经济学，包括技术创新经济学和制度创新经济学两部分，前者以技术变革和创新为研究对象，后者以制度变革和创新为研究对象。[①]

然而，"当代创新，我们要借鉴熊彼特，更要开掘马克思的源头活水"[②]。中国创新需要从马克思主义创新理论中寻找源头。应当说，马克思没有系统地论述过创新理论，其也没有直接提出创新的概念，但是，在其论著中可以

[①] 参见李庚：《我国农业行政管理体制创新研究》，西北农林科技大学学位论文，2014年。

[②] 汪澄清：《马克思与熊彼特创新思想之比较》，《马克思主义与现实》2001年第3期。

散见关于创新的分析,从这些分析中可以发现他对创新的独特认识,其明显先进于熊彼特的创新之处在于从人的全面发展去谈论创新。①

何为"创新"?按照《现代汉语词典》的解释,"创新"意味着抛开旧的,创造新的;或是创造性、新意。用到具体事物,创新意味着对旧的体制、机制中落后的不合时宜之处进行改进、改革,或抛开陈旧的、不能适应社会发展体制、机制,创造新的形式、方法,最终塑造新的体制、机制。当然,创新并不意味着要从零开始,不是闭门造车,它是在总结经验的基础上进行思考、提炼,提出解决问题的方案。通过创新来推动事物的进步,形成良性运转。而创新的目的是为了驱动发展。"驱动"是通过施加外力,使之动起来,创新就是发展的第一动力,通过多种创新,形成"多轮驱动",形成"组合拳"。

40 多年的改革开放,我国社会发生了翻天覆地的变化,经济与社会快速发展,国家治理体系逐步完善,国家治理能力逐步提高。然而,在改革开放的40 多年里,在取得巨大成绩的同时,不断积累起来的社会深层次矛盾和问题也逐渐显现出来。进入新时代,我们在改革开放的基础上,要以创新精神为实现"两个一百年"奋斗目标、实现中华民族伟大复兴的中国梦而努力。走创新驱动发展道路,坚持将创新作为引领发展的第一动力,这是马克思主义创新理论在中国的进一步运用和发展。党的十八大以来,"创新驱动"这一词汇,成为我们国家发展的重要战略。2012 年,党的十八大强调要坚持走中国特色自主创新道路、实施创新驱动发展战略。党的十八届三中全会提出建立国家创

---

① 《中国创新驱动发展思想体系研究》中将马克思主义创新理论从四个方面予以概括:其一,马克思从资本家对剩余价值的榨取中率先关注技术变革对资本主义经济的促进作用,并进一步认为技术产生对生产方式、生产关系可以巨大影响。其二,马克思揭示了创新不仅会促进生产力向智能化转变,而且也会使社会产业结构发生巨大变化。其三,马克思社会基本矛盾理论揭示了创新最终会导致社会生产关系的变革。生产关系作为社会的经济结构,它是社会生活、政治生活和精神生活的现实基础,是由生产力决定的,生产力的形态决定了生产关系的形态。以创新为基础的智能化生产力体系使劳动者和生产资料所有者在社会生产关系中的地位越来越趋向平等化、合理化。其四,马克思认为创新能引起经济发展、社会变革,但是最终的目标是促进人的全面发展。(参见谭志敏:《中国创新驱动发展思想体系研究》,华南理工大学学位论文,2018 年,第 33 页)

新体系[1],此后发布的《国家创新驱动发展战略纲要》明确"创新驱动就是创新成为引领发展的第一动力",提出创新"三步走"目标[2],提出创新驱动是一个系统性变革,创新不局限于科技创新,而是科技创新、制度创新、理论创新和文化创新等相辅相成、相互作用,形成"多轮驱动",共同推动社会的持续健康发展。十九大报告中则提出加快建设创新型国家。

创新不仅仅是科技、经济创新,创新包括社会的各个方面,体制、机制创新也是之一,这其中也要求监狱管理体制要改革创新。监狱管理体制改革创新是适度维持与适度创新的结合,首先,是理念的创新。打破固有的思维模式,中国特色社会主义进入新时代,我国的监狱管理理念要随着国家的发展进程与时俱进,要求监狱管理体制的改革应当是在先进的理念指导下进行。其次,是制度的创新。制度是由人或组织所创造的,人们认识的有限性和资源的稀缺性,决定了制度的供给会呈现出有限性、稀缺性,也因此决定了制度会随着外部环境发生改变或变化,原有的制度会出现无效的状况,或者出现短缺;同时,外部环境的变化以及人们认识能力的提高,对制度的安排会提出新的要求。这些都要求制度的改革创新。中国的监狱管理体制在新中国成立初期所形成,并随着时代和社会的发展,逐步形成当前我国的监狱管理体制,适应了这一时期的环境和需求,但是,进入中国特色社会主义新时代,政治建设、经济建设、文化建设、社会治理建设、生态文明建设发生了诸多的变化,人们的美好生活需要不再满足于简单的物质文化生活需要,对民主、公平、法治、正义等也提出了高要求,国家治理体系和治理能力现代化的全面部署及对国家治理现代化发展战略的制定的时期,中国监狱管理体制呈现出诸多的不适应,

---

① 党的十八届三中全会提出:"要健全鼓励原始创新、集成创新、引进消化吸收再创新的体制机制,健全技术创新导向机制,发挥市场对技术研发方向、路线选择、要素价格、各类创新要素配置的导向作用,激发创新主体的创新活力,建立国家创新体系。"

② "三步走"目标是:2020 年进入创新型国家,2030 年跻身创新型国家前列,到 2050 年建成世界科技创新强国。

监狱机关机构设置不科学,协调运转不畅设置不合理,基层警力不足,监狱职权横向配置交叉重叠,职能部门功能定位不准等问题的出现要求通过改革创新来解决监狱管理体制中存在的缺失和缺陷问题,从而使监狱管理体制良性运转。

第五节　实践基础

改革需要协同推进,但改革总有先进行的,有后进行的,先进行的改革所取得的经验可供后进行的改革所借鉴。而先期进行的大部制改革、人民法院和人民检察院的改革正好可以为监狱管理体制的改革与创新提供实践基础。

一、先期的改革实践

1. 最高人民法院巡回法庭的设立

我国的社会转型,造成诸多的社会的矛盾与纠纷的产生,这些矛盾与纠纷给我国的司法带来挑战。所面临的挑战在于:案件的审理难度日益增大,现有的司法环境日益复杂,人民群众对公平正义的要求越来越高。而现有的司法体制却难以面对这些挑战和要求。改革是唯一的出路,唯有进行改革,才能打破我国司法体制僵化的局面,解决现实存在的问题。通过改革来促使司法体制的发展能适应我国经济与社会的快速发展,跟上我国的依法治国的进程与步伐;来促使我国调整现行司法体制,并以此推动公正、高效、权威的社会主义司法制度的建立。1997年党的十五大召开,将"依法治国,建设社会主义法治国家"确立为治国方略,提出"推进司法改革"。我国的司法改革正一步步深入进行,由"司法改革"到"司法体制改革",由"推进"到"深化",再到"进一步深化",这个过程中,我国司法改革在法官职业化的推进、司法机关职权的合理划分、司法机构设置的完善等多方面取得进步。进步的取得不代表改革已到位,改革还在路上,司法体制中还有许多问题有待于解决,如审判资源重复配置、司法权威的树立、审判的统一度等。这种情况下,接下来进行的改革要考虑如何进一步优化司法审判资源的配置,以解决案多人少的问题,确保司法公正;考虑探索设立跨行政区划的人民法院,以解决司法行政化问题,并满足人民群众的呼声与愿望。

由此来看,跨行政区划的人民法院的探索是优化司法职权配置的需要,是司法管理体制改革的重要内容。为此,党的十八大提出了设立跨行政区划人民法院。在党的十八届四中全会《中共中央关于全面推进依法治国若干重大问题的决定》(以下简称《决定》)中,明确提出了"最高人民法院设立巡回法庭,审理跨行政区域重大行政和民商事案件"。设立最高人民法院巡回法庭被作为依法治国方略而列入了司法体制改革日程。习近平总书记在关于《决定》的说明中提出了两个"有利于"①,对最高人民法院设立巡回法庭进行了肯定。在一定程度上可以说,最高人民法设立巡回法庭是对司法审判资源的再分配,它打破了原有的思维模式、打破了原有的利益格局,对一些地区与人员的利益造成损害与冲击成为必然,但它也在一定程度上可以缓解司法地方化这个痼疾,并确立全新的中央与地方的审判关系。最高人民法院巡回法庭的设立是改革的必然,是对民心的顺应。

2014年10月《决定》中提出最高人民法院设立巡回法庭,最高人民法院快速做出回应,制定了《最高人民法院设立巡回法庭试点方案》,并于2014年12月,仅隔《决定》提出一个多月,就由中央全面深化改革领导小组会议审议批准。随后,巡回法庭的设立依步推进,成立巡回法庭党组、任命巡回法庭庭长及副庭长、挂牌成立巡回法庭。从2015年1月,到2016年,先后在深圳、沈

---

① 两个"有利于"是指设立最高法院巡回法庭"有利于审判机关重心下移、就地解决纠纷、方便当事人诉讼,有利于最高人民法院本部集中精力制定司法政策和司法解释、审理对统一法律适用有重大指导意义的案件"。(《习近平关于全面依法治国论述摘编》,中央文献出版社2015年版,第79页)

阳、南京、郑州、重庆、西安挂牌成立六个巡回法庭。① 这六个地方的巡回法庭的成立表明最高人民法院巡回法庭的总布局的完成,覆盖了全部管辖范围。为了能更好地履行职责,2015 年 2 月 1 日,最高人民法院公布并实施《最高人民法院关于巡回法庭审理案件若干问题的规定》。

最高人民法院巡回法庭的设立为探索新的司法管理体制提供前提。在我国,司法管理体制长期以来就存在问题,司法机关基本是以行政管理的方式来管理司法工作,司法机关的管辖区域重合于地方党委、地方权力机关、地方行政的管理区域,其人、财、物管理受制于地方。面对此,党的十八届四中全会明确提出司法管理体制改革②,即对司法机关的人、财、物进行改革。为此,为了将改革落实到位,中央推行了省以下法院、检察院人、财、物不再由各个地方来管理,而是实行省级统一管理。那么,在最高司法机关该如何进行此项改革?尚无经验可循,为此,最高人民法院开启全新探索。这个探索使巡回法庭的机构设置、管理体制以全新的面貌出现。一是巡回法庭的机构设置方面实行"扁平化""去行政化"设置。我国原有的法院设置行政化意味浓,环节多,审判权与司法行政事务管理权相混合。司法体制改革的内容之一就在于"去行政化"。基于此考虑,巡回法庭的机构设置方面实行"扁平化""去行政化"设置,严格按照"大审判、小管理"的运行模式简化机构设置,在巡回法庭只设立综合办公室,统一负责审判工作以外的各项行政工作,综合办公室 1 个机构对接院本部 12 个机构的工作。这种机构设置统筹各部门资源,体现了资源整合

---

① 2014 年 12 月,中央批准成立两个巡回法庭的党组;2014 年 12 月 28 日的十二届全国人大常委会第十二次会议审议任命刘贵祥为最高人民法院第一巡回法庭庭长、胡云腾为第二巡回法庭庭长,同时任命了四位巡回法庭副庭长。改革稳步前进,2015 年 1 月 28 日在广东深圳最高人民法院第一巡回法庭正式挂牌成立,并于同年 2 月 2 日正式运转,接受信访和受理案件。2015 年 1 月 31 日,最高人民法院第二巡回法庭在辽宁沈阳正式挂牌成立。2016 年,最高人民法院巡回法庭"扩容",继深圳、沈阳之后,经中央批准,最高人民法院在南京、郑州、重庆、西安增加了四个巡回法庭。

② 党的十八届四中全会提出:"完善司法体制,推动实行审判权和执行权相分离的体制改革试点。完善刑罚执行制度,统一刑罚执行体制。改革司法机关人财物管理体制,探索实行法院、检察院司法行政事务管理权和审判权、检察权相分离。"

的优势,也使工作流程更加简洁,因中间环节的减少而使工作效率提高。巡回法庭的司法行政管理通过整合人力、统一物力、集中财力,以高效集约的管理方式服务于扁平化架构的审判组织。事实证明,这种机构设置精简高效,能够适应新的审判权运行模式,是可复制可推广的有益经验。二是探索审判管理新机制,通过对巡回区开展调查研究、组织专业学习、参考指导性案例、建立主审法官会议制度等方式,对个案进行监督,确保案件质量和裁判尺度的统一。三是审判团队管理方面,推进法官职业化进程司法主体的现代化。巡回法庭通过组建"主审法官+法官助理+书记员"三位一体的审判团队模式,划分法官、法官助理、书记员各自职责,明确各自权限,使主审法官从繁重的事务性工作中解脱出来,专司审判。从实践来看,以审判团队为办案单位的审判管理模式,对解决"案多人少"矛盾,推动法官职业化进程,具有重要的现实意义。①

2.跨行政区划检察院的设置

正如前面所述,司法地方化是我国司法实践中面临的主要问题,这个问题的存在使许多案件在司法实践审理过程中因为地方保护主义而难以得到公平公正的解决,影响了司法公平正义的实现,由此也决定了冲破地方保护主义的樊篱,由法院和人民检察院独立行使审判权和检察权成为我们现实需要解决的问题。我国的宪法和法律中对法院和人民检察院独立行使审判权和检察权专门作出了规定。但当前,我们是否实现了法院和人民检察院独立行使审判权和检察权?案件的审理不再受地方的干扰?事实是,尽管有宪法和法律的规定,但司法实践中案件的审理仍然受到地方因素的制约,难以摆脱,地方保护主义已经阻碍我国司法制度的稳定与健康发展,在某种程度上来说已经破坏了法治的统一性以及法院和人民检察院的审判权和检察权的独立行使。解决中国司法地方保护主义问题的途径在于消除司法权地方化形成的体制性因

① 参见赵春晓:《中国特色司法文明建设的探索与实践——以最高人民法院第二巡回法庭的改革实践为视角》,《法律适用》2019年第1期。

素,"去地方化",并以此进行相应的司法体制制度设计。

在此基础上,中央提出了通过设立跨行政区划法院、检察院等改革举措来破除司法地方化的制约,以保障法院和人民检察院的审判权和检察权的独立行使。党的十八届三中全会上提出了设立跨行政区划检察院改革。① 党的十八届四中全会通过的《中共中央关于全面推进依法治国若干重大问题的决定》则将党的十八届三中全会提出的司法体制改革内容具体化,即"探索设立跨行政区划的人民法院和人民检察院,办理跨地区案件"。

《设立跨行政区划人民法院、人民检察院试点方案》于 2014 年 12 月 2 日被中央全面深化改革领导小组第七次会议审议通过,会议肯定了设立跨行政区划法院、检察院的意义。② 确定以上海和北京为试点城市,依托铁路运输检察分院设立跨行政区划检察院。2014 年 12 月 28 日,上海市检察院第三分院正式挂牌成立。上海市检察院第三分院在机构设置上秉持着精简、高效和实用的原则,以原先的上海市铁路运输检察院内设机构为基础,整合为 12 个内设机构。③ 2014 年 12 月 30 日,北京市人民检察院第四分院的正式挂牌成立。北京市人民检察院第四分院是在北京市人民检察院铁路运输分院继续保留原名称的基础上加挂牌子所组建的跨行政区划检察院,在机构设置上同样秉持精简原则,凸显检察办案组织专业化、扁平化管理。

3. 大部制改革

改革开放以来,中国进行了 8 次大的政府机构改革,从一定意义上讲都是机构裁撤和功能调整的大部制改革。实施大部制改革主要是为了机构设置职

① 十八届三中全会提出:"改革司法管理体制,推动省以下地方法院、检察院人财物统一管理,探索建立与行政区划适当分离的司法管辖制度,保证国家法律统一正确实施。"

② 中央全面深化改革领导小组第七次会议提出:"探索设立跨行政区划的人民法院、人民检察院,有利于构建普通案件在行政区划法院审理、特殊案件在跨行政区划法院审理的诉讼格局。"

③ 参见正义网:《加快推进跨行政区划司法管辖改革的步伐》,http://www.jcrb.com/procuratorate/theories/academic/201509/t20150922_1548050_1.html,2019-03-09。

能调整、全面优化,从而形成协同高效的管理体系,而这是基于我国的机构重叠、多头管理、职责交叉、权责脱节、职责缺位、效能不高、条块分割等问题的存在而需要统筹管理资源、明确管理职责所进行的深层次改革。以往的 7 次改革,重点基本都是精简和压缩政府机构和人员,转变政府职能,所以也被称为"大部制改革"。在这几轮改革中,国务院部委的数量从 20 世纪 70 年代末的 100 个精简到第 8 次改革前的 25 个。改革取得了机构精简、人员减少、职能转变等成效,但仍然存在机构重叠、职责交叉、权责不一致的既有越位又有缺位的问题。党的十八大明确提出要深化国家机构和行政体制改革,实现国家治理体系和治理能力现代化,这为大部门制改革指引了方向。党的十九大以来,在习近平新时代中国特色社会主义思想的指引下,按照将政党、人大、政府、司法机关、社会组织、企事业单位和公民个人等多元主体纳入大部制改革思路的确定中,将"大系统"概念纳入大部制改革机构调整方案中的思路进行了第 8 次大部制改革。

二、可借鉴的改革

最高人民法院巡回法庭的设立、跨行政区划检察院的设置、大部制的改革是我国由传统社会向现代社会转型所进行的探索,为监狱管理体制改革与创新提供了思路,提供可参考的模式。

跨行政区划的法院、检察院的探索是对原有思维方式的打破,是对原有的利益格局的重新分配。尽管新中国成立之初,我们国家曾设立过跨行政区划的司法机构,当时的跨行政区划的司法机构的设立——跨省行政区划检察署的设立是基于对当时的交通、经济状况等多种因素的考虑,为适应当时的形势而设立,①

---

① 徐汉明在《积极稳妥地推进设立跨行政区划检察院》中写道:"新中国成立之初,由于受当时经济、文化及社会物质生活等方面的制约,我国曾按照东北、西北、华东、中南、西南五大区域设立了跨省行政区划的检察署,既破解了交通不便、经济不发达、便利诉讼的难题,又凸显了司法的人民性。随着社会经济的发展,其后实行中央司法权与地方分享的体制,取消跨行政区划的五大区司法管辖体制"。(徐汉明:《积极稳妥地推进设立跨行政区划检察院》,《检察日报》2014 年 12 月 31 日)

但是,在现在的形势下,我国正处于转型期,"中国社会转型的一个重要方面,是以计划经济为基础的高度中央行政集权向市场经济条件下的权力分化和社会自治转型。在此过程中,原来依赖于高度中央行政集权而形成的统合力或统一性早已失效,但新的统合机制并未同步形成,经济发展所必须赋予并必然增长的地方自治权由于与中央集权模式的冲突,而导致的结构性失序在司法领域体现为地方保护主义。在中央司法事权与地方分享体制的功效正呈现逐步衰减的趋势,在某种程度上,局部地区成为司法权公正高效行使的体制性障碍,需要运用法治思维进行创新性改革与发展。于是,在依法治国的宏大叙事中,以统一司法权替代中央行政集权作为社会控制的核心工具便成为不二的选择。"①"最高人民法院巡回法庭的设立,以及跨行政区划检察院的逐步建立,这些作为增量的跨行政区划司法体系,通过合理地界定权限,并与作为存量的地方法院和现行审级之间形成科学配置,将成为单一制大国在中央统一司法权与有限的地方司法自治权之间谋求平衡、在重大法律政策事项的法治统一与兼顾地区差异性之间谋求公平正义的一种新型结构。"②设置跨行政区划的法院、检察院,既是为了去除司法地方化影响,解决"地方化""行政化"所造成的司法权威不足的问题,保障审判权和检察权的独立行使;也是为了使地方司法资源保持均衡,通过资源统筹来实现司法的高效。从目前的司法实践来看,许多案件都是跨行政区划的,鲜见单纯发生在一个行政区划内的案件,在这样的情况下,司法机关的设置如果还是按照固有的,即行政区划来设置,不仅会因行政区划的差别而造成司法资源不均衡现象的出现,也是对有限的司法资源的浪费,其至会导致司法实践中出现管辖混乱、无序的状况。而跨行政区划来设立司法机构,不仅可以避免司法资源的浪费,将资源优化配置,而

---

① 傅郁林:《最高人民法院巡回法庭的职能定位与权威形成》,《中国法律评论》2014 年第 4 期。

② 傅郁林:《最高人民法院巡回法庭的职能定位与权威形成》,《中国法律评论》2014 年第 4 期。

且是对机构设置集约化、精简化要求的适应。巡回法庭与跨行政区划检察院的设立正是对我国的经济、文化、社会的改革的具体落实。

所进行的大部制改革则是打破了过去局限于国务院部门之间的"大部制"概念;打破了传统的"行业管理"模式,不再实行"行业管理",而是实行"功能管理",使管理更加高效。

由这些实践做参考,作为司法体制改革其中内容的监狱管理体制改革与创新的思路之一就在于打破固有思维,以改造人为需要,合理分配资源,要敢于向监狱传统的治监理念和思维挑战,敢于向监狱传统的管理方式和管理手段拷问,主动迎接新挑战,使监狱工作适应新形势、新任务、新要求。改革本身就是突破,是对原有不合理之处的革新。打破固有思维,需要放宽视野,监狱管理体制机制改革与创新,不能局限于简单的管理组织、管理形式、管理方法的调整,而是新时代刑罚执行机关对社会犯罪治理能力、治理水平如何提升,如何实现社会犯罪预防、控制与治理科学化现代化问题;基于监狱管理体制改革与创新的目标——提高管理效能,保障监狱刑罚执行职能的切实履行,保证公平正义的最终实现来进行权力与责任的重构、权力与责任的协调制衡,打破利益格局,破除区域、系统壁垒的限制。我们可以考虑赋予基层一定的权力,使基层能在一定程度上参与决策,激励一线民警的参与意识和潜能,发挥增强基层工作人员的积极性和创造性,从而提高工作效率;考虑破除监狱的省域限制,实行区域联合;考虑将利用社会资源因素融入监狱管理体制的改革与创新,破除系统壁垒限制,监狱的封闭性、自我隔离于社会影响了罪犯的最终回归社会。正如有学者所分析的,"省以下垂直管理机制造成监狱的自我封闭、造成监狱与地方政府和所在社区的疏离,致使监狱行刑社会化难以深度推进,致使监狱行刑与社区矫正基本脱节、致使监狱行刑几乎不可能推进恢复性矫正,最终影响矫正目的的实现"①,罪犯最终是要回归社会的,监狱管理是社会

---

① 何显兵:《矫正目标导向下监狱管理体制重构》,《刑法论丛》2020 年第 1 期。

治理的一部分,监狱对罪犯的改造离不开社会,因此,监狱管理体制的改革与创新不仅仅是监狱的事。

思路之二在于创新顶层设计。行政管理体制改革的经验之一在于坚持顶层设计,由中国共产党和中国政府进行每 5 年 1 次的"顶层设计,制定出总体方案,按照方案由上到下逐步推进"①;最高人民法院巡回法庭的设立、跨行政区划检察院的设置也在于顶层设计,党的十八届三中、四中全会所做的决定为跨行政区划设立司法机构的改革探索指明了方向,并提出《设立跨行政区划人民法院、人民检察院试点方案》,这是中央从顶层设计上尝试司法管辖制度的创新。改革能否取得好的效果,顶层设计在其中起着主导作用,更为主要的在于顶层设计的科学性与否。监狱管理体制的改革与创新能否取得实效或者说其改革的效果如何,需要创新顶层设计。刑罚执行是整个刑事运行中的重要一环,决定着刑罚的最终实现,监狱是我国的专门的刑罚执行机关,其管理体制的改革与创新是监狱系统改革与创新的基础和前提,因此,监狱管理体制的改革与创新需要从中央层面进行设计、考虑,集中力量整体推进。

---

①　陈宝生:《中国行政管理体制改革》,《当代世界》2015 年第 11 期。

第四章　信息技术推动监狱管理体制改革与创新

　　当今社会,以大数据、人工智能、物联网等为代表的信息技术成为一种生产力,信息技术推动社会发展和进步,应用潜力巨大。衡量一个国家或相关领域的现代化程度主要体现在其信息化应用水平上。在司法行政领域,作为国家刑罚执行机关的监狱,已经成为我国政府社会体系重要的组成部分,其主要职责是惩罚犯罪、改造罪犯、维护社会稳定。对监狱进行信息化建设,使监狱充分履行职能,对维护社会的和谐稳定起到了促进作用,提高了监狱管理工作水平,进一步规范执法建设,加强实施"科技强警"战略,提高监狱警察队伍整体素质。所以,司法部充分认识到信息技术在监狱管理工作中的重要性,努力建设"数字法治,智慧司法"信息化体系,以"智慧监狱"作为建设目标,将计算机、大数据、物联网等新技术与监狱管理工作相结合,实现"以政治改造为统领,统筹推进监管改造、教育改造、文化改造、劳动改造"的五大改造。随着监狱智能信息技术的逐步推广和应用,监狱管理新技术、新形势、新要求,也反过来推动了监狱管理体制的改革和创新,对推进监狱稳步健康发展有着意义深远的影响。

第一节　监狱管理的需求变化与影响

我国的监狱管理体制早在新中国成立初期就已经形成,并随着时代和社会的发展,逐步形成当前我国的监狱管理体制,可以说监狱管理体制一直处于不断的改革和完善进程中,与社会环境和国家发展相辅相成。并且,我国经济建设不断推进,社会的不断转型,政策环境、社会环境、经济环境因素将时刻影响监狱管理体制改革。随着十八届四中全会提出全面推进依法治国,监所管理体制的改革也变得迫在眉睫,要求我们要进一步加强监狱管理体制建设并与时代发展相适应。

一、当前监狱管理信息化建设的形势及需求

随着对监狱体制的改革不断加强,相关布局不断调整,监狱信息化建设不断推进,监狱工作面临着十分难得的机遇,同时遇到了许多困难和挑战。主要表现为监狱押犯数量不断增多,押犯的人员组成日益复杂,重大刑事犯、再犯罪罪犯、涉毒犯、暴力犯比率持续增高,增加了监狱监管安全保障工作的难度,使监狱监管工作遇到了很多问题和困难,随着管理方法的不断完善,安全防范技术手段的不断建设和提高,监狱安全监管形势逐步趋于稳定,但仍不容乐观。

新形势下司法行政改革发展的重要推力是信息化技术的应用。由于日益增多的司法行政工作职能,相关任务也逐渐繁重,迫切需要使用信息化技术来改进工作效能,提高科学决策水平。将信息化技术引入司法行政工作中,实现科学预测、智能管理、有效决策,促进传统工作模式转型,使相关工作的前瞻性、精准性、有效性得到提高。

近年来,信息化工作得到了司法部党组的高度重视。司法部党组将党中央、国务院关于信息化工作的决策部署认真贯彻落实,突出监狱系统信息化建

设工作。"十二五"期间,成立司法部科技和信息化领导小组,实现有效决策,加强相关工作统筹管理。各级司法行政机关积极响应,开展相关工作,不断创新,促进了司法行政信息化建设。

不断增强信息基础支撑能力。将部、省、市三级司法行政网络及监狱、戒毒系统连接,实现相通,地市司法局、监狱系统联通率超过93%。有的省对司法行政数据资源体系进行建设,尝试将监管和安置帮教对象信息资源库、司法队伍信息资源库和行政资源管理库等基础数据库建立起来。有的省努力实现跨部门进行信息共享交换,与当地政府统一平台想融合,信息实现共享,协同公检法等政法机关一同执法。

提高了执法矫治信息化水平。实现了数字化监狱的建设,全面实现了全国监狱系统网络平台的互联互通;加强建设监狱、戒毒场所的安防系统,初步形成应急指挥体系。完善健全社区矫正电子定位管控系统,实现电子定位,服务对象为近50万名社区服刑人员,实现移动执法功能,有效地减少了矫正对象脱管率。

同时,伴随着全国司法行政信息化发展,出现了一些问题和困难[1],主要是:(1)无法实现全国统筹管理。顶层设计不足,部级信息化系统建设发展有些滞后,尚未制定内容详细、可操作性强的建设标准,无法实现向下辐射功能。各地区分散建设信息化系统,出现不均衡发展情况,出现重复建设、无法兼容等问题。(2)基础建设无法支撑上层建设。全国司法行政数据资源体系尚未建立,虽然大部分省内监狱实现了网络互联互通,但是各省间无法实现信息化系统互联互通,不能实现资源共享功能。(3)缺乏创新性应用成果。司法行政系统在信息化建设的覆盖范围、相互融合程度和应用发展程度需要进一步加强,计算机技术、大数据、物联网、移动等新技术缺乏创新应用成果,没有充分体现信息化对司法行政工作的支撑作用。(4)缺少大量的专业人才。尤其

---

① 参见《"十三五"全国司法行政信息化发展规划》,http://www.sohu.com/a/164910562_523492.2017。

是能把司法行政业务和信息化技术相结合的专业骨干严重不足,"身兼数职""招不来""留不住"等现象普遍存在。

综上所述,司法部将严格按照党的十八大和十八届三中、四中、五中、六中全会精神贯彻执行,深入学习习近平总书记系列重要讲话精神和治国理政新理念新思想新战略,将《国家信息化发展战略纲要》和《"十三五"国家信息化规划》贯彻落实,加强司法行政管理现代化建设,发挥信息化建设对司法行政改革发展的促进作用,坚持统筹管理、创新应用,坚持深化改革、实现资源共享,坚持以大局为重,惠及民生,加强科学有效的信息化体系建设,使司法行政司法保障能力得到进一步提高,发挥法律服务能力,发展信息化建设能力,促进司法行政改革发展。

二、监狱安防管理工作的变化

经过深入调查、广泛论证,司法部征求了司法行政系统、法学界专家学者以及12个部委意见的基础上,经过10个月的时间,起草了《关于加快推进司法行政改革的意见》。2018年1月22日,中央政法委批准同意改革意见,1月23日,以司法部一号文件形式正式印发。改革意见对新时代司法行政改革做出了顶层设计和全面部署,内容涉及:改进司法行政执行体制,完善完备的公共法律服务体系,对司法行政保障机制进行改革,促进司法行政队伍的建设,以专业化、职业化、正规化为发展方向,对司法行政职权进行优化配置五个方面共85项改革举措。

20世纪90年代,我国开始对监狱系统信息化建设进行研究,经过十几年的研究,信息化建设得到了长足的发展。尤其是在2006年,司法部提出《全国监狱信息化建设规划》,"一个平台、一个标准体系、三个信息资源库、十个应用系统"被确立建设,统一的信息化建设目标在全国监狱系统中形成。近些年来,信息化基础设施建设在国内监狱系统中广泛和有效地开展,从原来的"人防"为主的监狱安防体系转变为信息化、网络化的"技防"模式。然而,深入建设信息化系统,冲击了旧有的监狱管理模式,实践工作中出现了很多问题:如信息化应用意识不足,信息技术使用不熟练,监狱工作负担变得更加繁重;信息安全保障不足,造成监狱重要信息外泄的情况,给社会造成不良影响;没有明确划分管理层职责,出现问题就互相推卸责任,无法在长远发展计划对监狱单位进行有效的规划;在信息化基础建设方面缺少具有技术的专家,无法合理面对监狱突发事件;等等。出现这些问题,往往会影响监狱的安全稳定,如果发生意外情况,会影响我国社会的稳定,同时会给司法形象带来严重影响。

例如,随着监狱信息化建设,监狱基本实现了监控全覆盖,监舍、监区厂区、狱内道路、重点区域都安装了上千台监控摄像机,但是传统的摄像机需要人工监看监控画面,从而识别异常事件,而上千个监控画面显然无法全部显示在一个监控中心的监控墙上,值班人员也无法监看关注如此多的监控画面,从而造成了无法及时发现警情的情况,监控系统沦为表面威慑的摆设。为了解决这一问题,监狱改变了监管工作方式,各监区设立了分监控中心,并委派一名干警值班监看。因此,增加了值班干警数量,保证了监管安全,但也同时增加了干警的工作量,变相造成警力不足情况的出现。

因此,司法部大力提倡实施"科技强警"战略,推进"数字法治,智慧司法"信息化体系建设,将计算机技术、大数据技术、物联网和人工智能等新技术引入监狱系统中,努力打造"智慧监狱",给监控系统按上"大脑",通过应用人工智能中的机器视觉技术,使监控系统能够智能侦测和识别多种异常情况,如:打架、自杀、倒地、攀爬等动作行为,并且进行报警,提示干警及时进行处理。从而,能够有效减少干警监管工作压力,解决警力不足的问题,更有效的保障监管安全。

此外,物联网技术和大数据技术应用于监狱系统中,可以借用物联网系统中的各种传感器实时采集罪犯各项信息,如位置信息、身体生物指标信息、活动情况信息、劳动改造信息等,全天候实时采集和监管每个罪犯的信息;运用大数据技术,能够对采集的罪犯全方位信息进行多维度分析,如罪犯危险性评估、罪犯心理评估、罪犯改造情况评估等,从而能够对具有异常行为、甚至异常心理的罪犯进行分析和预警,自动设置和调整罪犯监管级别,提请相关干警关注疑似异常罪犯,进行提前干预,使监狱安全监管工作能够防患于未然。随着这些新技术、新系统逐步在监狱的推广和应用,也必然会带来对监狱监管工作方式和工作制度的影响及改变。因此,这就要求监狱管理体制能够不断改变、锐意创新、与时俱进,快速适应监狱管理实际工作中的新情况、新特点,及时解决新技术应用中出现的新问题,不断完善和改进新的管理方法,才能够保障监狱监管工作安全、改造工作有效,使监狱管理体制迈上一个新台阶、站上一个新高度。

第二节　监狱管理智能化信息技术的运用

一、信息技术对监狱罪犯教育改造工作的促进

1.教育改造工作的信息化和虚拟化技术

以虚拟现实(VR)和增强现实(AR)技术为代表的虚拟技术,作为一个重要的特征存在于电子化和智能化教育中,物理空间和时间无法限制教育改造活动,让受教育者有身临其境的感受。由于监狱环境和条件所限,一般罪犯在教育和改造过程中活动范围受限制,只能在一定的范围内活动,影响改造成效。加上监狱自身体制的原因,无形中会增加监狱生产任务,组织罪犯学习会影响工程进度。因此,利用较为先进的 VR 和 AR 技术,针对不同的教育改造目标,可以创建虚拟化、信息化的教育改造环境,这样即使罪犯的活动范围受限,也不会影响教育改造成效。

目前,我国部分监狱和戒毒所,已经采用 VR 技术实现对罪犯的教育改造,以及对戒毒人员的戒毒矫治工作。尤其是在戒毒领域,VR 戒毒矫治技术

在强戒所已经逐步推广应用。例如,上海、浙江、海南等省市的某些强制隔离戒毒所把 VR 用于戒毒矫治工作,构建了 VR 毒瘾评估矫治系统。如图 1 所示,此项技术利用 VR 带来的沉浸感,采用递进的阶段性治疗方式,将影片分为诱发毒瘾、厌恶治疗、回归家庭等不同情节播放,借此让戒毒人员从依赖毒品转化为厌恶毒品,从而达到切断心理依赖、戒除毒品的矫治效果。VR 技术逼真的细节是制作诱发影片时最为重要的要素,影片里展示的细节全部来自于吸毒人员的真实经历。百分百场景还原,才能最大限度诱发戒毒人员隐藏的毒瘾。根据临床实验数据,在经过 15 天 6 次的虚拟现实系统治疗之后,60多个吸毒人员对毒品的渴求度,降低比例达到了 75%,而在未使用 VR 治疗的对照组里,只有 3%降低了对毒品的渴求度。

可见,采用新的虚拟现实技术为戒毒矫治工作带来了新方法,相对于传统的法律、思想道德、文化和心理健康四项课程教育,极大地提高了毒瘾矫治的有效性,与以往"硬戒"的方式相比,新技术让戒毒工作更具科学性。因此,虚拟化和信息化新技术的应用,推动了教育改造和矫治工作的信息化进度,推动了教育改造工作方式、方法的优化发展,能够不断提高监所管理和教育工作水平,使其更加人性化、科学化和智能化。

2. 以信息资源交互为基础的心理矫治模式

罪犯心理矫治工作是监狱管理工作中的一项重要内容。根据罪犯自身发展实际和他的精神面貌,监狱站在心理学角度,使用各类心理监测信息化设备,包括穿戴监测设备、智能监控设备、感应监测设备等,将罪犯各个时期的心理活动和心理状态随时采集整理,并可以采用大数据分析系统,对采集的罪犯状态信息进行综合分析和智能评判。第一,如果罪犯心理状态出现问题,可以及时报警,根据数据分析得出有针对性的诊断和治疗方案;第二,将可视系统安装在监房中,并开通心理热线,保证随时对服刑人员进行心理疏导;第二,可以将心理咨询局域网站设立在罪犯监房计算机中,如果罪犯出现心理问题,可以通过网络随时和民警或心理咨询人员沟通,可以使民警压力得到适当减轻,也可以使罪犯面对面谈话时的约束感得到缓解。

目前,安徽九成监狱投资 100 多万元,建成了全国监狱系统首家心理矫治智能云平台,应用推广心理矫治技术,实行顽危犯项目化矫治。云南省监狱开发构建了"服刑人员改造质量评估管理系统",实现了对服刑人员改造质量和评估的科学量化,全面有效地提升服刑人员矫正和改造效能,实现了科学认识服刑人员、矫正服刑人员和评价服刑人员三者有机结合的信息化技术手段,也为监狱有针对性地开展罪犯教育矫正工作提供规范的、科学的、准确的理论依据、数据支持和决策辅助。

二、云计算和物联网技术在监狱信息化建设中的应用

近年来,以人工智能技术、大数据技术、物联网等技术为代表的信息技术突飞猛进,推动了社会快速发展,引发了社会各个领域的深刻变革。为了紧跟新技术的发展和应用,将习近平总书记网络强国战略思想和全国网络安全和信息化工作会议精神深入学习并贯彻,将计算机技术、大数据和物联网等新技术引入监狱信息化建设中,开展"数字法治、智慧司法"活动,提升全面推进依法治国实践的能力和水平,着力搭建全国司法"一朵云""两平台""三入口"的新一代信息化体系架构,持续建设六大类业务系统,构建三大支撑体系。其中,要求构建"刑事执行与应急指挥业务系统"及"综合保障与政务管理业务系统",持续推进刑事执行信息系统建设,并实现数据整合,使政务办公模式向移动化、云端化转变。而云计算、物联网等先进技术的应用是实现数字化和智能化司法信息系统建设的重要技术手段。

1. 实现基于云计算的监狱电子政务平台系统

基于云计算的监狱电子政务平台系统一般由物理层、网络设备、存储设备、服务器组成。软件系统采用 Linux 操作系统,通过 Xen 和 Power 等虚拟化

软件实现虚拟化技术,实现系统功能,保证了数据的安全性。

(1)搭建操作便捷的虚拟化技术云平台,使用的是云计算多层次虚拟化技术,减少成本,降低了后期维护费用,为搭建监狱电子政务云打基础。运用监狱电子政务,工作效率得到提高,在各个监狱之间搭建信息交互平台,各个监狱之间信息化管理的差距缩小,促进各个监狱之间协同发展。

(2)创建安全的监狱信息化管理平台,为了提高用"云服务平台+云端"模式替换原来的模式"服务器+客户端",保障了监狱电子政务系统的安全性,降低了软硬件资源的维护费用。

(3)基于云计算技术设计监狱信息化管理系统,该技术使软硬件资源的共享得到最大范围的满足,符合监狱系统信息化建设的需要,作为一种开放式环境,针对监狱的特殊化要求可以提供相应的编程服务。

(4)采用云计算技术的电子政务系统,保障了服务能力的安全性,统一规划和管理数据中心,实现实时监控功能,针对资源的性质进行分级分类,还可以实现远程备份数据功能,提高数据的安全性。

2. 物联网技术在监狱监管安全中的应用

(1)档案管理。采用电子标签(RFID)技术和数据库及数据挖掘技术来进行档案资料的智能化管理,是当前信息系统建设的主流方向。在档案管理中,对于纸质档案材料,用 RFID 存储少量信息并作为标识粘贴在档案袋上,能够在 RFID 芯片中存储其基本标识信息和内容变更状态。而利用台式读写设备、手持式 RFID 扫描设备、档案管理计算机,与后台数据库管理系统相配合,形成档案管理系统,就可以实现对档案的查找、调用、归还、盘点等工作的信息化快捷管理。同时,假如应用远距感应 RFID 标签,并在档案室出入口安装感应设备和视频监控设备,然后接入管理系统进行 RFID 认证,就可以实现档案移动记录和防盗功能,从而使档案管理人员实时地掌控档案目前的存放地点、保存状态和调用情况。

（2）枪支管理。为了保障监狱枪支管理的安全,可以构建枪支管理系统,在枪支上安装主动式金属 RFID 标签,并在存放枪支的枪库和保险柜安装电子锁。主动式金属标签具有防拆卸功能,假如标签被强行从枪支上取下,它将立即发送一个报警信息给接收器,收到信号后管理系统会启动报警器报警。当未经授权使用的枪械被带出保存及监管区域时,系统也会立刻触发警报;同时,与枪支管理系统联动的视频监控系统能够自动弹出视频框,值班人员即可及时察看现场情况,以便做出快速反应进行处理。另外,为了保障安全,在仓库及保险箱安装的电子锁,也需要手持机或者系统远程进行授权才能打开。

（3）劳动工具资产管理。给监狱的危险性劳动工具贴上 RFID 标签,并布建感应装置和管理系统,能够严格管控工具的发放和收回情况,从而避免犯人私藏、夹带劳动工具,脱离监管使用,防止危险事件的发生。RFID 标签需使用具有防拆功能的标签,被强行拆卸时管理系统就会收到报警信号,预防对标签的破坏行为。另外,应用电子标签标识劳动工具,还能够便捷快速的清点资产。

第三节　信息技术对监狱管理体制改革的推动与创新

一、物联网对监狱管理体制的推动

信息技术也常被称为信息和通信技术。主要包括传感技术、物联网技术、计算机与智能技术、通信技术和控制技术。其中,物联网技术是当今发展的趋势之一。它从人延伸和扩展到了任何物品与物品之间,进行信息交换和通信,也就是物物相息,即设备之间无需任何人为干扰相互通信的设备组成的网络,设备本身就可以完成创建、修改、删除、发送和接收数据,并使用该数据做出决策。物联网技术应用于监狱管理,能够通过各种传感器快捷有效的采集数据信息,能够对网络范围内的人员、基础设施和各种设备进行实时的管控制。所以,监狱构建物联网系统能够在其监管工作中运用远程控制、传感器、RFID、网络通信等技术,实现全覆盖、高效率、高质量的新型监狱管理模式,减轻监狱干警的工作强度和压力,更好地服务于服刑人员,真正发挥监狱的作用。① 物联网技术应用于监狱管理的优点在于:

1. 组网快捷

物联网的构建可以使用已搭建的有线及无线网络进行连接,可以利用当前已有设备快速组建网络,形成搭建在基础网络平台之上的物联网,所以物联网建设周期短,见效快。

2. 预警及时

传统的监控安防系统无法对画面内容进行识别和分析,警戒功能误报率较高,无法保证及时发现异常情况,因此仍然无法解决异常报警的滞后问题,无法做到准确及时报警,多数成为事后追查和举证的视频资料。而物联网作为一种多信息获取平台,结合多种类型的传感器,能够实时采集和监测网络布建区域内的监管对象信息,如状态、位置、运动、甚至情绪等信息,并将这些获取的信息实时发送到数据中心,能够实现对复杂对象的实时检测与跟踪。

3. 信息完善

由于现有的监狱安防系统多为视频信息,对其无法有效量化分析和关联,致使安防信息数据不能用于监狱管理中实时分析报警的需要,缺乏对在押人员活动趋势、实时动态等方面的掌控。而物联网则弥补了这些不足,能够与监

---

① 参见薛艺泽:《物联网在监狱管理中的应用》,《中国安防》2010年第7期。

狱管理工作紧密结合,实时管控人员各类状态,有效提高管理能力和安全防范能力。

加强监狱的有效管理、保障社会安全稳定,是司法行政机关的一项重要任务。在监狱管理工作中如果能够广泛应用物联网技术、大数据技术和人工智能技术,可以实现监狱的智能化管理,即对服刑人员的档案管理、定位追踪、行为分析、矫正效果评估和危险性心理评估等功能,能够极大地提升监狱监管的效率和安全性,减轻监狱管理干警的工作压力,实现资源配置的优化管理,促进监狱管理工作不断发展,从而发展成为监狱管理工作中必不可少的一种技术手段。而从监狱管理的角度来看,物联网技术在监狱管理工作中的广泛应用,也必然会带来监狱管理方法、管理制度的改进和变革,从而会逐步推动监狱管理体制的发展和改革,因此,作为司法行政部门的干警,不论是行政管理人员还是基层干警,都要不断学习和接受新技术、新思想、新方法,转变传统的管理方法和思想观念,以快速适应监狱管理的技术发展、方法革新和体制改革。

二、信息技术对监狱管理工作的促进和创新

监狱工作信息化建设将增强工作效率、减少警力、提高物防技防能力作为最终目标,而且增强监狱改造质量,进而改造和发展出适应新环境的监狱管理模式。因此,在监狱信息化实施的初期,应该把工作重点放在基础网络建设、监狱监管信息系统和矫正教育系统等方面的建设上,要使办公系统更加高效化,监控安防系统更加全面化,使狱政管理网络平台能够实现对服刑人员进行管理、教育、考核等功能,增强并完善依法治国、依法治监的工作。在此基础上,逐步引入并构建覆盖全面的监狱物联网系统和基于云计算的数据中心,并进一步应用数据挖掘和人工智能算法构建监狱大数据分析系统,从而实现智慧监狱的建设目标,也是新时代监狱监管开拓创新、与时俱进的发展需求,发挥信息化的强大功能和应有的作用,才能加强监狱监管的安全防范

工作,增强教育改造质量。可以看出,将信息技术引入监狱管理工作中具有以下优点:

1.促进数据交换性能的提高

随着互联网技术的广泛应用,海量数据的访问、传输和存储成为系统应用的瓶颈。对大规模的网络系统应用来说,每天数百万甚至数十亿的用户访问量无疑会造成数据库的高负载,这是对网络系统的处理性能和稳定性能的极大考验。因此,需要运用丰富的实践经验与科学的技术原理来引导和规范监狱管理信息的建设工作,就是要制定切实可行、贴近实际的信息标准。具体要从监狱管理信息的产生、获取、传输、处理、存储等过程中实现全面的规范化建设,实现多维数据的集成整合。而且要从管理制度、设计规划等整体处着眼,并从系统规范、标准数据字典及接口等细节处实。而要建立监狱信息化的实施标准可遵循以下两点:

(1)系统的整体性。监狱信息系统涉及狱政管理、矫正教育、劳动改造等多方面的工作内容,需要整体的数据整合和系统融合,通过整理和分析监狱数据类型,建立标准化数据字典,构建基于中间件的数据交换及共享数据库系统,便于各部门间的数据交换、共享和统计分析,同时可以面向全局,在保障统一标准的情况下,实现与上级主管部、其他监狱及法院、检察院间的信息互联互通。

(2)标准的统一性。监狱信息管理系统的建立,应采用国际或国内通用标准,并根据监狱的应用特性制定领域内的统一标准。比如制定监狱用于采集罪犯信息、监管信息和财务信息等的通用标准数据字典,规范监控视频及其相关信息传输的通信标准。用统一的标准替代自成体系和系统壁垒,以便消除"信息孤岛",实现单位间和部门间的信息共享融合,进一步促进监狱管理事业发展。

2.促进监狱信息系统的互联互通和信息共享

(1)分批建设,融合互通。监狱信息系统庞大复杂,建设资金投入较大,很难一次性建设完成,因此一般需要分批分期建设。但是,需要在设计时采用统一的标准,既要保证系统的稳定性和功能性,又要能够互联互通,兼容其他系统和数据。信息系统的开放性是保持其达到先进水平的必要条件。在统一的标准下,各分系统稳定运行、信息相互融通,使监狱信息系统形成体系,从而发挥更大的作用,有助于提高监狱管理工作水平,加强监管安全。

(2)完善数据库系统,逐步实现监狱大数据。监狱管理以前只需存储档案资料,包括罪犯的个人信息和犯罪信息等,虽方便获取,但数据量较小,也难以发挥重要作用。而随着信息技术的发展,监控视频、个人健康指标、改造表现评分、矫正教育考核、日常行为等多种数据都能够被采集、分析和存储,监狱信息系统的数据量急剧增加,数据库的存储、管理需要很大的空间容量,因此会逐渐达到 TB 级数据量,对普通数据库的数据读取和存储带来巨大挑战。因此,监狱信息系统的发展趋势会逐渐走向构建大数据系统之路。大数据系统不仅能够传输、存储和处理巨量数据,还能够运用大数据分析技术对罪犯进行精确分析,从而提高改造效果、保障监管安全。

3.提升专业人员技术水平

建立一支具备专业知识、技术精干的专业技术干警队伍是监狱信息化建设成功的关键,也是必要条件。监狱专业技术干警不需对信息技术进行研究和自主开发,而是需要对信息技术的应用方法掌握较好,能够按照需求对信息化系统进行总体设计,并对本监狱的信息化系统进行维护和管理。因此,需通过招聘专业毕业生、引进专业人才、聘请专家培训等方法,提升专业技术人员水平,打造一支精练的专业化信息技术队伍。

信息化技术是监狱管理工作方式的一次变革和升级,会对传统的监狱监管带来的巨大挑战,但也是促进监狱管理工作水平极大提高的一个机遇,是当前不可避免的发展趋势。监狱信息化建设,需要全面引进大数据、物联网、人工智能等现代信息技术,从而才能大力提高监狱的监管和矫正教育水平。无论是当前信息技术蓬勃发展的时代背景,还是现代化监狱本身发展的需求,都需加强对监狱信息化建设的重视。监狱作为国家机器的一个组成部分,在新的历史时期如何与社会同步发展,更好地履行监狱的根本职能,加快监狱的信息化建设是必由之路,而管理体制的创新和发展是重要核心。通过信息化建设及管理体制的发展,以现代科技成果来提升监狱整体水平,以期达到矫正罪犯的目的,为维护社会的安全稳定服务。①

当今社会是信息社会,它带来的不仅是技术上的,更是随之而来的思想上和管理体制上的一次极其深刻的革命。信息技术的应用更在于促进思想观念及管理体制的根本转变和不断创新。因此,要求监狱干警必须摒弃固步自封、因循守旧的观念,克服自身思想和学习的惰性,能够解放思想,与时俱进,在管理方法、思想观念、工作方式等方面都要有根本的转变和飞跃。不仅要认真学习法律法规、管理方法和管教业务等知识,以不断提高业务工作能力和管理水平,而且还要积极学习计算机技术、网络技术、大数据技术、物联网技术等专业知识,以适应新时代监狱工作的需要,迎接"数字法治,智慧司法"的到来,进而推进监狱现代化管理体制的完善和创新,促进监狱工作全面发展和不断进步。

---

① 参见王凯:《基于云计算与物联网的监狱信息化建设之探讨》,《江西通信科技》2014 年第 2 期。

第五章　中国监狱管理体制改革创新的价值追求

　　人文社会科学理论研究应及时回应社会发展变革的重大现实问题,推进理论研究的深度和广度。中国监狱学刑罚执行与罪犯教育改造相关理论研究应当及时跟进,重点关注新时代的新形势和新问题,深化、拓展新时代中国特色社会主义法治理论,逐步从简单学习照搬国外经验解决中国问题的传统研究方式,转向立足中国国情、社情,探求具有中国特色、符合中国风格的解决方案。

　　2019 年 2 月 25 日召开的中央全面依法治国委员会第二次会议强调:"改革开放 40 年的经验告诉我们,做好改革发展稳定各项工作离不开法治,改革开放越深入越要强调法治。""要贯彻中国特色社会主义法治理论,贯彻新发展理念,同我国发展的战略目标相适应,同全面建成小康社会、全面深化改革、全面从严治党相协同,扎扎实实把全面依法治国推向前进,确保制度设计行得通、真管用,发挥法治固根本、稳预期、利长远的保障作用。"中国特色社会主义监狱学作为刑事法学的重要组成部分,也必须跟上时代步伐,以中国风格、中国特色的,符合解决新时代监狱刑罚执行与罪犯教育改造面临的新问题、新挑战需要的监狱学新理念、新理论,指导监狱系统的改革创新事业。监狱系统管理体制机制改革创新,则是整个监狱系统各项改革创新的基础和前提。

第一节 保障刑罚执行在新时代 历史使命的实现

中国特色社会主义监狱制度及其管理体制应当适应时代与社会发展的要求,持续不断地进行改革创新,这是中国特色社会主义监狱刑罚使命的本质要求。中国共产党领导的中国特色社会主义国家的刑罚执行制度的历史使命,是与共产党人的伟大理想,即改造社会,消灭阶级,消灭犯罪,实现全人类解放的共产主义社会紧密联系在一起的。改造罪犯是无产阶级改造客观世界的一部分,预防、减少乃至消灭社会犯罪,是无产阶级伟大历史使命不可或缺的组成部分。中国特色社会主义监狱制度及其管理体制,应当适应时代与社会发展的要求,根据国家经济、政治、社会发展的需要,根据中国特色社会主义国家现代化建设进程,通过持续不断地改革创新实现法治化、科学化发展,与时代的文明进步同步前进,从而完成其历史使命。

新中国监狱制度建立伊始,便彻底改变了旧中国监狱野蛮、黑暗、落后的不文明形象,以先进的刑罚思想、文明进步的管理理念及一整套独具特色的法规制度、管理方式和改造手段,成功地改造了一大批日本战犯、伪满战犯、国民党战犯及各种刑事罪犯,创造了"化腐朽为神奇"的"人间奇迹",其成就和影响享誉世界。

改革开放 40 多年的奋斗,监狱系统与全国其他行业一样,改革取得了长足的进步,发展获得了可喜成就。监狱体制改革使监狱一定程度上摆脱了生产经营与社会服务的沉重包袱,经费获得基本保障。监狱布局调整使大多数监狱环境大为改善,整体面貌焕然一新,布局趋于合理,"监牢不牢"的问题基本解决。1982 年全国监狱关押罪犯 62 万多人,2018 年全国监狱关押罪犯 160 多万人。关押改造能力大大提升。信息化建设稳步推进,安全防范、日常管理、教育改造科学化程度不断提高。监狱人民警察队伍专业化、职业化建设成绩斐然,1976 年全国 10.6 万监狱警察中,中专以上学历的仅占 8.7%,2017 年全国 32 万监狱警察中,大专以上学历的已超过 90%,整体执法能力、执法水平、规范化管理与教育改造能力进一步提升。乘改革开放之长风,监狱刑罚执行系统也通过持续不断的改革,有力地推进了监狱的法治化与科学化进程,在系统自身法治进步、制度完善、工作规范、整体质量提升的同时,为国家的改革开放事业、政治经济社会稳定发展、中国特色社会主义建设发展做出了卓越贡献。

相对于中国共产党人的伟大社会理想,全面建成小康社会只是"万里长征走完了第一步"。实现中华民族伟大复兴的"中国梦",全面建成社会主义现代化强国,是需要几代人接续奋斗的伟大事业,我们的建设永远在路上,我们的改革开放永远在路上。在我国进入中国特色社会主义新时代的今天,社会的基本矛盾已转化为人民日益增长的美好生活需求和不均衡、不充分发展之间的矛盾。国家治理能力与治理水平的现代化提升,日益成为深化改革的现实条件和基本要求。全面依法治国既是深化改革的重点内容,又是改革开放稳步推进的基本保障。

监狱系统作为国家的刑罚执行机关,在社会犯罪科学有效治理、经济社会安全稳定维护、人民群众安全需要满足等新时代刑罚执行的历史使命方面,还存在诸多薄弱、落后、不适应的问题。诸如,监狱作为国家的执法机构,法律法规尚不健全,不少方面都缺乏法律规制,无法可依、法律武器不足问题严重存在;刑罚执行几大方式各自为战,远未实现一体化;罪犯改造科学化手段研究开发不足,改造成功率保持与提升面临空前的困难与挑战;等等。总之,监狱系统在践行"改造人"根本宗旨,有效预防、控制和减少社会犯罪,实现监狱刑罚执行历史使命方面,与党和国家的要求、人民群众的期待,还有较大的差距。

我国监狱管理体制机制的改革创新必须紧跟时代发展步伐不断引向深入。监狱系统亟需跟上时代发展步伐,适应新时代的要求,创新监狱管理理念,促进监狱管理体制的改革与创新,用监狱管理体制的改革创新带动和保障监狱刑罚执行法律法规健全完善、刑罚执行一体化改革、安全防范与教育改造科技创新、罪犯合法权益保障等管理体制机制的改革创新。以监狱管理理念的更新提升,管理体制机制改革创新的强大势能,提高管理效能,实现"守住安全底线,践行改造宗旨"的工作目标,实现新时代对社会犯罪预防、控制和治理的科学有序,满足人民群众对安居乐业、美好生活的需求,从而出色地履行好社会主义刑罚执行制度的社会职责与历史使命。

第二节　推动监狱罪犯改造整体质量与效能的提升

新中国监狱刑罚执行制度自建立直到 20 世纪 90 年代初,我国的罪犯改造一直保持高质量,重新犯罪率长期保持在 6%—8% 的极低水平上。长期的改造成功的历史实践证明我国监狱改造罪犯法律制度设计、内容方法采用就整体而言是独具特色、科学有效的。然而,从 20 世纪末开始,特别是进入新世纪之后,伴随改革开放的深入,经济社会的发展与转型,我国监狱虽然在以教育改造为中心方面持续努力,在提高教育改造质量上千方百计,但押犯释放后的重新犯罪率却在缓慢上升,这方面虽无准确数据,但保守估计应当在 15% 左右。

如前文所述,改革开放 40 多年间,监狱系统在体制改革、经费保障、布局调整、信息化建设、队伍建设、制度建设方面的成绩有目共睹。但在监狱整体软、硬件条件不断大幅度改善的情况下,罪犯整体改造质量与效果反而远远不如 20 世纪监狱整体条件非常落后的时期。这其中一定包含着值得我们深入研究的道理及深层原因。

认真考察新中国监狱发展史可知,我国刑罚执行制度与实践之所以取得伟大成功,是有其深层次内在原因的。第一,充分发挥了我们作为胜利的阶级改造失败的统治阶级的天然的政治优势;第二,我们在先进的刑罚思想指导下,面对当时的改造对象,采取了有针对性的政治思想教育方法,采取了与政治思想教育有机配合、切实有效的"劳动改造"手段;第三,"感化教育""给出路""让罪犯在希望中改造"的刑罚执行法律制度与政策措施科学合理,充分发挥了"感化""教育"功能,效果显著。

今天,社会发展了,时代不同了,监狱所处的内外环境发生了巨大变化,在监狱服刑的罪犯群体与过去相比也发生了复杂而深刻的变化。新中国成立初期,监狱押犯以日伪战犯、国民党战犯、坚持反动立场的旧政权旧社会残余分子等反革命罪犯为主,这个时期的罪犯可以简称为"敌人"。改革开放初期,监狱押犯主要是破坏社会秩序,破坏社会治安的盗窃犯罪、打砸抢犯罪、经济犯罪等为主的罪犯,这个时期的罪犯可以简称为"坏人"。当今时代我国监狱押犯出现了许多新特点,这个时期的罪犯可以简称为"病人",这里的"病"主要含义是"职业犯罪者"。今天全国监狱在押罪犯中,"黄赌毒"犯罪、"涉黑涉枪"犯罪、暴恐等"危害国家安全"犯罪、"高科技"犯罪、"高职务"犯罪等罪犯数量持续增加,比例不断上升,这些罪犯都带有明显的"职业犯罪者"特征。"职业犯罪者"特征罪犯大量持续增加,不仅带来了监狱押犯中重刑犯、长刑犯比例的显著上升(全国押犯中重刑犯比例由35%上升到50%以上),不仅带来了某些严重犯罪罪犯"不得减刑假释"等刑事政策的调整,也给监狱教育改造工作带来了前所未有的困难和问题。过去那些"行之有效"的改造内容、形式、方法、手段逐渐不那么"有效"了。"老一套"不行了,"新一套"跟不上,全国监狱罪犯"整体改好率"下降、"重犯率"上升,也就成了势所必然。

控制和治理社会犯罪是世界各国共同面对的难题,也是人类社会发展史上从未真正科学有效解决的难题。往往是国家经济发达了,社会进步了,法治健全了,监狱执法管理正规规范了,监狱押犯释放后的"重新犯罪率"却明显上升了,"改造成功率"逐步下降了。

这些年伴随改革开放的进程,我国监狱系统在与西方发达国家互访学习交流中,也在有意识地学习参考借鉴西方监狱的刑罚理念与监狱管理经验,对监狱人性化有所宣扬,对监狱管理规范不断强化。借助改革开放的东风,争取国家支持,努力推动监狱系统自身建设与改革。用现代化文明监狱标准引导监狱理念和监狱建设的更新与发展;通过监企社分离改革推动监狱职能不断纯化;加大投入推动信息化建设,监狱全覆盖监控逐步实现;罪犯劳动实现"三个转移"(农业向工业转移,室外向室内转移,分散向集中转移)。今天我国大多数监狱的共同特点是:硬件设施现代化、劳动手段简单化、生活样态规训化、管理思维格式化。这些改革解决了监狱存在的大量实际问题,使监狱不断向现代化、规范化迈进,"监狱更像监狱了,罪犯更像罪犯了,警察更像警察了"。监狱样态不断向理论上的理想状态靠近,但监狱"改造人"的"宗旨"却并没有同步得到更好的实现,无法改变罪犯"改好率"下降、"重犯率"上升的现实和未来趋势。

在"罪犯改好率"和"重新犯罪率"问题上,我们还应当明确"监狱效应"和"教育改造效应"的区分。某些罪犯监狱服刑后不再重新犯罪可能是因为:(1)剥夺自由的服刑生活是痛苦的,尤其是长刑期罪犯,释放后面临种种诱惑很想重新犯罪,但一想到监狱失去自由的服刑生活的痛苦,不得不打消犯罪念头;(2)因为服刑(尤其是长刑),某些罪犯犯罪激情年代,犯罪能力"黄金期",都在监狱消磨掉了,释放后再想犯罪,已经"心有余而力不足"了。(3)罪犯服刑,家庭亲友一同付出代价,某些犯人释放后,在家庭亲友规劝约束下不再重新犯罪。这些严格地说,都属于"监狱效应",而不属于"教育改造效应"。从这个意义上讲,改革开放以来,监狱环境的改善,监狱硬件条件的加强,无疑都会使"监狱效应"得到更有效的保证。因此我们几乎可以肯定地说,提升"改好率",降低"重犯率"的"监狱效应"已经接近极限,大规模提升的"空间"已经不大。监狱提升"改好率",降低"重犯率",只能在教育改造能力的创新与提升上下工夫。

"不以人的意志为转移"的客观现实告诉我们:监狱"硬件"条件的现代化,不等于监狱职能效能的现代化;监狱对罪犯的成功改造,不同于现代化工厂流水线生产的"标准件"产品；监狱自身"安全"任务的完成，不同于监狱践行"改造人的根本宗旨"，以改造的成功有效地预防、控制和治理社会犯罪，维护社会安全稳定，满足人民群众对安全稳定的需要这一根本任务的完成。

因此，监狱管理体制机制的改革必须紧紧围绕"改造能力提升"、监狱宗旨实现做文章，而不是仅仅为了"保安全"。罪犯的改造是"灵魂重塑"工程，是"破旧立新"过程，必须科学认识罪犯，深刻分析解剖罪犯，根据今天在押罪犯的变化与特点，充分调动社会资源，充分运用自动化、智能化的信息技术、大数据计算等现代科技手段，找到有针对性的科学有效的教育改造内容、教育改造方法手段、罪犯重新社会化途径。以监狱管理体制改革创新，推动监狱罪犯教育改造整体质量与效能的提升，确保改造目标与监狱宗旨的实现。

第三节　实现社会犯罪治理科学化能力的提升

监狱管理体制机制改革创新，不是一般意义上的管理组织、管理形式、管理方法的调整，而是新时代刑罚执行机关对社会犯罪治理能力、治理水平如何提升，如何实现社会犯罪预防、控制与治理科学化现代化问题。我们应当根据刑罚执行公正法治，改造宗旨有效实现，社会犯罪科学治理的目标要求，针对整个监狱工作系统进行深入思考、系统设计，使监狱管理系统成为在改造能力提升，社会犯罪治理科学有效上能够不断自我更新、自主创新的体系；使监狱管理系统不仅能在公正执法、规范执法方面"管住"应该管住的内容，而且能在改造能力提升方面"管出"应该管出的东西，也许从深层次上说，从根本上说，"管出"比"管住"更重要。

监狱执行刑罚、改造罪犯工作千头万绪，是一个复杂的工作系统。监狱工作系统主要包括以下子系统：安全防控系统（安全防控工作机制、监控技术设施、安全防控制度规范等);执法系统(刑事执行法律事务、罪犯服刑生活处遇、罪犯服刑中的奖惩、罪犯合法权利保障等);管理系统(场所、人员、事务的管理,包括监狱人民警察的管理、工人管理、罪犯管理);教育改造系统(罪犯教育改造设施、制度规范、运行机制、心理矫治、社会资源引进利用、质量评估等);科学技术系统(设施设备技术的引进设置、运行机制、规范标准、安全维护、应用开发等)。监狱工作整个系统中的各个子系统的运行都对改造目标实现、改造质量高低产生不可忽略的影响,改革创新必须顾及各个方面,不能留下短板。

中国监狱管理体制机制改革创新的目标是提升管理效能,在依法执行刑罚的过程中,将更多的罪犯改造成为自食其力的守法公民、社会主义国家的建设者,从而有效地预防、控制和治理社会犯罪,实现社会主义国家监狱"改造人"的根本宗旨,完成刑罚执行的历史使命。要想实现这样的目标,就必须综合施治,系统改革,而不能"头疼医头,脚疼医脚"。在诸多方面的改革中,管理观念创新,管理体制机制改革首当其冲,具有关键意义。不管是立法推进,是教育改造手段创新,是科技引进开发应用,还是队伍建设,都需要由先进理念引领,需要有权限的管理者、管理部门规划、部署、推进、落实。

当代中国,正处于全面的社会转型时期,社会犯罪形势严峻,罪犯成分复杂,为提高监狱行刑效能,维护公共安全,监狱管理体制的创新势在必行。监狱管理体制是围绕监狱行刑目标而形成的监狱制度体系、组织体系、方法体系的有机整体,其改革应以人文精神、法治精神、科学精神为指导,努力完成一系列艰巨的改革任务:第一,根据"改造人"的需要构建刑罚执行机构设置体系与管理体制。推动监狱设置的合理化,形成高—中—低不同警戒度的监狱体系,建设罪犯收转中心、回归释放中心、病犯监狱等各种特种监狱;适当控制监狱规模,科学设计各级各类监狱建筑等。第二,加速监狱法规建设,及早实现全面依法治监,完善我国刑罚执行与监狱管理法律体系,促进刑事法律体系的协调统一。第三,拓展开发罪犯教育改造科学方法。第四,新兴信息数据网络技术的引进、应用与开发。进一步促进信息技术与监狱管理的结合。第五,以战略眼光设计监狱人民警察队伍的长远建设。合理配置警力资源,加强监狱民警的凝聚力、执行力建设。

第六章　中国监狱管理体制改革创新的基本路径与主要内容

　　改革创新,指的是改掉旧的、不合理的部分,使之更合理完善,并开创新的事物。① 我国监狱是国家的刑罚执行机关,是国家机器的重要组成部分,其管理体制的改革创新既是不断推进法治政府、法治国家和法治社会的必然要求,更是全面推进社会治理体系和治理能力现代化的应有之义。因此,在推进我国监狱管理体制改革创新的过程中,无论是基本路径的选择,还是主要内容的设计,首先必须坚持"四个意识"、坚定"四个自信",坚决维护习近平总书记党中央的核心、全党的核心地位,坚决维护党中央权威和集中统一领导。同时,新时代我国监狱管理体制的改革创新,其基本路径和主要内容要紧跟国际刑罚执行的最新形势、顺应时代发展的最新潮流,即应在放眼世界、立足未来的基础上,紧密结合我国监狱管理和国家制度的实际,着重从以下几个方面来进行。

---

　　①　参见 360 百科,改革创新,https://baike.so.com/doc/7004338-7227220.html。

第一节 根据"改造人"的需要构建刑罚执行机构设置体系与管理体制

一、刑罚执行机构设置管理一体化

目前我国刑罚执行机构分别由不同的部委统属管理,设施内刑罚执行机构—监狱、社会刑罚执行机构—社区矫正虽由司法行政部门统一领导,但由各自独立的司局管理,即两大刑罚执行方式在行政管理上各自独立,各行其是,在法律上规制上没有衔接,相互之间的补充、支持、协调、配合缺乏制度基础。看守所系统则一直由公安机关统属。

监狱刑罚执行机构、社区矫正刑罚执行机构、看守所均属于国家刑罚执行机构,依法对被执行人员剥夺限制自由,在"惩罚"犯罪的同时,以各种科学、有效的教育内容手段改造矫正被执行者,强制他们"认罪悔罪""改恶向善""重新社会化"。通过"震慑犯罪""打击犯罪",降低"重新犯罪率",履行刑罚执行有效预防、控制、治理社会犯罪,维护经济社会稳定发展的职责与使命。监狱、社区矫正机构、看守所性质相同,职责功能一致,应当统一管理,真正实行刑罚执行一体化,这也是世界上大多数国家共同的做法。

实行刑罚执行机构一体化设置、一体化管理,对于"以改造人为宗旨"的实现意义重大。打通罪犯监狱刑罚执行和社区矫正的区隔,可以从法律制度规制机制上形成刑罚执行场所和执行方式的有机链接、梯次配置的科学体系。实现刑罚执行机构一体化设置,一体化管理相当于练"武功"的人打通任、督二脉,更为有效地贯彻执行"宽严相济"刑事政策,从而大大提升刑罚执行预防、控制和治理社会犯罪的整体效能。

有了刑罚执行一体化这个法律制度基础,我们在刑罚执行机构的设置上,就可以按照刑罚执行机构戒备度,被执行人员自由剥夺限制程度,梯次配置各种类型的监狱和社区矫正设施,诸如"高戒备度监狱""普通监狱""半开放式监狱""开放式监狱""社区矫正中心"以及各类特定关押改造对象的"专业监狱"和创新改造方法技术的"矫治改造实验机构"等。在对罪犯改造实践中,刑罚执行机关可以根据罪犯改造表现和社会危险性程度变化,对罪犯的服刑场所和服刑方式进行有序安排并适时调整,安排罪犯在不同的刑罚执行设施服刑改造。这样的做法,可以充分体现刑罚执行机关对积极接受改造者的"鼓励奖赏",对消极改造或抗拒改造者的"约束惩罚"。改造表现好的服刑者可以在由"严"到"宽"的不同执行机构"正向流动";抗拒改造的"顽危犯"则可由"宽"向"严"的不同执行机构"逆向流动"。监狱作为罪犯教育改造机构、矫正治疗机构、社会化重构机构的职能作用将会得到更好的发挥。"让罪犯在希望中改造""罪犯回归社会指导与保护""动员社会力量、调动社会资源为罪犯改造服务"等的实现,也就有了更为有利的基础、条件和环境。

刑罚执行一体化如果真正实现,我们推进监狱特色性、专业性分工就有了更大的回旋余地和操作空间。原县市所有的看守所可以改造建设成为"一体三用"的刑罚执行机构,既是犯罪嫌疑人的羁押待审机构,又是所在县市的社区矫正中心,同时可以建成开放半开放性质的小型特色监狱。

2017年时任司法部部长张军同志曾讲过:河北的冀东监狱,几万平方公里的盐场,生产本身没什么危险,但罪犯劳动很难监管。不让罪犯出来不是好的办法,可以因地制宜改造一下,在一定范围内让罪犯跑不了。要千方百计去创造去创新,用绿色、创新、协调、开放、共享理念指引工作,启发创新。其实不仅冀东监狱,全国监狱系统先辈们创下的农场、草场、茶园等大量珍贵资源,近年来都没有在改造罪犯事业中发挥应有作用,大多数都属于闲置和荒废状态。如果将这些资源与有关县域的看守所、社区矫正中心有机结合、资源优化组合,也都可以得到科学合理的利用,为各式各样、各具特色的罪犯改造矫正"实验""实践"工作开辟更多的"空间"与"手段"。刑罚执行机关引导罪犯积极改造,顺利平稳回归社会,从而有效地预防控制和减少社会犯罪,也就有了更多的有效途径和更多的方式方法。

二、建立区域协调机制

我国监狱系统一直实行司法部与各省司法厅两级领导与管理。这种与行政区划相一致的监狱领导与管理体制有其必然性,有天然的优势。随着时代的发展,经济社会的进步和监狱系统的改革,客观上要求不断扩大与加强省际间的交流与协作。适应时代需要,在 21 世纪,监狱系统有必要主动建立"区域协调机制"。

区域协调机制不是在现有的领导管理体制上叠床架屋,增加管理机构。而是由相邻有关省份的监狱管理局在更大的区域范围内,根据工作需要进行交流、协调、合作的问题,建立一种相对固定的区际交流工作信息和改造经验,研讨决定区际内各省有关监管改造工作的协调合作事宜的一种灵活的协作组织形式。

区域内各省监狱系统之间可以交流、协调、合作的事项内容丰富、领域广阔。

1.特殊罪犯分押与规模化集中

随着社会的发展,监狱中团伙犯罪的重刑犯、黑社会性质团伙犯罪罪犯、服刑前高职务高收入的罪犯、国外和境外罪犯等特殊罪犯数量持续稳步增加。它带来两个问题:一是由于各省关押改造条件优越的重刑犯监狱关押能力有限。现实实践中,那些团伙重刑犯、黑社会性质的团伙罪犯、涉毒罪犯等,在一个省的监狱系统内,难以真正做到彻底分押。而一些高职务、高收入罪犯由于种种原因,不适合在本省关押。现实中这种情况对监管安全和这些罪犯的管理改造都是颇为不利的。二是一些特殊罪犯,如外籍犯和境外犯、高科技犯罪罪犯等,在管理、改造等方面要求很高,但这类罪犯人数在一个省的范围内总是有限,如果各省都独立监管改造本省的此类罪犯,无疑会造成高投入、低效益,或者因条件不能完全具备而影响管理改造效果。如果有了区域协调机制,则可有效地解决上述问题。团伙犯在区际分押分管更容易实现,高职务、高收入罪犯易省关押可以更有利于执法、管理和改造。至于人数有限的特殊罪犯的监管改造,可以在区域范围内将它们集中到条件最好的监狱,由各省集中优势兵力,实现更好的改造成效。同时大大降低刑罚执行投入成本,以较少的投入产生更大的规模化效益。

拓展这种观念与思路,实际上如未成年犯、老残犯、女犯、过失犯等特殊监狱,如果一个省人数有限,也可以在区际范围根据需要集中设置,而不必每省必建,这样做无疑会集中财力办大事,集中优势兵力有效提升改造质量。此外,在某些省市还可以就罪犯遣送原籍关押改造的有关事宜进行协调与合作。

2. 交流管教经验,加强监狱科研

我国的监狱管理和罪犯改造工作基本上是各省管理为主,自成体系。各省的监狱管理都形成了自己的特点和优势,也都有自己的框框与局限。自己看自己熟悉亲切,见怪不惊。而自己看别人和别人看自己,则往往会有所发现、有所触动、有所启发。新世纪监狱工作的改革发展,要求我们打破僵化模式和惯性思维,解放思想,更新观念,以改革的精神和创新的观念,推动监狱的建设与改革。区域协调机制可以使我们的各级监狱领导突破省际局限,开阔眼界,启发思考,推动改革创新。在区域协调机制下,各省监狱局领导、各个职能处室、有关研究机构,可以充分交流管教经验,研讨改革创新思路,共享改革经验,转相师、互请教,百舸争流,千帆竞发。从而有效推进依法治监、科技兴监、专业化改造的进程。

3. 监狱警官的职业培训与交流锻炼

我国监狱警官的在职培训,除了晋督和晋监培训已形成制度以外,其他职业培训很少。在职警官只能凭自己的原有学识和经验管理监狱、改造罪犯,缺

乏充电加油途径,缺乏更新观念与知识的机会。

在区域协调机制下,可以集区内各省之合力,在区内组织高水平的监狱警官培训,对区内的监狱民警进行职业化、专业性技能培训。定期开展监狱应用理论和监狱实用科技研讨活动,有效提高监狱警官队伍的整体素质与能力。

在区际范围内对监狱警官进行有计划、有组织的交流轮岗锻炼,可以大大拓展监狱警官的视野,有效调动监狱警官学习工作的主动性与积极性,增强警官们的活力与竞争力,可以有效提升监狱警官的整体素质和业务能力,为监狱改造专家和监狱管理人才培养开辟有效途径,创造良好条件。

区域协调机制只是业务协调合作形式,不是行政管理性质。协调机制应根据实际需要灵活组织实施,可以实施有计划的定期固定机制,也可以实施临时机制。可以在司法部监狱管理局协调指导下开展,也可以由有关省自己组织。

第二节　加速监狱法规建设,及早实现全面依法治监

一、积极推动监狱相关法律法规建设完善

监狱是我国典型的执法机关,是刑事司法领域中的关键部分,但是在监狱法律法规建设方面我国还有不少地方亟待加强。比如在狱内最基本的法律法规方面,我国《监狱法》对罪犯狱内违规违纪的处罚规定只有一条且同时规定"警告、记过、禁闭"处罚措施,①内容较少且可操作性不强。而俄罗斯《刑事

---

① 《中华人民共和国监狱法》第五十八条:罪犯有下列破坏监管秩序情形之一的,监狱可以给予警告、记过或者禁闭:(一)聚众哄闹监狱,扰乱正常秩序的;(二)辱骂或者殴打人民警察的;(三)欺压其他罪犯的;(四)偷窃、赌博、打架斗殴、寻衅滋事的;(五)有劳动能力拒不参加劳动或者消极怠工,经教育不改的;(六)以自伤、自残手段逃避劳动的;(七)在生产劳动中故意违反操作规程,或者有意损坏生产工具的;(八)有违反监规纪律的其他行为的。依照前款规定对罪犯实行禁闭的期限为七天至十五天。罪犯在服刑期间有第一款所列行为,构成犯罪的,依法追究刑事责任。

执行法》此方面的规定有十七条,比我国《监狱法》的规定要详细、具体得多,操作性也比较强。另外,由于我国《监狱法》对罪犯违规违纪给予处罚的规定比较原则和笼统,无法较好地满足实际工作的需要,继而给一些基层民警带来执法风险。如2006年我国南方某省曾出现过因监狱警察让罪犯"面壁思过"而被起诉,当地基层法院和中级法院在案件审理过程中,均认定该监狱警察有罪,最终的判决为"免于刑事处分",因为"面壁思过"于法无据,警察处置属于"自由裁量""法外处罚"。

我国仅司法部主管的监狱即有670多所,分布在31个省(区、市)和新疆生产建设兵团,32万多名监狱人民警察监管、改造着160多万名罪犯,刑罚执行与罪犯改造工作系统不仅庞大而且比较复杂,但是我国的《监狱法》规定的内容比较少,一共只有七十八条,不能满足实际执法的需要。同时,我国的《监狱法》从1994年年底颁布实施,除2012年10月修改过一次外尚未进行新的修改,导致实际工作中涉及日常管理、安全防范、罪犯改造、罪犯违法违纪处理等诸多方面只有一些部门规章或地方政府部门规章乃至《通知》类规范性文件来处理,缺乏高位次的、权威的法律规制,无法适应当前依法治国的法治建设需要。

从世界发达国家的法治实践看,刑事司法整个领域应当是实体法《刑法》、程序法《刑诉法》、执行法《刑事执行法》三足鼎立,而我们的《监狱法》仅仅是部门法,与位居基本法的《刑法》《刑诉法》不在同一位阶,无法与之协调平衡。此外,随着社会的发展及刑罚执行工作的需要,我国监狱机构类型、监狱规模标准、监狱组织架构、监狱管理队伍、罪犯监内违规违纪处理规定、罪犯监内积极改造行政奖励规定、罪犯养老与医疗保险规定、罪犯监内病亡处置规定、教育改造形式内容方法、监狱人民警察执法管理风险保护规定、监狱人民警察职业准入与在职培训规定等诸多法律法规亟待立法完善。监狱法规建设历史欠账较多,与"全面依法治国"的时代要求相距较远,法治建设与完善任务相当艰巨。

　　监狱法律法规建设完善的价值追求是,适应社会主义新时代"全面依法治国"的要求,确保监狱刑罚执行与罪犯改造工作法制健全,规范有序,确保刑罚执行工作既能有效地执行刑罚,惩罚罪犯,打击犯罪,更要有利于促进罪犯改造,通过刑罚执行过程中的教育矫治,促使绝大多数罪犯改恶向善,重新回归社会。从而实现有效预防、控制和减少社会犯罪,满足人民群众安全生活、稳定发展的需求,保障经济社会发展的职责与使命。因此,监狱法律法规的建设完善的目标追求与重点关注领域是:保障监狱刑罚执行的公正公平、规范有序;有利于罪犯的改造矫正、刑罚执行宗旨与使命的实现。

　　监狱等级划分、监狱专业分工等,应由法律明确规定,不同监狱应规定明确的规格定位、职能定位和严格的建设标准等。监狱作为国家的刑罚执行机关,应有自己独特的文化标识,应体现监狱职能特色。不同的监狱建设也不应该"同质化",也不应该一味追求高档、攀比西方国家监狱,砸钱越多越好。

　　监狱执行的刑罚是"自由刑",即剥夺限制服刑人的人身自由。"剥夺限制自由"是现代刑罚的"核心",对"剥夺限制自由"的本质内涵、程度范围的理解把握是监狱刑罚执行有关法律法规的源头和基础,也是刑罚执行法律制度是否文明进步,刑罚执行能否"宽严相济",科学促进"改造人"宗旨实现的前提条件。我国监狱的刑罚执行,刑罚惩罚是"手段",改造人才是目的。所以,刑罚执行的宽严调剂变化,刑罚执行场所方式变化,都以"改造人"宗旨实现为统领、为主导、为原则。这些"立法精神"都应在具体法律法规规定中深度体现出来。

　　我国监狱引导与奖励罪犯积极改造最主要的法律手段是"减刑",但1997年《刑法》修改后增加了"刑法三原则",其中第二条原则是"罪刑相适应"原则,减刑的刑事奖励规定与罪刑相适应原则在法理上存在明显的矛盾相悖之处,如何通过修改使之相容、"自洽"是个难题。

　　"刑八""刑九"修正案通过,二十多项罪名取消死刑。全国人大通过了相关规定,对某些严重刑事犯罪罪犯在判处徒刑的同时,法院可以同时宣布该犯服刑期间不得减刑、假释。相关法律与刑事政策的调整,将使监狱,尤其是重刑犯监狱在几年后或十几年后,超过二十年刑期的超长刑罪犯、年龄超过七十岁的老年犯或病犯持续地成规模增加。由此而产生的监狱安全问题,监狱与犯人及其亲属因医疗、保健、病亡责任认定等方面产生纠纷矛盾的可能性将大大增加。至为严重者,甚至某些监狱可能需要付出大量精力处理犯人亡故送终等棘手问题。上述这些已经出现或潜在的新情况,有可能对现有监狱性质职能、现有监狱秩序产生比较严重的影响,此种情况应当引起重视,及早进行法律规制。

2015 年 8 月 29 日,全国人大常委会作出决定,国家主席习近平签署主席特赦令,决定在中国人民抗日战争暨世界反法西斯战争胜利 70 周年之际,对部分服刑罪犯予以特赦。全国有 31527 名犯人因此次特赦获得释放。2019 年 6 月 30 日全国人大常委会作出决定,中华人民共和国成立 70 周年之际,对部分服刑罪犯予以特赦。① 据 2019 年 10 月 11 日中国中央电视总台“焦点访谈”节目报道:全国共特赦罪犯 23593 人,特赦实施取得了良好政治效果、法律效果、社会效果。特赦是刑罚执行领域的重大事件,也是对监狱在押罪犯影响巨大的刑事法律与刑事政策的重要调节机制,涉及面广,社会影响大。监狱有关法律对此应有长效设计规制。

新中国监狱工作的根本宗旨是“改造人”,人的改造是非常困难相当艰巨的工作。社会上人们对教育工作者给予“人类灵魂工程师”“园丁”的崇高赞誉。监狱人民警察对罪犯的教育改造则又大大难于普通教育,如果说普通国民教育、社会教育是从“零”从“低水平”开始的传道授业解惑,而对犯人的教育则是从“负数”开始的教育,是“补课”教育,是“重新社会化”教育,是“破旧立新”“灵魂重铸”工程。所以说监狱人民警察“像家长、像医生、像教师”,是“特殊园丁”。监狱人民警察执法与改造工作充满“风险”,“压力山大”,没有

---

① 参见《中国人大》2019 年 7 月 5 日。

过硬的素质,高度的工作热情,无私的"奉献精神",是做不好改造人的工作的。所以监狱法律应当具有明确无误、旗帜鲜明的监狱人民警察执业保护规定。这方面的法则既包括"无明显过错即免责"的规定,又包括对警察在改造中创新试验的"容错"与激励的规定。

监狱人民警察执业保护是监狱法规建设完善的重要内容,不仅必要,而且亟需。监狱安全出事后,深刻总结经验,深度吸取教训都是必要的。但是,有的执法机关甚至以省监狱局或监狱自己制定的文件为依据,认定监狱人民警察犯"渎职罪",这既可能是对法治的"亵渎",更可能是对监狱人民警察的"不公"。监狱人民警察"五加二""白加黑"的忘我工作精神,"献了青春献子孙"的无私奉献精神,"守在火山口看着炸药包"的执业风险,"重塑灵魂,化消极因素为建设因素"的高尚情操需要尊重,需要保护,需要激励。所以,监狱人民警察执业的法律保护机制亟需建立,这种保护机制对于监狱人民警察队伍建设,对于监狱人民警察职业自豪感和职业自信的积聚,对于监狱人民警察工作积极性、主动性、创造性的调动和提升,对于监狱整体工作质量提高和监狱的长治久安,都具有深远持久的意义价值。

监狱法律法规建设不完善或者滞后原因可能是多方面的。在进入中国特色社会主义新时代的今天,监狱系统不能拖了"全面依法治国"的"后腿"。现在加速监狱法律法规建设正逢其时,条件优越。2018 年 3 月第十三届全国人民代表大会第一次会议通过国务院改革方案,方案决定重新组建司法部。新的司法部合并了原国务院法制办的职能,今后在立法方面司法部有了更大的建议权和话语权。党的十九大后,中央成立"全面依法治国委员会",而且中央全面依法治国委员会办公室设置在司法部。这为监狱系统期待的加快立法,真正实现依法治监,创造了极为有利的条件。

在监狱法律法规建设完善方面,我们监狱系统应当主动作为,积极争取,而不能"等靠要",不能被动坐等立法规划。监狱工作的"封闭性"与"非主流",使得有关领导、立法机构、法律专家无法深入了解监狱深层现实,对监狱工作整体面貌、最新发展、深层变化、法律法规欠缺现状及其对改造罪犯工作的深刻影响等亟待解决的问题,不可能有直接的深切的体会。对监狱工作的法律法规需求,这些法律法规的具体内容、深层期待、法规形式等也不可能十分熟悉了解,这就需要我们监狱系统主动做工作。

监狱工作法制化(法治化)建设任重道远,监狱刑罚执行工作许多方面都缺乏法律规制,带有法规性质的标准、规范、流程规定等更为不足。十八届四中全会决定提出吸收实务工作者、理论工作者参与立法和法律修订工作,此项规定非常有意义。监狱系统应当积极主动、认真深入地贯彻此精神,积极推动监狱刑罚执行急需的法律法规建设。果能如此,则会大大加快监狱刑罚执行法制化进程,有效提升监狱刑罚执行工作的整体质量。

监狱法制建设内容繁多,无法一一论及。除上面粗略论到的几个方面之外,监狱刑罚执行与社区矫正的有机衔接问题,监狱押犯危险性评估问题,罪犯国际移管问题等,都是刑罚执行领域立法建规的重要方面,不应忽视。监狱学专业教育界、监狱理论工作者、监狱系统管理者、监狱一线实务工作者,在监狱法制建设方面都负有光荣使命,都应积极参与,主动作为,为监狱法制建设的进步与完善作出自己的贡献。

二、建立罪犯服刑指导制度

建立罪犯服刑指导制度的必要性在于,它可以保证罪犯服刑改造目标实现的同时,切实保护服刑罪犯的合法权利。我国监狱以长期实行的"入监教育"以及日常管理法规制度解决了许多问题,发挥了比较稳定的作用。但是由于监狱法规制度尚不完善,管教一线监狱警察编制太少,平时对罪犯的管理与关注,可能被"改造积极分子"、难改造"尖子"占去了绝大部分,而对表现平平,既不是改造积极分子,也不是反改造尖子,没有危险的罪犯,也许服刑十年八年,连一次队长个别谈话教育的机会都没有。所以,只有建立并切实实行罪犯服刑指导制度,才能保证罪犯服刑改造处遇的公平公正,保证教育改造的科学有效。

罪犯入监服刑后,环境的巨大反差,监规纪律的陌生,无疑会给罪犯的心理造成巨大压力,产生种种不适应。有的罪犯经过调试会逐步适应,有的罪犯也许会长期不适应,严重者由于长期与环境格格不入而出现种种消极反应,影响服刑与改造的正常进行。此种情况如不能及时发现或排除,就会产生安全事故等一系列问题。因此,监狱建立一种常规的服刑指导制度机制,对于监狱安全稳定和改造质量提升具有重要意义。

我们过去的罪犯管理方面的法规制度,一般而言,都是站在监狱的立场上考虑,如何管理好、教育好罪犯,更多强调的是共性与统一,而对个别性、灵活性的考虑无疑是欠缺的,也是力所不及的。我们这里所倡导建设的罪犯服刑指导制度,主要是根据社会的发展,监狱制度文明进步的要求和关心罪犯的需要出发,坚持以人为本,切实帮助罪犯解决问题,顺利度过服刑期的一种制度。对罪犯的服刑指导,仅靠监狱人民警察的个人觉悟和主动性是没有保障的,必须通过严密的制度来明确规定,形成有效规范,才能得到切实保障。

罪犯服刑指导制度的基本内容。主要应包括以下几个方面:

1. 权利义务告知。罪犯入监后,监狱应当及时颁发《服刑指导手册》,尽早确定犯人的负责干警,由负责干警向罪犯详细告知罪犯服刑期间,享有哪些合法权益,必须遵守哪些纪律,履行哪些义务,对罪犯就权利义务问题提出的疑问做出详尽科学的解释,同时告知罪犯,当他认为自己的合法权益受到侵害时,可以通过哪些渠道,通过什么样的正常程序获得救助与解决。

2. 服刑环境介绍。罪犯入监后,监狱应当向罪犯详尽介绍监狱服刑环境。帮助罪犯了解监狱为他们的生活、学习、劳动、娱乐、体育锻炼、家庭联系、民事处理、健康保障、法律与心理咨询服务等服刑改造方面准备了哪些设施条件?这些设施条件应当如何去使用等? 使罪犯能够迅速熟悉并适应服刑改造环境,能够根据服刑改造的需要,充分利用监狱提供的设置与条件,使自己的服刑改造生活保持积极的良好状态。

3. 服刑改造联系咨询。为每个在押罪犯确定联系干警,通过监狱干警"一警一箱"等方式,使罪犯有畅通的渠道与负责干警保持联系,遇到困难和问题时能及时反映问题,得到帮助。

4. 法律、文化、劳动技术指导。除了监狱集体组织的"三课"教育之外,监狱应当鼓励罪犯利用一切时间自主学习政治、法律、文化知识与劳动技术。监狱应视条件与可能尽量为罪犯提供指导与帮助。

5. 服刑计划。罪犯入监初期,监狱应在科学测定的基础上,及早确定罪犯服刑计划。指导干警应当帮助罪犯制订切合实际的服刑改造计划,并根据改造表现与改造进程适时调整计划,及时对罪犯的微小进步予以表扬和鼓励,按照服刑计划适时开展阶段性总结。对罪犯出现的波动、挫折、错误等及时提示警示,帮助罪犯正视自己的优势与不足,及时调整自己,顺利完成自己的服刑改造计划。

三、建立罪犯合法权益保护机制

对罪犯合法权益保护与对罪犯的惩罚改造,是法治监狱并行不悖的两个方面的任务和职责。罪犯的相关权利不仅应当在监狱法规上明文规定,而且作为监狱,还应当设置必要的机构,建立适当的机制,以使罪犯权利保护切实落到实处。罪犯权益的保护是一个内涵丰富的概念,关于罪犯合法权益保护,除了严格按《监狱法》及相关法律的有关规定执行以外,根据新时代要求,还应包括以下内容:

1. 罪犯医疗保险与养老保险制度

在中国特色社会主义进入新时代,在我国基本实现全民医保、全民社保的今天,在押的 160 多万罪犯不应长期作为游离于全民医保、全民社保之外的特殊群体。没有在押罪犯这个特殊的社会群体参加的全民医保不是真正的全民医保,没有在押罪犯这个特殊的社会群体参加的养老保险也不是真正的全民社保。

让在押犯加入医保、养老保险不是奖励犯罪,而恰恰是鼓励在押犯安心改造、积极改造,也是有效降低重新犯罪的重要保障,因为无业可就、生活无着是刑释人员诸多重新犯罪原因中的最重要的社会原因之一。

建立罪犯医疗保险、养老保险制度不但十分重要,而且十分迫切。随着这些年《刑法》的修改,未来监狱里的长刑犯、老年犯、病犯将会持续大量增加;监狱的罪犯医疗费用日益成为监狱沉重的财政负担;在押犯对更好的医疗服务的期盼与监狱自身医疗服务水平有限形成矛盾,严重的会影响监狱的安全稳定,甚至影响政法机关形象。

2.罪犯奖惩公示制度

目前我国监狱都已经开始实施"狱务公开",但此项活动的名称和做法值得商榷。"狱务公开"应当解释为监狱事务公开,但监狱事务不可能也没有必要全部公开。这种"公开"应该严格限定在对涉及罪犯刑事、行政奖惩和相关处遇的法规制度、程序、结果向罪犯、罪犯亲属及社会公示。我国监狱历来对罪犯的减刑、假释及行政奖惩并不保密,不是暗箱操作,均是按照严格的法规制度与程序依法进行,只不过是相关法规制度与运行程序没有有意识地公示而已。因此,这项工作不宜称为"狱务公开"制度,而应当称为"罪犯奖惩公示"制度,以求名正言顺。①

罪犯奖惩公示制度,不能任由各个监狱自行其是,而应该由司法部监狱管理局制定统一规范的规定,明确规范公示的内容、范围、方式以及违反规定的处分。明确规定罪犯、罪犯亲属及社会监督的方式途径,以便使这一制度规范统一,科学有效。

---

① 参见王嘉捷:《论我国监狱制度的人性化改革》,四川大学硕士论文,2005年。

3. 罪犯权利救助制度

为保证监狱对罪犯的考核奖惩、学习、劳动、生活待遇等关系罪犯权益的监管改造活动公正公平,让罪犯在觉得个人权利受到侵害时,能够找到解决问题的去处和解决问题的途径,监狱应当设置罪犯权利救助机构,接受并公正处理罪犯提出的诉求,以有效保护罪犯的合法权益。监狱罪犯权利救助机构应有常设机构、专业人员,应有相应的程序规范,应与社会上的律师所、法律援助等部门建立固定联系与长期合作关系。

当然,如同我国监狱对罪犯不是为了惩罚而惩罚,而是为了改造一样,监狱建立罪犯权利保护制度,也不是为了保护而保护,为了关心而关心。关心保护同样主要是为了改造和挽救罪犯,以保护全社会的利益和罪犯本人的根本利益,所以监狱工作法治化、科学化改革必须与改造人的宗旨密切结合,重视改造,强调治本,不仅关心罪犯服刑生活中的相关权益保护,也应注意罪犯的新生与未来,更应关心全社会的利益需求,让改革创新指向改造,指向教育矫正,指向人的重新社会化。

第三节 拓展开发罪犯改造科学方法

一、建立科学的教育改造质量评价体系

我国监狱的刑罚执行,执行刑罚是手段,充分利用刑罚执行过程进行教育改造才是目的,重视和强调对罪犯的教育改造是我国监狱工作的基本方针,教育改造在我国教育工作中一直处于核心地位,是监狱工作的基本宗旨,我国监狱的组织机构及运行机制也一直围绕教育改造这个中心而设置与展开。建立科学有效的教育改造工作质量考核评价体系,具有十分重要的意义。

教育改造工作在监狱工作的考核评价中,一直属于"软指标",考核评价

既缺乏可操作性，又难以形成"硬"约束。监狱（或监狱内部的某一部门）在教育改造上花了力气，下了工夫，也难以用显性的成就、数据证明监狱教育改造质量高。同样，监狱（或监狱内部的某一部门）在教育改造上走走形式，应付一下过场，只要不跑人，不发生严重事故，也无法用数据和事实确认监狱（或监狱内部的某一部门）教育改造工作落后。因此，及早研究制定科学有效的教育改造工作质量考核评价体系极为重要而迫切。

理想的、科学有效的教育改造没质量考核评价体系应当重视以下重点：一是找到"起点"；二是阶段进程量化指标；三是理清监狱刑罚执行效应和教育改造效益的区别联系及考核权重；四是重视"绩"和"效"的区别与联系，即外在形式措施与内在的效应的区别联系及考核权重；五是逐步建立完善一整套罪犯教育改造转化进程的测评机制。

找到"起点"，是实现教育改造工作考核评价体系科学有效并具有可操作性的前提。找到"起点"具有多方面的价值意义。严格地说，将所有在押罪犯教育改造成为"自食其力的守法公民"，每一个罪犯教育改造的起点和终点都不可能在同一标准线上，监狱将罪犯改造成为守法公民，并不像工厂一样按统一标准批量生产，每个罪犯改造起点不同、工序有别、所需时间各异、所需内容千差万别。罪犯刑期与主观恶性及改造需求是不能画等号的；罪犯的刑种与主观恶性及改造需求也不是完全对应的。监狱依法对罪犯执行刑罚，进行教育改造，就像是一趟客运列车，罪犯从哪个站上车，哪个站下车，那是由法律规定的，监狱只能在罪犯乘车的有限区间内对其施加影响，进行改造，尽可能实现教育改造效益最大化。有了对入监罪犯的科学测评，监狱才可能找到罪犯的改造"起点"，在刑罚执行期间，罪犯从起点向前的每一个进步，都是监狱教育改造成就的标志和体现，它可以使监狱教育改造工作的考核评价具有可操作性。同时，准确地找到每个罪犯不同的起点，可以促使我们的教育改造措施具有讲究针对性，避免过剩与浪费，从而推动教育改造工作的科学化进程。

阶段改造进程量化指标是考核评价具体化、可操作化的标志。罪犯改造转化、进步的考核评价应当分年度、分阶段细化分解，以便使罪犯的教育改造成绩和监狱教育改造工作成绩得到阶段性评估测定，让长刑犯、短刑犯的改造转化，均能及时掌握和了解，而不是模糊一片，来也昏昏，去也昏昏，罪犯个案的改造成绩说不清，监狱整体的教育改造进展及质量也说不清。

理清监狱刑罚执行效应与教育改造效应的区别与联系及考核权重，是考核评价体系理性化、科学化的要求。凡通过服刑成为守法公民的罪犯，其成果来自两方面：一方面是监狱刑罚执行效应，如因剥夺、限制自由的痛苦感使其不敢，也不愿意再一次以身试法；因在押犯与社会的有限隔离，使罪犯犯罪的危险年龄段在监狱消耗；刑罚的惩罚作用，促使释放人员在亲人家庭规劝下不再犯罪；等等。另一方面是教育改造的效应。监狱效应也是改造成果的组成部分，但它与教育改造工作的直接效应不能等量齐观，必须分清楚。监狱效应是积极还是消极，效应显著与否，也与监狱工作者的教育改造工作存在重要的内在联系，工作好的就可能是良性互动，不好的就可能是恶性循环。两个效应中，教育改造工作最能体现监狱工作者的工作成就，也是考核评价的重点。

"绩"和"效"的区别与联系，即外在形式措施与内在的效应的区别联系及考核权重，也是科学的考核评价体系必须重视的原则。我们在教育改造工作上不管采取了多么丰富多彩的方法措施，但如果没有产生实在的改造效益也是枉然与徒劳，所有的改造效益都是由方法措施不断实践产生的，但并不是所有的方法措施都有效益或都能产生最佳效益，所以形式因素的考核只能是"绩"的统计，考核权重应当小一些，而产生更好的改造效果的教育改造工作内容、方法、手段、途径的"效"，则是教育改造质量的关键，考核权重应当大一些。这样才能避免华而不实的形式主义的"花架子"，引导监狱工作者做扎扎实实、切实有效的教育改造工作。

逐步建立完善的一整套罪犯教育改造进程与质量的测评机制是科学的教育改造评价体系的核心与基础。无论是找到罪犯的改造起点，还是阶段性的改造成绩测定，抑或出监罪犯的改造程度评估，都离不开科学完善的罪犯改造进程与质量测评机制。这个机制要求有一个测评机构,一套测评方法和手段,一个量化指标体系。这里的关键是,能够以普通守法公民的底线道德、基本做人准则为参照,从守法意识、社会责任意识、保护个人权利也尊重他人权利的平等意识、以合法手段获取利益和享受的意识、个人自控能力等方面,明确罪犯与普通守法公民的区别与差距所在,并根据影响程度列出各种主要影响因素的量化值。从而能够通过这些因素的测评,比较科学准确地测定罪犯与普通守法公民的差距,能从阶段测评考核中准确测定罪犯在"起点"基础上的各种进步与改善、转化的程度与进程。

押犯危险性评估研究与实践具有特别重要的意义价值。"人是可以改造的"不是绝对真理,监狱与社区矫正只能做到可以改造的改造好,不能改造的不使为害。不能改造或改造不到位的刑满释放者,我们能为社会提供尽可能科学精准的危险性测定。只有这样才能有效实现重新犯罪率稳中有降,也能避免监狱及社区矫正系统承担"无限公司"的责任。教育改造质量评价体系与押犯危险性评估是关注角度不同两个评价体系,但二者实质内容却有很多相同相近之处,可以同步开发研究试验。

二、高度重视政治改造的统领作用与改造效应的实现

罪犯之所以犯罪,成为对抗社会秩序,冲击法律和社会道德底线的破坏因素,成为正常社会的异己力量,其深层原因就在于:这些人没有达到普通公民正常社会化的基本要求,他们作为"社会人",最缺的就是公民"规则"意识,公民做人的"基本准则",公民的"底线道德"。他们遇事只考虑自己的权利利益,而不考虑不尊重其他人的权利利益,没有"规则"意识,仅凭"自由意志"解决问题。监狱改造罪犯的过程,实质上是罪犯个人重新"社会化"的过程,监狱对罪犯重新"社会化"教育的成功,某种意义上就是对罪犯改造的成功。

监狱对罪犯的教育改造仅仅"头疼医头,脚疼医脚"是远远不够的,还应该在"人生观、世界观、价值观",在思想意识上进行矫正教育。监狱对罪犯的

政治改造以"五观""五认同"为目标,既是对罪犯的高标准严要求,其实也体现了对罪犯作为"人"的尊重,国家对他们这些社会化不足甚至失败的人不是"抛弃",而是"挽救",通过"补课"教育,唤醒他们的"人性",培育并逐渐树立他们的公民意识,公民的基本做人准则、基本权利义务、基本道德规范。

政治改造统领作用的充分发挥以及其改造效应的实现并不容易。政治改造作为改造方式与手段,本身就有着丰富的内容及形式,历史观、民族观、国家观、文化观、宗教观的知识传输与精神教育即有着哲学、文化、历史、政治等各方面的内容。要求罪犯达到思想上、情感上认同党的领导、认同伟大祖国、认同中华民族、认同中华文化、认同中国特色社会主义道路,也必须通过各种形式的教育、主题活动、必要仪式来塑造培育。有意识地将政治改造的精神内涵渗透到教育改造、监管改造、劳动改造、文化改造等所有改造方法的内容与过程之中,才能真正实现政治改造的目标,充分发挥政治改造的统领作用,彰显中国社会主义国家监狱改造工作特色和效益。

政治改造目标的实现需要监狱人民警察的高素质,需要监狱管理者及有关机构的观念更新,监狱管理体制机制的适应性调整改革。监狱各方面管理者与专家要深刻理解和把握政治改造精神实质与价值追求,为政治改造的实施设计科学并切实可行的工作方案,并使之与监狱常态化工作有机结合形成一体,坚持不懈、锲而不舍地推行下去,才能收到成效,获得成功。

三、提升监狱、监狱人民警察教育改造罪犯方式方法实验创新的主动性和积极性

提高改造质量,提升改好率,降低重犯率,是监狱的根本宗旨,也是监狱及监狱人民警察必须时刻面对的严峻挑战。改造质量提高需要各方面的条件与基础,如内外环境、"软""硬"件条件、安全的保证、良好的制度机制、队伍的高素质等。而提升干警教育改造罪犯实验创新的主动性和积极性,则是最直接最有效地提高改造质量的途径。

改造罪犯虽有普遍规律可言,但毕竟没有统一模式。怎样找到罪犯的"心结""病源",探索有针对性的、罪犯容易接受的教育矫正内容与方法,坚持地实施"个性化"改造,在不断积累、不断创新的基础上,成长起一大批"改造专家",从而使改造质量得以保证并不断提升,监狱宗旨得以更好地实现。

监狱是执法机关,更强调令行禁止、纪律严明、统一规范,这是职业要求,必须坚持,不可动摇。但是,监狱人民警察作为改造罪犯的主力军,仅有"令行禁止、纪律严明、统一规范"是不够的,改造人,重塑人的灵魂,更需要想象力、创造力的发挥,更需要专注于对罪犯的行为、心理、生理等的细致观察、深入分析,更需要通过反复的试验,才有可能实现对罪犯有针对性的改造。

因此,监狱管理部门及各级管理者,应当根据改造特点、改造规律,不断改革调整监狱人民警察队伍的建设与管理,营造有利于提升干警教育改造罪犯实验创新的主动性和积极性的环境,制定激励引导干警专注改造工作的政策措施,从法律制度上保护并激励干警在改造罪犯方面的创新试验精神,为干警创新试验改造方法留出空间,建立"容错机制",保护他们的积极性、创造性与主动性。

2017年春节期间,全国27个省(区、市)311所监狱批准999名罪犯离监探亲,不押送,不穿囚服,自行回监。这些罪犯自2月14日陆续离监,2月20日离监探亲罪犯全部安全顺利返回监狱。2007年以来的十年间,四川省监狱系统每年在春节、清明、中秋、元旦等传统节日,批准服刑人员离监探亲4173人次,探亲服刑人员全部按时返回监狱,没有发生一起监管事故或治安案件。2018年春节,四川监狱有近260名服刑人员离监探亲。这些创新实践可以说是省级、全国级的大规模成功试验。这种创新的具体操作肯定是要承担极大风险的。同时,这些创新实践也告诉我们一个明确的道理:我们中国监狱系统,完全可以创造性地运用法律政策,设计并试验更多的刑事激励、行政激励方式方法,采取更多措施,让犯人真正看到"在希望中改造"的光辉前景,为实现监狱改造人的根本宗旨服务。

2017 年 7 月中国监狱协会狱政工作专委会在井冈山开会,评审表彰全国十大"平安监狱";2017 年 11 月 16 日,中国监狱协会监狱文化专委会组织的全国监狱文化建设先进单位授牌表彰暨经验交流会在太原一监举行。太原第一监狱、阳江监狱等十所监狱获此称号。

这两项评比表彰是中国监狱协会专业委员会组织的,也是近年来的第一次,这件事具有正向的导向意义,是一种正确的导向,是一种积极的主动作为,为监狱工作发展,为监狱人民警察的努力方向、奋斗目标提供了榜样,树立了样板,无疑会产生积极的推动作用。

刑罚执行要求严谨、公正、规范、统一,改造罪犯要求以人为本,讲求方法创新,"一人一策",更需要灵活性、想象力、主动试验创新的意识。二者是矛盾的,甚至是对立的,但这恰恰是监狱工作追求的目标与理想。过去,我们系统集中统一、严谨规范"有余",而灵活性、想象力、主动试验创新"不足"。所以,我们应当通过观念更新,深化改革,法律制度建设完善等途径,努力实现由"两难"变"双赢"的"自觉"与"超越"。

第四节　新兴信息数据与网络技术的引进、应用及开发

一、变"闭门造车"为"选""创"结合,充分运用最新科技打造"智慧监狱"

当今世界已进入地球村时代、信息化时代、大数据时代,人们被科技革命大潮推操着、裹挟着跌跌撞撞前行,不接受也得接受,不适应也得适应。人们的生活方式、思维方式不改也得改。社会管理、社会治理方式也在悄然发生微妙的持续的深刻的变化。有头脑的人们,敏锐的政府组织已经开始主动适应并积极利用科技革命新技术新成果推进发展。

　　成功运用大数据技术,会带来改变人们日常生活、企业决策和国家治理面貌的效果,引发惊人的经济、社会效益。美国著名摄影师兼作家里克·斯莫兰认为,大数据将成为人类的仪表盘,一个帮助人们对付贫困、犯罪和污染的智能工具。哈佛大学定量社会学研究所主任盖瑞·金,以"一场革命"来形容大数据技术给学术、商业、政府管理带来的变化,认为"大数据技术将触及任何一个领域"。

　　在美国政府的实际运作中,大数据技术已经进入应用阶段。斯诺登事件是发人深省的!美国中央情报局的首席技术官格斯·汉特前几年在旧金山举行的一次讨论会上,也透露了美国采用大数据技术,对恐怖分子进行追踪,以及监控社会情绪。汉特说,就像沃尔玛等消费公司通过数据分析了解消费者习惯一样,中情局也使用大数据技术来查找恐怖分子的踪迹。同时,他还以"阿拉伯之春"举例说,大数据分析可以掌握正在从温和立场变得更为激进的人的特征和数目,并"推算出"有可能会采取危害他人行动的人的住址和名字。

　　监狱系统应当适应时代发展,更新固有观念,主动引进、运用信息技术、大数据、物联网等新兴科技手段、科技成果推动监狱安全防控、监狱管理、罪犯教育、罪犯心理行为矫治等技术手段的改革创新。穷则变,变则通,通则久。主动利用信息化技术、大数据开发技术、新媒体传播技术为监狱工作服务是大有可为的。

　　2017年司法部、科技部公布的《"十三五"全国司法行政科技创新规划》司发通〔2017〕78号,规划提出了发展"智慧监狱"等一系列科技发展目标任务。

　　2019年上半年,江苏省监狱管理局局长曾对外表示:江苏监狱系统将坚持以习近平新时代中国特色社会主义思想为指导,按照司法部"数字法治、智慧司法"以及加快推进智慧监狱建设的总体部署,以"提质、扩面、增效"为重点,大力推动智慧技术深度运用,不断深化改革创新,力争10个智慧监狱试点单位在 2019 年全部通过司法部审核验收,全省其余监狱到 2020 年全部达到司法部审核验收标准,实现智慧监狱达标全覆盖,更好地履行监狱职能,为建设"强富美高"新江苏作出新的更大的贡献。①

古语云:"知之为知之,不知为不知,是知也。"现在有了信息技术和网络手段,已经变成了"知之为知之,不知百度知"!利用互联网、新媒体可以充分寻找、筛选、比较最科学、最生动、最新鲜、最有效的培训干警、教育罪犯的内容、方法。

此外,我们已经有一些发达省份实现了全省监狱联网,全覆盖监控,统一应急指挥。有的监狱监控摄像头达到 5000 多个,监控录像数据绝对是海量的"大数据",这些数据资料我们都可以充分利用、有效开发。白白闲置,白白浪费是很可惜的事情。监狱系统充分利用大数据开发技术,研究开发监狱安全防控技术、监狱戒备技术、罪犯教育方法、罪犯信息数据库等肯定是大有可为的。

作为零售业寡头的沃尔玛为其网站自行设计了最新的搜索引擎,根据机器学习、数据挖掘等计算机技术对数据进行分析处理,提高了在线购物的完成率,达到 10%—15%,增加了几十亿美元的收入。PredPol 公司和一些研究人员协调洛杉矶和圣克鲁斯的警方并开展相关合作,实现了基于地震的预测算法,根据罪犯数据来预测犯罪发生的概率,精确度可以达到 500 平方英尺。将该算法运用到洛杉矶地区,盗窃犯罪率和暴力犯罪率分别降低了 33% 和 21%。

欧美国家监狱十分重视信息技术的运用,进入 21 世纪后,开发出 PMS (theprison management system,服刑人员管理系统)。PMS 是一个将 G2G 模式和 G2C 模式相结合的电子管理系统,它既可以实现对简单明了的数据进行处理,还可以创建中心数据库,为监狱提供信息帮助。有关服刑人员的详细情况

---

① 参见苏玉新:《智慧监狱的江苏探索》,《江苏法制报》2019 年 4 月 1 日。

包含在监狱中心数据库中,具体内容包括服刑人员的种类信息、犯罪记录信息、入狱时间、入狱时的身体状况信息、编号、照片、个人详细信息(年龄、住址、家庭成员有关信息等)、医疗详细信息、囚房号码等。它能够对上万名服刑人员的基本信息、数万个指纹信息、几万张照片的信息进行存储和处理,它可以随时提供被押服刑人员的犯罪信息。通过网络技术监狱中心数据库可以实现数据共享功能。监狱、司法部门、警察局、安全部门互联,形成了一个随时管理服刑人员的大网络。

前些年讲,互联网造就了一个"虚拟世界",如今的物联网正在造就一个"体验世界",既然物联网可以通过传感器、执行器的嵌入,实现远程实时监控,充分利用这项技术实现对危险犯实时全程监控。监狱系统可以组织专门力量,从海量的监控信息数据中挖掘分析,研究分析罪犯外在行为与内在心态的即时变化,从中寻找安全防控对策,教育转化方法,干警执勤岗位的实时监测保护、即时联络指挥等。

在充分运用最新科技成果,引进开发相结合,打造全新的"智慧监狱"的实践中,江苏省走在了前列,积累了宝贵经验,值得深入研究、总结推广。

2019年某一天,江苏省丁山监狱某监区的值勤现场,监狱区域管控系统检测到服刑人员曾某某已经超越了规定活动区域,便立刻发出报警信号,现场民警迅速加以制止。有很多绿色圆点不停地在监区电子显示屏上移动。说这些绿色圆点就是服刑人员所佩戴的电子腕带记录的活动轨迹,一旦服刑人员离开指定区域,系统便会发出报警信号,如果想要查看服刑人员相关信息及周围实时监控画面,点开这些绿色圆点就可以,该系统加强了值勤民警对服刑人员流动管控的有效性。

通过应用物联网技术,监狱建成网格化区域管控系统,对人、车、物品等重点管理内容实现立体化防控。通过区域分布的网格化管理,监狱指挥中心可以实时采集监内服刑人员、干警、外来人员的位置信息,还可以定时对服刑人员进行点名。服刑人员进行劳动改造及教育时统计的人数会实时显示在管理平台上。服刑人员的行动轨迹也会被实时记录下来,并发送至监控指挥中心,针对重点人员的流动情况,系统会出现提示信息,监控指挥中心对其实现全程监控功能。①

2019年3月17日凌晨,丁山监狱某监区,警报信息从智能床垫生命体征监测系统中传出,并及时发送到医院、监狱指挥中心,监区民警第一时间赶到事发区域处理,最终罪犯转危为安。智能床垫可以实时检测重点罪犯生命体征,一旦发现体征异常,会向医院、指挥中心发出报警信号,可以及时对生病的罪犯展开治疗。

丁山监狱目前修订了17类83项应急预案,使监狱突发事件预案体系更加完善健全。将"一分钟处置"实战联动机制建立了起来,对"一分钟处置"警务网格进行科学划分,各警务网格警力编排更加合理,确保在一分钟以内对各类突发事件进行处理。监狱还积极将社会化协同引进到应急管理中,把监狱加入地方政府应急管理体系中,使监狱成为公安机关反暴恐防控重点目标单位,经常开展全要素实战演练,实现监狱与驻监武警、地方公安、政府办公室、气象、水利、消防、电力等相关单位相关联,实现对突发事件的联动响应,增强监狱应急处理能力,提高监狱安全保障系数,促进安全联防联控水平的提高。②

2019年春节期间,南京女子监狱某监区服刑人员张某获批离监探亲,她被监区长和监区民警带领出监。在经过监狱二道岗时,"罪犯外出甄别管理系统"对她进行人脸识别,经过一系列比对查验后,门卫民警才允许她离开。安全防范的重点就是监狱大门。8台高清摄像头分别安装在监狱大门内侧的人行通道、车行通道及会见通道,任何人员出监狱都要通过"人像抓拍比对系统"对其进行检查,并将其与监狱智能管理大平台中服刑人员数据库信息进行比对,当脸部相似度达到70%以上时,系统会发出报警信号,并立即闭合门

---

① 参见苏玉新:《智慧监狱的江苏探索》,《江苏法制报》2019年4月1日。
② 参见苏玉新:《智慧监狱的江苏探索》,《江苏法制报》2019年4月1日。

禁。车辆进入监狱,都必须经过车辆管理系统核查,并对车辆进行抓拍,完成生命探测程序,对车辆底盘进行扫描成像等检查内容,然后车辆加装 GPS 定位终端,由监狱指定的驾驶员来驾驶,并按指定线路行驶到封闭装卸区完成停靠。任何车辆出监前,监狱都要通过电子点名系统实时统计审核服刑人员数量,经指挥中心确认,数量和信息无误后,车辆才可以离开监狱。

苏州监狱连续 37 年实现了无服刑人员脱逃的情况,其安全防控效果明显,关键是引入了现代信息技术。2019 年 3 月 11 日上午 9 时,报警信号从位于苏州监狱大门上方的智能侦测球传出,该点的实时监控视频在指挥中心大屏被自动弹出,图像被放大并随时保持跟踪状态。紧接着,监狱巡防无人机被派出前往事发地点上空进行警戒,现场视频图像也被巡防机器人传输到指挥中心。不到一分钟,按照应急处置预案监狱特警队到达现场对可疑人员进行控制。这是苏州监狱正在组织的服刑人员混逃演习现场。刚刚进入警戒区的"服刑人员",便被"天网"智能比对并迅速识别,发出报警信号,演习取得圆满成功。苏州监狱近两年重点探索的方向是信息化技术与全要素网格化防控体系相结合。监狱建立了服刑人员指纹、人像识别点名系统,给每个服刑人员配备电子腕带,出现问题能够发出报警信号,实现定位、点名和跟踪等功能;还形成了劳动工具失控报警系统,在监房安装红外幕帘报警装置,将视频智能分析系统安装在禁闭室等重点部位,实现对服刑人员起身、滞留、攀高等异常行为自动报警的功能。①

江苏省监狱管理局新收犯分流中心,值班民警正在采集新收犯的信息,通过江苏监狱智能管理大平台将入监综合评估等信息推送到省局和有关监狱。

采用结构性面谈、专业量表测试、社会调查等方法对新收犯信息进行采集,综合评估服刑人员犯因性问题、心理状况、人身危险、劳动能力等的情况,根据评估结果对其进行分流,便于到有关监狱后开展针对性教育改造。

---

① 参见苏玉新:《智慧监狱的江苏探索》,《江苏法制报》2019 年 4 月 1 日。

二、以"大数据"为依据,以"云计算"为工具,给罪犯设计编制"个性化"的"改造方案"

"嘀!有异常信息,请及时处理。"江苏省无锡监狱民警收到系统一条信息推送,他正在使用监狱智能管理大平台,该信息是由"J3C 研判"模块进行判断并给出的提示。一个月以来,服刑人员林某在谈话教育记录、亲情电话记录、违规违纪扣分记录、会见记录中先后出现了 4 次异常情况,风险系数比较高。

经审查,原因在于林某在会见时知道自己的母亲被查出肝硬化,他呈现出了自责、易激惹、焦虑的情绪,常常因为琐事而与他人发生矛盾并打架,出现被扣分的情况。根据系统提示给出的林某个性特征以及系统给出的推荐矫正方案,监区采用了有针对性的危机处理方案。数天后,林某情绪得到缓解,改造生活走上了正轨。

运用大数据技术对数据进行分析,推动了监狱人民警察更好地掌握罪犯的改造规律,运用心理评估手段进行危机处理。无锡监狱系统整合了"J3C"研判数据库、危险性评估数据库、矫正案例数据库、日研判数据库、远程心理会诊系统、远程疾病诊疗系统等资源,充分利用现有数据库,积极打造"自动预警—智能分析—聪慧矫正"的心理危机智慧干预系统。[①] 监狱可以通过大数据研究方式,让机器智能完成人无力完成的科学规律的总结发现,对"人"的深层认知,情绪行为动态变化掌控,以及何种外界因素可以有效影响和改变人的思想与思维定式习惯。从而为有效改造创造更好的条件。

以色列著名历史学家、畅销书作家尤瓦尔·赫拉利在其新书《今日简史:人类命运大意题》中指出,人类正面临前所未有的各种变革,这些变革很有可

---

① 参见苏玉新:《智慧监狱的江苏探索》,《江苏法制报》2019 年 4 月 1 日。

能对人生的基本架构产生改变,让"不连续性"更加显著地体现出来。我们大脑中的那些声音绝不值得信赖,因为这些声音反映的总是国家的政治宣传、意识形态的洗脑手段和商业广告的殷殷召唤,更别提人体生化机制本来就有缺陷。随着生物技术的发展,机器学习不断演变,更加便于操控人类最深层的情绪、欲望。

依托大数据的智能算法现在正监视着你,它知道你去了什么地方,买了什么东西,遇见了什么人。过不多久,算法就会采集你走的步数、呼吸、心跳的数据。随着大数据和机器学习的不断发展,算法会对你的一切了如指掌。而等到这些算法完全了解,就能达到控制你、操纵你的目的,最终使你无力抵抗。如果算法确实能够掌控你的一切,决定权就会转到算法手上。当然,也有可能你很高兴算法拥有所有的决定权,并且你相信算法会为你和这个世界做出最佳的决定。如果真是这样,你只要轻轻松松享受安排好的旅程,什么事都不用做,交给算法就好。

赫拉利的描述与分析旨在批判政府、大公司利用智能算法操控不能自主的人,是在抹杀人的"自由权"。如果监狱系统引进掌握这种技术用于罪犯改造,则是改造科学化、技术化的可贵路径。我们的出发点和最终目标都挽救人、重新塑造人,既是让罪犯重新社会化后成为"自食其力的守法公民",成为被社会接受、认同的人,又是有效控制和减少乃至消灭社会犯罪,变社会的"破坏因素"为建设力量,是为最广大的人民群众谋利益的事情。

以"大数据"为依据,以"云计算"为工具,给罪犯设计编制"个性化"的"改造方案"的前提是有足够数量的有价值的罪犯信息"大数据"。日研判数据库、"J3C"研判数据库、矫正案例数据库、危险性评估数据库等都很有价值,值得大力建设。通过大数据智能算法找到改造罪犯最有力的内容、最有效的方法,则需要监狱有意识地观察、获取、积累罪犯爱好、兴趣、关注点、价值取向、是非观、阅读偏好等。

监狱的根本宗旨是"改造人"，在"践行改造宗旨"上，监狱正在进行的改革、建设工作都有意义价值，都必须做好。在"改造人"的各种内容、方法上，有的作用是间接的，有的则是直接的。在科学改造方法技术上下大"功夫"，花大"气力"，作用是最直接的，是非常值得的，也是规模效益最大的。

第七章　多元制专业化监狱管理体制职权配置架构

中共中央《关于全面推进依法治国若干重大问题的决定》和国务院关于《法治政府建设实施纲要（2015—2020 年）》都提出，根据不同层级政府的事权和职能，按照减少层次、整合队伍、提高效率的原则，合理配置行政职权。我国监狱是国家刑罚执行机关，更是国家行政机关，是以国家强制力为后盾、积极运用国家赋予的行政权力来对所关押的罪犯执行刑罚、实施改造。因此，监狱各管理层级及其之间的职权配置是否科学、合理，直接影响到我国刑罚执行的相关法律法规能否得到有效执行，党和国家的相关刑事政策能否得到贯彻落实，惩罚与改造的最终目的能否顺利实现。

第一节　监狱职权配置概述

无论是国家层面的立法权、行政权、司法权，还是公民个人层面的生命权、健康权、财产权等，所有这些权力都是抽象的。必须把立法权等公权力配置到国家立法机关、行政机关和司法机关等具体的组织中，才能演变为具有可操作性的权力，也就是立法职权、行政职权和司法职权；只有把生命权等私权利以法律形式赋予具体的人，并对侵犯这些权力的行为主体给予惩罚，才能让公民真正享有了这些权力。

"权力配置是指一个权力系统中的各权力主体之间如何分配和如何行使权力"①。监狱管理中行政权力的配置即为监狱职权配置,主要是解决监狱作为国家行政机关应当具有哪些权限以及这些权限在监狱内部应当怎样分配。通常情况下,监狱机关的职权配置主要包含以下内容:一是赋予监狱机关的刑罚执行、狱政管理等权力,即对监狱机关拥有哪些权力给予清晰的界定;二是对监狱内部各单位、各部门及具体执法者之间的权限进行合理分配;三是适时对监狱内部各单位、各部门及具体执法者之间的权力进行调整和重新分配。

当然,监狱管理职权配置并非是固定不变和一劳永逸的,而应随着国家法治建设进程和刑事执行政策的发展变化不断地进行动态调整。因为职权配置是控制权力的有力武器,合理配置监狱职权能够有效限制其权力,同时还能不断提高管理能力。如果监狱的职权配置不科学、不合理,出现交叉、重叠等情况不仅直接影响工作效率,而且还会直接影响监狱事业的健康发展。近年来不断推进监狱体制改革,就是不断动态调整监狱职权配置。通过合理配置职权,在监狱系统内部形成一种相互制约和监督的权力结构,防止日益膨胀的管理权力侵犯监狱干职、罪犯及其他相关人员的合法权益,有碍罪犯改造质量的提升。

第二节　当前我国监狱管理体制中职权配置现状及存在问题

"行政职权配置主要是由《宪法》《国务院组织法》《地方各级政府组织法》和《立法法》等宪法及宪法性法律做出总体性规定。然后,行政法律规范

---

①　杨向东:《建国初期(1949—1954年)行政组织法认识史》,山东人民出版社2013年版,第131—132页。

再对行政职权进行细化配置,具体分配到相应的行政组织"①。我国监狱是国家机器重要组成部分之一,是刑罚执行机关,有权对被判处死刑缓期二年执行、无期徒刑、有期徒刑的罪犯实行改造和惩罚相结合、教育和劳动相结合的原则,依法监管,在狱内执行刑罚,并根据改造需要,组织罪犯从事生产劳动,同时进行思想教育、技术教育、文化教育,将其改造成为守法公民。

一、我国监狱的职权概况

根据我国《监狱法》《公务员法》等法律法规,我国监狱主要有下列四大类职权:

1.政治人事类职权。从性质上讲,监狱是国家暴力机器重要组成部门,是掌握国家"刀把子"的政法机关。因此,监狱工作首先必须明确政治站位,要辨明政治方向,要坚定不移坚持党对监狱的绝对领导,确保"刀把子"始终牢牢掌握在党和人民手中。早在 1952 年,第一次全国劳动改造罪犯工作会议就明确提出了"建立劳改队的政治工作制度"的要求。1954 年出台了《关于劳动改造部门政治工作若干问题的规定》。1996 年《监狱劳教工作人民警察政治工作条例》进一步明确了监狱政治工作的十大内容:一是党的基本理论和基本路线教育;二是思想教育;三是党组织建设;四是队伍建设;五是廉政建设;六是纪律作风建设;七是民主制度建设;八是共青团建设;九是宣传、文化和立功创模工作;十是政治工作研究。

当然,监狱的各项执法工作、管理工作、综合保障工作等事务,都是监狱警察和职工来完成的。故此,监狱的首要职权便是政治人事工作。实际工作中,监狱的政治人事工作由监狱政委主管,因此也可以说"监狱的政治人事工作就是监狱政委的工作"。总体而言,监狱政治人事工作主要包括思想建设、党的建设、队伍建设、勤政建设等内容。具体来讲,监狱政治人事工作主要包括:

---

① 丁伟峰:《行政组织的自我规制研究》,吉林大学行政法学专业博士论文,2017 年。

一是贯彻落实党的方针政策、国家的有关法律法规和上级机关的规定；二是根据上级部署和本单位工作实际，对警察职工进行思想教育，不断增强党员的党性，全面掌握其思想动态，做好本单位的思想政治工作；"三是负责本单位警察职工的录用、考核、培训、奖惩、调配、职务任免、辞职辞退等管理工作；四是组织对警察职工奖惩履行岗位职责、执法执纪、警容风纪等工作进行现场督察，防止发生警察违纪违法问题；五是负责警察职工队伍的宣传工作，宣传先进典型，组织开展争先创优、立功创模活动；六是负责警察职工的工资、福利、保险等管理工作，维护警察职工的合法权益；七是负责离退休人员管理，指导工青妇等群团组织的工作、精神文明建设工作等等"①。

2. 监管改造类职权。"惩罚和改造罪犯，是我国监狱的两项基本任务，是不可分割的两个方面，只有正确地、全面地实施对罪犯的惩罚和改造的任务，并把两者密切地结合起来，才能达到改造罪犯，预防和减少犯罪的目的"②。为完成这两项基本任务，实现我国刑法的目的，根据监狱法的规定，站在监管改造罪犯角度，监狱的主要职权如下：

（1）刑事执行权。《监狱法》第二条规定："监狱是国家的刑罚执行机关。依照刑法和刑事诉讼法的规定，被判处死刑缓期二年执行、无期徒刑、有期徒刑的罪犯，在监狱内执行刑罚。"③监狱的刑事执行职权主要包括收监、对罪犯申诉控告检举的处理、监外执行、减刑、假释、释放和安置等职权。

（2）日常监管权。严格按照党和国家监狱工作的方针、政策和法律法规，对罪犯按性别、年龄、危险程度以及罪犯的犯罪类型、刑罚种类、刑期、改造表现等情况，实行分别关押，采取不同方式管理；修建围墙电网等警戒设施，联合驻狱武警部队对罪犯实施安全警戒；遇罪犯聚众骚乱、暴乱、脱逃或者拒捕、持

---

① 监狱政委岗位职责，互联网文档资源，https://wenku.baidu.com/view/f3c6ead628ea81c758f57840.html。

② 监狱的职，互联网，http://vip.chinalawinfo.com/newlaw2002/slc/slc_jingjie.asp? db = jin&gid = 855639641。

③ 马懿:《行刑个别化视角下的女性罪犯改造研究》，云南大学硕士论文，2017 年。

有凶器或者其他危险物正在行凶或者破坏等相关情形需要采取制止或防范措施时,依法使用武器和戒具;依法管理罪犯通信、会见;依法管理和把吃穿用住等日常生活,及时治疗患病罪犯,依法进行卫生防疫;对日常改造生活中有阻止或检举他人违法犯罪活动、进行技术革新或者传授生产技术等对国家和社会有一定贡献的罪犯依法给予记功等奖励;对在服刑期间打架、辱骂他人等故意破坏监管秩序尚不构成犯罪的行为给予紧闭、记过等惩处。

(3)侦查职权。我国《刑事诉讼法》第二百二十五条明确规定:罪犯在监狱内犯罪的案件由监狱进行侦查。具体而言,对于罪犯在监狱内实施的犯罪,监狱机关的侦查部门在办案过程中,有权实施勘验、搜查、扣押等侦查行为,同时有权对又犯罪嫌疑进行讯问、对证人和被害人进行询问,以及行使其他侦查权。

(4)改造罪犯职权。我国监狱工作的宗旨是把罪犯改造成为"守法公民",为社会输送合格产品。因此,对关押在监狱内服刑的罪犯,监狱一方面要对他们开展政治教育、前途教育、文化教育以及职业技术教育;另一方面要组织有劳动能力的罪犯进行劳动,以期矫正其好逸恶劳的恶习,端正劳动态度,树立正确的劳动观念,同时还要让他们学到一技之长,为释放后能够顺利就业创造条件。

3. 综合保障类职权。监狱综合保障工作是指为"保障监狱机关和基层单位正常运转所进行的内务管理,主要包括物质保障、技术支持、条件创造及后勤服务"①。综合保障工作的在监狱管理工作中"不是中心影响中心,不是大局影响大局",是一项十分重要的管理事务。通常情况下,监狱综合保障类职权主要包括:一是监狱政务管理职权,即抓好监狱政务上情下达、请示汇报、机要保密、办文办会等工作的管理,搞好档案管理、来访接待、对外联络、对内协调等工作;二是监狱事务管理职权,即抓好监狱生活物资、办公用品、交通工

---

① 王洋洋:《服刑人员在社会化的社会支持问题研究》,中南大学硕士论文,2013年。

具、消防设施、安防警戒设备等有关物品的采购,抓好监狱警察的办公、出行、饮食、健康、文娱活动及安全保障等工作;三是监狱规划及建设职权,即负责监狱的整体规划,搞好警察办公场所、罪犯监管场所、罪犯劳动场所、警察及罪犯生活场所等有关项目建设和维修工作,改善监狱的工作环境;四是财务管理职权,即按照《会计法》《监狱财务制度》《监狱会计制度》和国家、省市有关政策,建立健全各项财务管理制度,编制监狱财务支出和财务预算计划;做好工资发放和审核各类报销凭证工作;负责办理国有资产增减、调拨、损耗统计等工作,同时还要抓好招待费管理、差旅费管理、资金管理和使用工作等;五是科技支撑职权,即结合科学技术的发展,及时将最新的科学技术运用于监狱安全防范、警务政务管理、罪犯教育改造、企业综合管理等工作中,采集、存储、深度挖掘大数据,"最大限度地汇聚整合、感测分析监管改造信息资源和社会信息资源,从而对监狱工作的各项需求作出智慧判断和响应"①,最终建成标准规范科学统一、数据信息全面准确、业务应用灵活普及、研判预警智慧高效的"智慧监狱",为不断提高我国监狱管理水平和罪犯改造质量提供技术支撑。

4.企业管理类职权。《监狱法》第六十九规定:"有劳动能力的罪犯必须参加劳动。"因此,全国的罪犯就必然是一个很大的生产力资源,而且"罪犯生产劳动不是无效劳动,也要出产品、出效益,为社会创造物质财富。要组织生产就会有计划管理、生产管理、技术管理、物资供应和产品销售等活动,而这些正是企业管理的内容"②。1952年《第一次全国劳改工作会议决议》中明确指出:"劳改生产从政治上看,是属于改造罪犯成为新人的一项政策,从经济上看是属于国营经济性质的特殊企业"。也就是说,早在新中国成立初期,我国的罪犯劳动生产早已采用了企业的组织形式,因此监狱在组织罪犯劳动改造的过程中,必然要配置监狱企业管理的职权。

按照企业生产经营管理内容,监狱企业管理的职权主要有:一是企业日常

---

① 何遥:《物联网铺就智慧司法的文明之路》,《中国公共安全》2019年第5期。
② 监狱企业,百度百科,https://www.taodocs.com/p-198743899.html。

管理职权,即对企业标准工作(包括制订标准和贯彻标准)、定额工作(劳动定额、设备定额、物资定额、流动资金定额、费用定额)、计量工作、信息工作(企业生产经营活动所需资料、数据的收集、处理、贮存和利用等一系列工作)、规章制度(包括规范企业领导体制的基本制度,规定企业计划制订、生产技术、销售财务等具体管理的工作制度,责任制度)和职业技术业务培训等工作;二是生产管理职权,就是对生产活动的计划、组织、指挥、协调与控制,以保证"高效、灵活、准时、安全、清洁"地生产合格的产品来满足市场需要,实现企业的经营目标;三是人力资源管理职权,是指监狱企业为实现组织的战略目标,利用现代化的科学技术和管理理论,对不断获得的生产、经营、研发等人力资源所进行的整合、奖励、调控、开发诸环节的总和,以充分调动员工(包括罪犯)的劳动积极性,促进员工全面发展;四是市场开发职权,即项目接洽联络、产品前期调研、技术开发、产品开发、协调投资者、协调往来厂商和顾客,以及行政机关、社区居民等各方面的社会关系;五是财务管理职权,即资金筹措、资金运用、增值价值分配、经营活动分析、会计核算、国家资产保值增值等工作;五是内部审计职权,即对企业内部财务收支及其有关经济活动审计等工作。

二、我国监狱职权的配置现状

监狱职权的权力结构分为横向结构和纵向结构,"横向结构是指同一层级主体之间的权力配置关系,它属于功能性结构;纵向结构是指不同层级主体之间的权力配置关系,它属于地域性结构"[①]。当前,我国监狱职权的配置现状是:

1.监狱纵向职权配置现状。监狱职权纵向配置,主要是指监狱职权在不同层级组织之间的配置。在实际工作中,目前我国监狱纵向职权配置之最高层级是监狱长、最低层级是岗位工作人员。纵向层级最少是三阶层,最多是七

---

① 吴金群:《论我国权力制约与监督机制的改革战略》,《江海学刊》2013年第2期。

阶层：由监狱长直接主管的业务，如审计、法制等工作，其权力配置最高层级是监狱长，其次是审计科、法制科的科长（通常情况下这类科室只有一名领导），最后是审计科、法制科负责某项业务的岗位人员，此时为三阶层；如果审计科、法制科设置有副科长，那么经他（她）分管的业务，其职权配置就到达四阶层。凡是有其他监狱领导分管的业务工作，如对罪犯进行监管改造职权中的日常管理工作，第一层级自然是监狱长，第二层级是分管监狱领导，第三层级是狱政管理科长，第四层级是狱政管理科分管此项业务的副科长，第五层级是狱政管理科分管此项业务的岗位工作人员，第六层级是监区长，第七层级是监区分管此项业务的副监区，第八层级是分监区长，第九层级是分监区分管此项业务的副分监区长，第十层级是分监区的岗位负责警察。有的省市由监狱政委主管罪犯的改造工作，另配置两名监狱副职领导来具体分管罪犯改造工作，此时并多一个层级，即这项职权在纵向配置上共有 11 个阶层。

2. 监狱横向职权配置现状。监狱职权的横向配置，主要是指监狱职权在监狱领导及其所属各单位之间的配置，包括机关科室等职能部门之间的配置，也包括在所属各监区、分监区之间的职权配置。当前，全国各监狱职权配置并不太一样，主要情况是：

首先，在监狱领导这个层面，绝大多数监狱是监狱长统管监狱党、政、企的所有职权，监狱政委分管监狱的政治人事工作，监狱企业由公司老总分管。但是，少数监狱是由政委统管监狱党、政、企的所有职权的所有职权，监狱长只分管监狱的政务工作，监狱企业由公司老总分管。此外，在监狱长统管监狱党、政、企的所有职权的前提下，山东省的部分监狱是由监狱政委主管全监罪犯监管改造工作，然后再安排一名副监狱长和一名副政委分管罪犯监管改造工作，全监狱的政治人事工作由政治处主任主管、综合保障工作由一名副监狱长分管、监狱企业生产经营等业务由 1—2 名副总经理具体分管。

其次，在监狱机关业务科室之间，司法部燕城监狱将监狱的业务职权配置给了六部一中心：综合研究部、人事督查部、刑务处遇部、教育改造部、劳动改造部、财务保障部、后勤服务中心。江苏省龙潭监狱等单位则把以前配置给"四部三室",即"政治部、财务部、管教部、生产部、纪委监察室、办公室、行政接待办公室"等7个机关科室的职权,再次配置给"办公室、政治处、指挥中心、狱政管理科、教育改造科、生活卫生科、劳动改造科"等科室,并把狱内侦查权配置给狱内侦查支队。广东省深圳监狱将以前配置给16个机关科室的职权重新配置给"7室1中心":政治处、狱政管理办公室、矫正与刑务办公室、指挥中心、会见室、监察审计室、警务保障中心,并将狱内侦查职能赋予指挥中心。北京市各监狱将以前配置给近20个机关科室的职权重新配置给"一处一室八科一中心":政治处、办公室、狱政管理科、刑罚执行科、教育改造科、劳动改造科、财务装备科、行政科、纪检审计科、狱内侦查科、监狱指挥中心。但是,目前多数省市监狱依然按照传统的做法,将监狱业务职权配置给了办公室、组织人事科、宣传教育科、培训中心、监狱团委、监狱工会、纪委办、监察科、保卫科、离退休干部管理科、劳动保障科、狱政管理科、狱内侦查科、生活卫生科、刑罚执行科、教育改造科、劳动改造与安全生产科、法制科、财务科、行政装备科、信息技术科、审计科、总经办、生产科、市场开发科、企业财务科、企业审计科等部门,少的监狱有7个部门,多的监狱则达40—50个。[1]

最后,在监狱所属监区、分监区这个层面,绝大多数监狱只是把监管改造类的多数职权、政治人事类的部分职权、企业管理中的部分生产管理职权和现场管理职权配置给监区或分监区,其他职权只配置给监狱机关业务科室。此外,根据改造需求的不同,监狱将不同的监区。如有的监区或分监区主要承担对新收押罪犯的入监教育任务,有的监区或分监区主要承担对届临释放罪犯的出监教育改造任务,有的监区或分监区主要承担对老病残罪犯的改造任务,有的监区或分监区主要承担对受紧闭等行政处分罪犯的改造任务等。

---

[1]　参见戴荣法、朱永忠主编:《社会治理与监狱基层基础建设——浙江监狱文化研究成果》,浙江大学出版社2014年版,第142页。

三、当前我国监狱职权配置存在的问题

一是监狱职权横向配置交叉重叠。当前,许多监狱的职权配置在横向方面交叉、重叠的问题很突出,继而使得相关部门或揽功诿过、或相互割裂、或各自为政。如就民警对罪犯劳动现场监督管理是否规范、是否到位的问题,监狱狱政管理部门、劳动生产安全部门、警务督察部门、监狱指挥中心等都有权组织实施,相互间没有明确的权责划分,交叉、重叠问题突出,且检查的标准不统一,让罪犯劳动现场的直接管理民警时常难以适应,有时根本不知道听哪个部门的。事实上,监狱职权横向配置的初衷是要在追求监狱管理各项业务的专业化,以期不断提升监管效率和改造质量,因此在横向配置监狱各职能部门之间的职权时,首先就要依据监管改造工作的需要并遵循科学分工的原则,使各职能部门之间形成具有竞争性的权力结构,以防止相关职权交叉、重叠或部门化。正如日本学者大桥洋一所言,"由于专业分化及其固定化,则会导致缺乏对环境变化以及非固定事例应对上的灵活性和创造性。而且,虽然有明确的责任,但是又容易引发权限纠纷"①,"行政职权横向配置不合理必然导致'过度治理'或者'治理空白'的问题,如'政出多门'和'推诿扯皮'等情形"②。

二是监狱职权纵向配置同质化带来的问题比较突出。"纵向配置的同质化是监狱职权越往上级行政组织越集中,而下级行政组织缺少自主权,这种高度集中的行政职权结构,导致下级行政组织失去了积极性和创造性,另一方面也导致上级行政组织承担了过多的行政任务"③。从另外一个层面上讲,监狱机关的纵向职能配置中,处于结构上层的部门权力比较大而责任却比较小;处

---

① [日]大桥洋一:《行政法学的结构性变革》,吕艳滨译,中国人民大学出版社 2008 年版,第 273 页。

② 丁伟峰:《行政组织的自我规制研究》,吉林大学博士论文,2017 年。

③ 丁伟峰:《行政组织的自我规制研究》,吉林大学博士论文,2017 年。

于结构下层的部门权力比较小而责任却比较大。在实际工作中,监狱长处于监狱纵向职权配置的顶端,其权力最大,责任却最小;而监区普通民警处于监狱纵向职权配置的最末端,其权力最小,责任却最大。如2018年10月4日,辽宁省监狱管理局凌源第三监狱王磊、张贵林两名罪犯脱逃后,负有领导责任的该监狱监狱长被撤职,而负有直接责任的另外7名干警(包括监区基层民警)则被追究刑事责任。

　　三是有的职能部门功能定位不准,导致监狱职权配置各异。当前比较突出的是,"在监狱各业务职能部门的功能定位中,监狱指挥中心这项业务的定位到底是什么?监管业务部门?信息化建设部门?还是综合协调部门?目前司法部没有统一规定,各省市不统一。如在省局这个层面,目前除北京市、山东省、江苏省、辽宁省、新疆维吾尔自治区等少数几个省份监狱管理局成立了有独立机构并实体运行的指挥中心外,其他多数省份监狱管理局的指挥中心都没有独立机构,也没有实体运行,其中浙江省、黑龙江省等省局的指挥中心由狱政管理处主管,广东省由狱内侦查处主管,四川省、海南省由信息技术部门主管,上海市是由公安处主管"①。在监狱这个层面,目前多数单位的指挥中心均为独立正科级机构,属于监管改造类部门;"有的省市其监狱的指挥中心不是独立机构,也不属于监管改造类业务科室。如海南省美兰监狱和乐东监狱、广东清远监狱和女子监狱、四川省雷马屏监狱、黑龙江省部分监狱也没有成立独立的指挥中心"。

第三节　多元制专业化监狱管理体制下
职权配置的重新构建

　　为有效解决前述监狱管理体制下职权配置中存在的问题,积极推进新时

---

① 李天发、李晓强:《试论监狱指挥中心建设》,《安徽警官职业学院学报》2019年第2期。

代监狱治理体系和伦理能力现代化建设,应在习近平法治思想的指导下,重新构建监狱管理的职权配置。

一、纵向职权配置

1. 监狱领导的职权配置。我国监狱是国家刑罚执行机关,一切工作都是在围绕"惩罚与改造相结合,把罪犯改造成为守法公民"这个宗旨在开展。从另一个角度来看,法律配置给监狱"政治人事职权""综合保障职权"和"企业管理职权",都是为保障监狱"执行刑罚"和"改造罪犯"的。因此,监狱里任何一项工作,必须有监狱领导来组织、领导和指挥。当然,监狱领导对相关工作是在总方向、总路线、总规划、总目标及主要措施等方面实施宏观管理,而不是事事亲力亲为,也不需要件件审查处理,否则就是越权。但是,对于一些比较特殊的或者特别重要的事项,主管监狱领导要依照职权提前谋划、敲定措施、关注进程、跟踪问效,确保其得到正确处理,不留隐患,不发生错误。

2. 监狱机关科室的职权配置。监狱机关科室是主管监狱某项业务的职能部门,依法应享有规划、组织、指导、实施、检查、督促等权利,并要承担相应的责任。同时,在机关科室内部,也要区分正职领导、副职领导、岗位工作人员而配置不同的职权。以监狱政治处为例,它作为主管全监狱民警和职工政治工作与人事工作的职能部门,其主要职权应包括以下八个方面:"一是负责党的基层组织建设;二是负责全监狱的人事工作;三是负责宣传教育工作;四是负责民主制度建设;五是负责组织开展立功创模活动;六是负责纪律作风建设;七是做好经常性的思想工作;八是组织群众性的歌咏、演讲、体育、墙报、创作、演出等活动,培养文娱、体育活动骨干,办好警官俱乐部、荣誉室和图书阅览室,做好通讯报道工作。"①结合监狱机关组织机构的设置,监狱政治处应设置主任1人,副主任2—3人,具体岗位工作人员若干人。在政治处内部,领导与

---

① 司法部《监狱劳教工作人民警察政治工作条例》第二十七条。

具体工作岗位的职权配置也必然要进行区别。在多元制专业化监狱管理体制中,政治处各级领导及具体岗位工作人员的职权配置应当是:

首先,政治处主任的职权应当包括:(1)主持制订并组织实施监狱队伍建设工作年度工作计划,定期总结,并对工作人员进行业务指导和工作考核;(2)及时传达上级的重要指示和监狱党委的重要决定,组织好学习和传达,抓好贯彻和落实;(3)主管组织、人事管理、宣传、教育培训、共青团、工会、老干部工作以及枪支管理等各项工作;(4)协助监狱党委抓好监狱中层领导班子建设和干警队伍建设;(5)围绕监狱党委的中心工作,结合实际,进行调查研究,掌握干警队伍的思想动态;(6)协调好政治处内部的工作关系,按照上级的工作部署、安排,抓好有关科室的工作落实情况;(7)完成上级临时的安排其他工作。

其次,负责党务、人事及考核工作副主任的职权应当包括:(1)协助主任做好本部门工作人员的思想政治工作,抓好各项规章制度的落实;(2)按照有关规定,分管干警职工的调入、调出、辞职、辞退、退休审批等工作;(3)按照公务员录用标准和原则,负责办理相关录用审批手续,并根据工作需要提出人员调配建议;(4)按照机构设置,提出监狱机构设置、人员配置方案,并负责落实;(5)按照有关规定,做好警衔、年度考核奖励、人事档案等工作;(6)完成上级临时的安排其他工作。

最后,作为政治处多个岗位之一党务工作民警,应当配置的职权有:(1)参与制订党的基层组织工作和党员管理工作计划;(2)调查、分析党的基层组织和党员管理情况,并提出相应对策,供领导参考;(3)承办党费的收缴、管理和使用工作;(4)根据有关工作安排,组织党员学习、培训,开展党员政治思想工作;(5)具体负责党员发展和奖励工作;(6)完成上级临时的安排其他工作。

3.项改区的职权配置。监狱项目改造功能区,是监狱具体负责对罪犯实施"监管改造"基本战斗单元,应当配置下列职权:

（1）党和国家方针政策执行权。根据项改区工作实际，认真落实党和国家改造罪犯的法律法规和方针政策，认真执行监狱关于改造罪犯的决定和指示。

（2）决策权。严格执行项改区党支部领导下的项改区长负责制，根据实际在职权范围内对项改区的所有工作进行决策。项改区其他班子成员分别负责本单位的政治工作、生产管理、教育改造、刑罚执行、狱政狱侦等业务工作，在职权范围内对项改区的分管工作进行决策。

（3）党务建设权。按照监狱党委的部署，并结合本项改区党支部工作实际，开展灵活多样的思想恳谈会、组织生活会和党风廉政会，切实加强党员的政治思想教育和政治理论学习，落实好党员工作目标责任制，建设好项改区党支部这个战斗堡垒。

（4）业务工作部署权。根据监狱全年工作计划，以及某个重点阶段的专项工作计划，拟订落实的各项具体工作计划、指标，制订实行计划、指标的具体措施，并在日常工作中组织实施和督促落实。

（5）刑罚执行权。依据国家的法律法规和宽严相济等刑罚政策，按照监狱的统一部署，对所管罪犯实施计分考核和行政奖惩，对符合条件的罪犯提出减刑、假释和暂予监外执行的建议，依法执行刑罚。

（6）狱政管理权。坚持依法管理、文明管理、严格管理、直接管理和科学管理的原则，从罪犯的日常言行抓起、从一点一滴的细节抓起，严格按照法律法规和各项监管制度，着力抓好罪犯三大现场及重点环节的监管控制，防止监管事故发生，做好安全防范工作。

（7）教育改造权。组织项改区全体民警，狠抓"十必谈"等个别谈话工作，积极开展心理咨询和心理疏导，摸排准、解决好罪犯群体中的倾向性问题和个体中的突出问题，确保教育手段及措施的有效性和针对性。按照监狱的教育改造计划，组织好、配合好监狱职能科室对罪犯实施的文化教育、法治教育、前途教育和技术教育等。

（8）生活卫生管理权。严格按照监狱及上级单位的要求，抓好罪犯的个人卫生、项改区环境卫生，防止疾病的发生，杜绝疫情蔓延。同时，配合监狱职能科室做好对罪犯生活物资保障及管理工作。

（9）劳动改造权。根据监狱及劳动改造业务科室的安排，依法组织有劳动能力罪犯参加生产劳动，合理分配劳动任务、安全组织劳动生产、规范管理劳动现场、按时完成劳动定额、确保劳动产品质量。

（10）其他事务处置权。严格按照国家法律法规，切实做好本单位政务、狱务的公开工作，依法办理项改区的一切事务，以及监狱和业务科室临时安排安排的工作。

二、横向职权配置

1. 监狱领导之间的职权配置。监狱领导作为监狱各项工作的最高组织者和指挥者，相互间职权配置是否科学、是否合理，直接影响到监狱整体工作。换言之，监狱领导之间的职权到底应当如何配置，究竟监狱长是总揽监狱全部职权的"一把手"？还是政委是总揽监狱全部职权的"一把手"？依据我国相关法律法规和监管规章制度的规定，监狱长应当是法定的"一把手"：我国《监狱法》第十二条明确规定：监狱设监狱长一人、副监狱长若干人，并根据实际需要设置必要的工作机构和配备其他监狱管理人员。而监狱政委一职的设置，最初是根据1952年《第一次全国劳改工作会议决议》关于设置专职政治工作干部的要求而设置的——"必须在农场、劳改工程队、工厂、矿场中，分别按需要设立政治委员、政治教导员、政治指导员及其他必要的政治工作人员"[①]。此后，1996年司法部在《监狱劳教工作人民警察政治工作条例》第三十三条、第三十六条明确规定，"政治委员在同级党的委员会领导下，负责政治工作""政治委员在工作中应当与监狱管理局、劳教管理局局长（监狱长、劳

---

① 转引自舒鸿康、王西元、张滋生：《自建国初期劳动改造立法与劳动改造工作的历史发展》，《法治论丛》1989年第3期。

教所长)主动商量,互相支持,维护集体领导"。同时,该条例第三十五条明确配置给监狱政委的下列职权(责):"一是维护和坚持党对监狱、劳教工作的绝对领导,保证党的路线、方针、政策和国家的法律,以及上级组织的决议的贯彻执行;二是负责党的工作。掌握党员队伍的思想状况,提出加强党员队伍管理的要求和措施,有计划地开展党的基本路线、党的基本知识和党的优良传统教育;研究新形势下加强和改进党对监狱、劳教工作领导的方法和思路;指导基层党组织建设,检查基层党组织工作情况和执行上级组织的决议情况;三是负责宣传教育工作。密切联系群众,深入改造、生产第一线,调查研究,掌握队伍的思想动态和工作情况,有针对性地做好思想教育工作,关心和爱护群众;四是结合监狱、劳教工作人民警察的职业特点,组织开展法制教育和反腐倡廉教育,抓好典型,大力宣传严格执法、文明执法的典型人物,制止有法不依、执法不严和违法乱纪行为;五是负责队伍的思想建设、纪律作风建设、业务建设和廉政建设工作;六是负责所属的政治机关、共青团、工会工作"①。由此可见,监狱政委不是监狱的"一把手",只负责监狱的政治工作,而不应当分管罪犯监管改造工作。

监狱长作为"一把手",应当配置下列主要职权:一是负责监狱全面工作,贯彻执行上级党委的各项决策;二是按照党的路线、方针、政策及法律法规制订符合本单位实际工作计划和发展规划,并认真抓好落实;三是协调好监狱政工、管教、生产、基本建设等各项工作;四是抓好班子建设,按照议事日程规则主持召开监狱长办公会、监狱党委会,发挥好"一把手"的应有作用,有效推动监狱工作的规范化、科学化、法制化发展。

2. 监狱机关科室之间的职权配置。如前所述,每个监狱机关都设置多个业务科室,具体负责组织实施相关业务工作。在多元制专业化监狱管理体制中,应当根据监狱职权的性质和类别将其配置给相应职能部门,如将政治人事

---

① 转引自《监狱劳教工作人民警察政治工作条例》,圣地金盾的博客,http://blog.sina.com.cn/s/blog_62d14d2b0100mdyn.html。

类的职权配置给政工部门、将监管改造类的职权配置给管教部门、将企业管理类的职权配置监狱企管部门等。当然,某一类监狱职权涉及的事务较多,需要由多个业务科室、各项改区按照权限分别实施。如监管改造罪犯类职权,涉及刑事执行、日常监管、生活卫生、狱内侦查、政治改造、教育改造、心理矫治、劳动改造等内容,需要由刑罚执行科、狱政管理科、生活卫生科、教育改造科、劳动改造科、狱内侦查科、心理矫治室等业务科室来执行。具体而言,监狱刑罚科应当配置下列职权:(1)具体负责罪犯暂予监外执行及保外就医罪犯外调工作;(2)具体负责罪犯刑满释放人员信息管理系统录入和维护等工作;(3)具体负责罪犯释放衔接工作;(4)具体负责与各区县司法所结对帮教等工作;(5)具体负责罪犯申诉、控告、检举相关工作;(6)协助负责罪犯解回再审等相关工作;(7)具体负责法律援助工作;(8)协助负责罪犯外就医情形消失收监执行工作;(9)协助负责监狱黑恶势力罪犯转化工作;(10)完成领导交办的各项临时性工作。

3.项改区各个执法管理岗位之间的职权配置。每个项改区对罪犯实施监管改造,必须通过设置一定工作岗位、由在此岗位上工作的民警来组织实施。一般而言,每个罪犯项改区都会设置狱政管理、狱内侦查、生活卫生、计分考核、减刑假释、教育改造、劳动管理、现场管理、班组管理等若干岗位,来实施《监狱法》配置给监狱人民警察的下列职权:"(1)收押监权;(2)罪犯身体检查权;(3)违禁物品没收权;(4)罪犯申诉、控告、检举处理权;(5)罪犯监外批准权;(6)建议权;(7)释放权;(8)对罪犯实行分别关押权;(9)罪犯脱逃抓获权;(10)警戒隔离带设置权;(11)戒具使用权;(12)武器使用权;(13)罪犯来往信件检查权;(14)罪犯接受财物批准、检查权;(15)对罪犯的考核权和行政奖惩权;(16)对狱内又犯罪案件的侦查权;(17)对罪犯的教育权;(18)强制罪犯劳动权;(19)罪犯劳动时间调整权"[1]等。

---

① 招警考试警务常识:警察和警务职业常识—招警考试—考试大纲,233 网校,https://www.233.com/zj/zhidao/jichu/20061123/104137885.html。

　　实际工作中,一个项改区具体工作岗位上的监狱民警,通常需要配置若干职权,才能有效完成相关任务。比如在项改区"计分处遇"岗位上工作的民警,应当配置下列职权:(1)有权对罪犯日考核结果进行复核、有权对奖扣日常分及有效积分实施管理;(2)有权提请项改区对有关罪犯计分考核情况进行旬评议、月考核;(3)负责罪犯月计分考核材料的上报工作;(4)有权颁发、撤销所管罪犯的计分许可证,有权对罪犯的处遇级别给予变更;(5)负责罪犯计分考核系统中互监组、罪犯班组长岗位的维护工作;(6)具体负责不认罪悔罪罪犯的统计工作;对于在"生产核算"岗位上工作的民警,应当配置如下职权:(1)有权将罪犯劳动定额录入相关系统;(2)对罪犯劳动安全合格证、上岗证依法进行管理;(3)核算罪犯每月的劳动报酬、按季度发放罪犯劳动报酬;(4)管理项改区的生产经营台账等。而对于在项改区"刑罚执行"岗位上工作的民警,应当配置下列职权:(1)有权具体办理项改区罪犯减刑、假释、保外就医及特赦工作;(2)负责项改区申诉、检举、控告工作;(3)负责项改区临释罪犯评估及重点人管理工作;(4)负责项改区罪犯涉财执行履行统计工作;(5)负责项改区狱务公开;(6)完成刑罚执行科交办的各项临时性工作。

第八章　多元制专业化监狱管理
体制的组织结构设计

习近平总书记在 2019 年中央政法工作会议上明确指出,政法系统要推进政法机关内设机构改革,优化职能配置、机构设置、人员编制,让运行更加顺畅高效。① 监狱管理体制的组织结构设计,是监狱机关积极推进内设机构改革的顶层设计,更是我国监狱系统认真贯彻落实习近平总书记重要指示的重要举措。本章在前面研究的基础上,提出构建多元制专业化监狱管理体制的组织结构设计。

第一节　多元制专业化监狱管理体制
组织结构设计概述

一直以来,我国监狱的管理,即是在惩罚犯罪、改造罪犯过程中对涉及的人、事、物、地的管理。② 狭义的监狱管理体制组织结构,是指监狱为了实现其

---

① 参见郭涛:《中央政法工作会议在北京召开》,《人民法治》2019 年 2 月 5 日。

② 其中涉及的"人"主要包括监狱人民警察、监狱工勤人员、罪犯、外协人员和社会志愿者,涉及的"事"主要包括行刑事务、行政事务、企业事务和社工事务,涉及的"物"主要包括监管物资、改造物资、生产物资、生活物资和办公物资,涉及的"地"主要包括监管区域、办公区域、生产区域和其他区域。

惩罚犯罪、改造罪犯的既定目标,经过组织策划,在监狱系统内部各部门层级、关键转折点、独立部门之间建立起比较稳定的结构模式。广义的监狱管理体制组织结构既包涵了组织结构内部关系,还涵盖了与惩罚犯罪、改造罪犯有关的外部环境,比如监狱之间以及监狱与其他组织间的协作、联合、竞争等。监狱管理体制组织结构的设计,即是通过对监狱管理中所涉及的人、事、物、地等资源的整合和优化,使之结合成为一个合理的有机系统,进而形成某一阶段监狱的管控模式,最大限度地发挥和提升监狱运用这些资源惩罚罪犯、改造罪犯和预防犯罪。"企业组织结构设计的过程实质上是一个组织变革的过程,它是把企业的任务、流程、权力和责任重新进行有效组合和协调的一种活动。"[1]监狱管理组织结构设计过程的实质与企业完全一样。具体而言,监狱管理体制的组织结构设计,就是对构成监狱管理组织中所涉及的人、事、物、地等要素进行排列、组合,厘清监狱管理的层级,划分好各单位、各业务岗位之间的职责,确保在实现监狱宗旨过程中相互间能紧密协作、携手并进,从而为不断提升罪犯改造质量提供组织保障。

第二节 多元制专业化监狱管理体制 组织结构设计原则

组织结构设计原则是指在设计或建立组织结构时所依据的法则或标准,它会因相关社会制度、国家体制、组织性质的不同而各有侧重,也会因为研究者的视角不同而观点不一。在国外,英国管理学家厄威克系统地归纳了古典管理学派[2]的观点,总结出"目标原则""相符原则""职责原则""组织阶层原

---

① 张志梅:《中瑞国际投资有限公司组织结构设计研究》,燕山大学硕士论文,2016年。

② 在资本主义经济发展和前人管理理论的基础上,19世纪末叶的美国和欧洲产生了许多管理学家,提出了比较系统的管理理论。出现了以泰罗为代表的"科学管理"理论和以法约尔等为代表的"组织管理"理论两大流派。这些都是对管理思想进行系统化的第一代人物和学派,所以人们称之为"古典"的管理理论。

则""管理幅度原则""专业化原则""协调原则"和"明确性原则"等八条设计原则;美国管理学家孔茨等人则提出了"目标一致""效率""管理幅度""分级""授权""职责的绝对性""职权和职责对等""统一指挥""职权等级""分工""职能明确性""检查职务与业务部门分设""平衡""灵活性"和"便于领导"等十五条设计原则。① 在国内,一些管理学家也总结了不少的设计原则,更有论者针对不同性质的组织,提出了不同组织结构设计、建立原则。如有研究者认为,基层法院等司法机关其组织结构设计时应遵循"同业自治""区分属性""比例适度""适应环境""显性化"等五个基本原则。② 有研究者认为,建筑公司等企业在组建组织结构时,必须遵循五个基本原则:(1)组织结构要能正确反映公司的目标和计划;(2)组织结构要根据公司所要进行的任务需要来设计;(3)组织结构要能保证公司管理层的决策和统一指挥;(4)组织结构要有利于公司对各部门的全局控制;(5)设计组织结构时还要考虑各种细节,如报告、汇报的方式等;③有研究者认为,国企组织结构的建立应遵循"目标一致""效率优先""责、权、利统一""精干、灵活""分类指导,区别对待"等五个原则;④有研究者认为,优化县政府等基层行政组织结构时,应遵循"角色定位清晰""权责对等""有效监督"等三个的设计原则。⑤ 就监狱而言,有的研究者认为其机构设置的基本原则主要应遵循"精简、效能""相对统一""依法设置""加强基层""有利于改造""从中国国情出发"等六个原则。⑥ 综观上述各类组织结构设计、建立、优化的原则,不难发现有许多是相同或相通的,如"目标原则""职权和职责对等原则""效率优先原则"和"明确性原则"等,但

---

① 参见组织结构设计,360 百科,https://baike.so.com/doc/1823305-1928367.html。

② 参见余亚宇:《论基层法院组织结构设计的原则和方法》,《司法改革论评》2017 年第24 期。

③ 参见王峥嵘:《建筑企业多项目管理的组织问题研究》,复旦大学学位论文,2013 年。

④ 参见万宏:《国有企业组织结构设计的原则》,《四川师范大学学报(社会科学版)》2005 年第 5 期。

⑤ 参见石林:《县级政府组织结构优化研究》,山西大学学位论文,2016 年。

⑥ 参见范方平:《监狱劳教所机构设置研究》,法律出版社 1999 年版,第 10—16 页。

也有一些原则是设计相关组织时特有的原则。进入建设中国特色社会主义新时代之后,设计多元制专业化背景下中国监狱管理体制的组织结构,应当认真参考、学习、借鉴上述原则。同时,要紧密结合建设中国特色社会主义法治国家及我国监狱管理的实际,主要遵循以下基本原则。

一、依法设计原则

依法设计原则是指设计监狱的组织结构时必须依据法律法规及相关规范性文件规定的职责、编制、程序和条件进行,不能像普通企业凭主观想象设计。因为监狱是国家机器的重要组成部分,是我国的刑罚执行机关,依据《中华人民共和国刑法》《中华人民共和国刑事诉讼法》《中华人民共和国监狱法》等国家法律对罪犯施行刑罚,其活动都应是严格的执法活动。所以监狱的组织结构设计必须要有法律依据,必须严格依法进行,这是依法治监的具体体现,更是依法治国的必然要求。

虽然目前我国监狱组织机构的设置尚无像《人民法院组织法》这类专门的法律规范,但是《中华人民共和国监狱法》《中华人民共和国人民警察法》《国务院行政机构设置和编制管理条例》《地方各级人民政府机构设置和编制管理条例》等法律、法规涉及了监狱组织机构设置的事宜,因此在设计监狱组织机构设置及优化方案时,必须遵照这些规定进行。同时,为进一步加强监狱组织结构建设以及规范和深化监狱体制改革,司法部先后出台了《关于加强监狱监区、分监区和劳教所大队、中队建设的若干规定》(1996 年)、《关于全面实行监狱体制改革指导意见》(2007 年)、《全面深化司法行政改革纲要(2018—2022 年)》(2019 年)等部门规章和指导性文件,这些具体规范及广义上的法律也是设计监狱组织结构必须遵守的法律规范。此外,有的省(区、市)政府就其所辖行政机构的内设部门设置,专门作出了相应的规定,亦是设计监狱组织结构必须遵守的、广义的法律规范。

二、系统设计原则

世界著名科学家、中国载人航天奠基人钱学森认为,系统是由相互作用相互依赖的若干组成部分结合而成的,具有特定功能的有机整体,而且这个有机整体又是它从属的更大系统的组成部分。[①] 作为国家的刑罚执行机关,监狱不是独立的个体,而是由一群相互作用相互依赖的若干组成部分结合而成的、具有特定功能的有机整体。换言之,监狱要实现法律赋予它执行刑罚、把罪犯改造成为守法公民的使命,一定要求拥有相关的人、事、物、地等各种因素,并且要求这些因素相互作用、相互协调、相互制约、共同促进。因此,我们在设计监狱的组织结构时,一定要遵循系统设计的原则,进而才能使监狱所涉及的人、事、物、地等因素成为一个有机整体,才能有序运行,才能发挥自身的特殊功能。由于"系统是一个动态和复杂的整体",我们在设计"监狱组织结构"这个系统时,基于"动态"既要参照其历史发展,更要立足现实状况,还要前瞻未来走向;基于"复杂"我们既要考虑监狱各组织结构各要素之间横向的关系,同时还要考虑纵向的组织关系,并且都要使它们形成能"系统运行的有机整体"。

三、责权利均衡原则

从本质上说,权利和责任是一对矛盾体,而责权利对等原则要求的是监狱各组成单位所拥有的权力、利益应当与其所具有的责任是一致的,即权利和责任是呈正相关系——权力越大利益越大责任越大、权力越小利益越小责任越小、没有权力就不存在责任也不存在利益。责权利均衡原则,其核心内容包括责权利对等、责权利制衡两个核心内容。就监狱组织结构设计而言,遵循责权利均衡原则主要包含下列两层含义:一是指监狱在界定的每个职能部门及监

---

① 参见李荣恩:《实用创新型人才培养模式的研究与应用——以某校 PC+项目一体化实训中心建设为例》,《现代信息科技》2019 年第 3 期。

区(或分监区)的下级单位的职责时,一定要赋予其相应的权力,并使其享受对等的利益,因为只有责任没有权力是无法履行职责、无法完成任务的;二是监狱机关内部控制应当像其他政府部门一样,"在治理结构、机构设置及权责分配、业务流程等方面形成相互制约、相互监督,同时兼顾运行效率……在建立内部控制系统时,应该构筑纵向上的上下级之间的决策和授权方面的制衡和横向上的职能部门之间业务分工和流程方面的制衡两种制衡关系"①。当然,在设计监狱管理的组织结构时,为了不影响运行效率,不能因为要强调制衡就过度制约各组成单位的权力分配、更不能过度规制其业务流程,否则就会出现以内部控制为名搞内讧,严重影响监狱改造罪犯功能的实现。

四、以人为本原则

我国监狱的根本任务是将罪犯改造成为守法公民,而这一任务必须靠人即监狱人民警察来组织实施,同时被实施的对象也是人即正在监狱里服刑的罪犯。既然这项工作的组织实施者和受领实现者均是人,那么我们在设计监狱的组织结构时,必须立足于现有人员的情况,再结合对未来人员的需要,特别是对精英人才培养等多角度、多层次的实际需要来通盘考虑。同时,虽然监狱关押、改造的对象是罪犯,但是罪犯也是人,是犯了罪需要改造的人,因此就要求监狱的各个组织结构在履行职责中要"关注人的需求,凝聚人的智慧,激发人的潜能,提升人的技能,促进人的发展",凸显以改造罪犯为中心的工作理念。

五、目标一致原则

关于目标一致理论,日本学者中松义郎认为:"当个人目标与组织目标完全一致时,个人的潜能才能得到充分发挥,组织也才可能具有良好的整体功

---

① 樊行健、刘光忠:《关于构建政府部门内部控制概念框架的若干思考》,《会计研究》2011年第10期。

能,即达成一个双赢策略。当二者不一致时,个人的潜能受到抑制。"①监狱作为我国的刑罚执行机关,其工作的目标是依法对收押的罪犯执行刑罚,并将他们改造成为守法公民。作为一个实体型执法组织,监狱所辖(或所管)的人、财、物、地等资源,都必须为执行刑罚、改造罪犯这个目标服务。换言之,设计监狱管理这些人、财、物、地等资源组织结构时,必须明确它们的目标要与监狱的目标一致,绝不能另有目标。当然,监狱内设的一些工作部门或单位,其工作目标可能不是唯一的,而是多重的,但是居第一位的、起主导作用的,仍然是监狱的工作目标。例如,监狱设置管理罪犯劳动生产的组织,其工作目标具有多重性,但首要的目标是"组织、管理、保障用劳动的手段来改造罪犯",而追求劳动所创造的经济价值与劳动利润,则是第二位的目标。

六、强制实施原则

我国监狱是实行准军事化管理的国家行政机关,特别讲求听从指挥、令行禁止。因此,监狱管理机关的组织结构设计,一定要在监狱内部达成统一认识,科学划分各单位、各部门之间的责权利,并要本着因材施用、妥善安排的原则安排人事,最大限度减少人为的消极抵制和反对。因为每一次监狱的组织结构设计与企业相同,"实质上都是一个组织变革的过程,它是把企业的任务、流程、权力和责任重新进行有效组合和协调的一种活动"②。对此,监狱为保障整个组织的有序运行,可以在组织结构的设计过程中,有意安排部分民警职工参与设计,拟定草案后召开不同层次人员参加的研讨会广泛研讨,并利用内部网络及相关媒体加强宣传和引导。一旦设计的方案审定通过,一定要严格执行,不能随意改动,更不能因为遇到一点阻力就停止实施。

---

① 陈楚花、朱昌志:《论"目标一致理论"在公共人力资源的对称管理——由华为"狼性文化"引》,《消费导刊》2007 年第 8 期。
② 张志梅:《中瑞国际投资有限公司组织结构设计研究》,燕山大学硕士论文,2016 年。

第三节　多元制专业化监狱管理体制
组织结构设计内容

设计、优化监狱的组织结构,其目的是进一步明晰监狱内部各单位及各部门之间责权利、准确界定每名员工的具体任务,使他们能够在监狱这个组织中找到自己的合适位置,互相配合、互相支持、互相监督,形成新的组织资源,以保证组织活动的开展,并不断使其能动态地适应我国法治建设、刑罚执行等外部环境变化的要求。为了实现这些监狱组织结构的设计目的,需要外化为监狱组织设计的具体内容。结合新时代我国监狱的性质、任务、职权等方方面面的因素,其组织结构设计的内容主要有如下几个方面:

一、职能设计

监狱组织结构的职能设计,是指对监狱业务部门、直属单位具体职能的设计。监狱在改造罪犯的过程中,对国家为其配备的人、事、物、地等资源要进行有效的分配和管理,以便最大限度地发挥他们为改造服务的功能作用。因此,在设计这些监狱业务部门、直属单位时,要对它们各自的具体职能进行设计,明确各自的具体任务、职责权利和相关事宜。同时,在实施过程中要及时调整或取消设计时赋予某些部门不合理的职能,不断优化其职能。

二、框架设计

任何组织的结构设计都离不开框架设计,监狱的组织结构设计亦是如此,其实质即是要求我们在具体设计时纵向的必须分层次、横向的必须分部门。具体而言,监狱为实现对所有的人、事、物、地等资源的有效管理,在纵向上分一个层次管理还是多个层次管理? 在横向上分一个部门管理还是多个部门管理? 例如,监狱对安全事务的管理,在横向上是设一个部门来管理所有的安全? 还是各类安全分别分配给不同的部门来管理? 即监管安全由狱政管理部门来管理,生产安全由生产管理部门来管理,队伍建设安全由政工部门来管理,消防安全由行政后勤部门管理,等等。

三、协调设计

协调设计是为了保障监狱各个组织结构之间能够有序的、高效的协调运行而专门对其协调方式进行的设计。如前所述,我们利用框架设计对监狱各部门、各单位的职责任务等进行了明确分工,但是分工也即意味着分散,必须通过相互协作才能实现组织目标。协调设计主要是协调方式的设计,它要求设计者依据监狱各单位、各部门之间的职责分工,制定出它们相互之间如何有序衔接、如何主动配合、如何有效监督、如何相互促进的办法与措施,继而共同发挥出监狱这个管理系统的整体效应。例如,在监狱民警思想教育、业务培养、责任追究等方面,监狱政工部门和各职能科室、监区(分监区)之间如何实行有效沟通,如何通力配合,进而打造出一支政治素质过硬、业务素质精湛、纪律作风严明的警察队伍,发挥出监狱相关部门既有分工更注重合作的整体效应。

四、规范设计

规范设计即是针对监狱组织结构如何实施规范管理而进行的设计,即为了加强对涉及罪犯改造的人、事、物、地、信等资源的有序管理,监狱需要系统制定涉及这些资源管理的规章制度,明确相关的管理规范和行为准则,以保证监狱内部各个管理层次、各个职能部门和具体业务岗位都能按照统一的规范和准则主动配合,协调行动。同时,即是监狱组织结构设计本身最后也要落实并体现为规章制度。

五、人员设计

监狱组织结构中的人员设计分两个部分:一是监狱工作人员的设计,二是收押人员即收押罪犯的设计。监狱要履行法律赋予的职责即对收押的罪犯执行刑罚、并将他们改造为守法公民,必须以监狱工作人员为依托,并由监狱工作人员来执行。此外,一所监狱收押、改造多少名罪犯,也直接影响着对监狱工作人员的数量和性别设计。此外,因关押的性别、年龄、刑期等因素的不同,需要配备的监狱工作人员的数量和性别也不相同。比如对专门关押女性罪犯的监狱,设计监狱工作人员的数量时必然要以女性为主、男性为辅;对专门关押男性罪犯的监狱,设计监狱工作人员的数量时必然要以男性为主、女性为辅。

六、激励设计

激励设计就是针对监狱管理人员设计正向激励与反向督促的制度。其中正向激励包括工资、福利、休假、晋级、提职等相关政治的、物质的奖励机制;反向督促包括请销假、违规违纪惩处等各种问责制度。为充分调动监狱各级管理人员的工作积极性,监狱必须通过一系列激励设计建立起完善的正向激励制度,同时制定反向督促制度以预防、遏制、消除一些非法行为和非规范性行为。

第四节　多元制专业化监狱管理体制组织
结构设计的影响因素

与企事业组织类似,设计监狱管理体制的组织结构,除受一些基本原则的指导和规制外,多元制专业化监狱管理体制组织结构设计还受以下主要因素的影响。

一、受押犯结构的影响

1994 年颁布的《监狱法》第三十九条规定，"监狱根据罪犯的犯罪类型、刑罚种类、刑期、改造表现等情况，对罪犯实行分别关押，采取不同方式管理"；2003 年颁发的《司法部关于进一步推进监狱工作法制化科学化社会化建设的意见》中，明确提出"从入监开始，就要通过心理测试等手段，综合分析罪犯的犯罪类型、刑种刑期、犯罪原因、恶习程度、人格类型、人身危险性以及性别、年龄、文化、职业等因素，科学制定罪犯的个别改造方案和分阶段实施的具体改造目标"。根据这些法律法规及规章制度，我国监狱对不同类型的罪犯实行"分开关押、分级管理和分别教育"，这就意味着不同监狱收押罪犯的构成状况不同、押犯管理级别不同、教育改造的重点与难点也不相同，进而导致各个监狱管理体制的组织结构也会有所不同。司法部《关于加强监狱分级分类建设的指导意见》（司发通〔2016〕133 号）规定："女子监狱要充分考虑女犯在生理、心理等方面的特殊性，重点加强生活卫生、心理矫治、社会帮教等功能用房建设；未成年犯管教所的建设，要充分考虑未成年犯在年龄、心理等方面的特殊性，重点加强教育学习、心理矫治、社会帮教等功能用房建设；病犯监狱（中心医院）应设置在交通便利、经济条件发达、社会医疗资源丰富的大中城市，要按照二级综合医院基本标准设置医院，并根据危重普通病犯、传染病犯、精神病犯、艾滋病犯等设置不同类型监区；入监监狱要重点加强入监教育、评估、分流等功能用房和设施建设，为罪犯入监综合评估，促进罪犯遵守监规监纪、熟练掌握劳动改造技能提供物质保障；出监监狱要重点加强风险评估、职业技能培训、社会回归模拟等功能用房和设施建设，为罪犯出监综合评估，提高罪犯回归社会后自食其力的本领提供物质条件"[1]。为保障女子监狱、未成年犯管教所、病犯监狱、入监监狱和出监监狱顺利完成特殊的刑

---

[1]　韩述钦：《我国监狱规划设计：冲突与协调》，河南司法警官职业学院学报》2017 年第 3 期。

罚执行与教育改造任务,就应当为它们设计完成特殊刑罚执行与教育改造任务的组织结构。

二、受国家刑罚执行政策的影响

监狱是国家机器的重要组成部分,是国家实现专政和统治的重要工具。监狱的这一本质属性决定了它的职责与任务必然要受国家刑罚执行政策的支配,同时也就决定了监狱管理体制组织结构的设计也必然要受国家刑罚执行政策影响,因为监狱管理体制组织结构是具体履行监狱的法定职责和任务的具体组织者、执行者。如司法部《现代化文明监狱标准》(2004 年修订)的通知印发后,全国监狱系统逐渐退出了组织罪犯监外农业生产、劳务提供等外役劳动[1],监狱原有的与这些外役劳动有关业务科室、直属单位(机务队、畜牧队、基建队),以及相关的管理人员、专业技术人员(农艺师、工程师、兽医师)等组织结构被重新设计。此外,根据《国务院批转司法部关于监狱体制改革指导意见的通知》(国函〔2007〕111 号)的规定,监狱"实行监企分开,规范监狱和监狱企业运行机制。根据监狱与监狱企业的不同特点,划分职能、机构、人员、资产、财务,建立监管改造、生产经营两套管理体系,分开运行,独立运作,形成相对独立、有机联系、密切配合、规范运行的监狱工作体制。"[2]

三、受社会保障制度的影响

新中国成立至本世纪初,因远离城市且国家社会保障不到位,许多监狱、特别是一些农场型监狱,其民警及职工的住房、医疗、养老及子女教育、就业等问题均需要监狱自己解决,其所在地的社会面管理也需要监狱自己实施,于是许多监狱、特别是农场型监狱就自己开办学校、医院、企业、工商、税务、银行、

---

① 参见司法部《现代化文明监狱标准》(司发通〔2004〕138 号)第三十一条。
② 李豫黔:《关于监狱体制改革若干问题的思考》,《中国司法》2004 年第 1 期。

公安、交通、法院、检察院等社会机构,俨然是一个独立社会。随着时间的推移,"监狱自办社会负担日益加重,需要解决的问题日趋复杂,涉及教育、卫生、就业、养老和住房等社会问题,相互交织、相互影响,走入'监狱办社会一社会拖后腿'的困境,监狱发展举步维艰",许多监狱"集专政机关、工人企业和社区管理于一体,专政、经营、社会三种职能于一身"①,许多监狱的主要负责人不仅是监狱长,更是厂长和村长。此时设计的监狱管理体制组织结构,既有履行惩罚和改造罪犯职能的单位与部门,还有负责管理监狱"办社会""办企业"等职能的单位与部门。改革开放之后,为适应建立社会主义市场经济体制的需要,随着我国社会保障制度的不断发展和完善,随着不断推进"全额保障、监企分开、收支分开、规范运行"等监狱管理体制改革,许多监狱开始逐步把所办的学校、医院、企业、工商、税务、银行、公安、交通、法院、检察院等交给地方政府,逐步实现小容大,进而在监狱管理体制的组织结构中逐步撤销了负责管理"办社会""办企业"等职能的单位与部门,使监狱真正归位"国家刑罚执行机关"的法定职能。

四、受科学技术发展的影响

1988 年 9 月 5 日,邓小平同志在会见捷克斯洛伐克总统胡萨克时提出了"科学技术是第一生产力"的科学论断。无数事实也反复证明,科学技术是社会发展的首要推动力。同其他行业和组织一样,监狱一直都在积极利用"科学技术"不断增强监狱的安防系数,不断提高罪犯改造质量,不断提升监狱管理水平。比如,为切实守住监管安全这一底线,并不断提升自身安全防范能力,各监狱均会及时将视频监控、音频监听、数据检索、红外线报警、生物识别技术等科技成果应用对罪犯监管改造中,同时还将云计算、物联网、大数据等科技成果应用到对罪犯的改造中;为切实增强教育改造的针对性和实用性,各

---

① 　魏书良:《北京市清河分局监狱体制改革研究》,《犯罪与改造研究》2010 年第 11 期。

监狱纷纷将心理咨询、循证矫正、内视观想、罪犯人身危险性评估、生活技能培训等人文社科成果应用对罪犯教育改造中。此外,各监狱也积极将固有改造手段或设施的最新科技成果应用到罪犯改造中。为了充分利用这些科学技术资源来监管、改造罪犯,并在监狱管理体制组织结构及人员等数量有限的情况下,通过增加一些诸如信息中心、指挥中心、信息技术科、心理咨询科、内视观想监区、女警中心、警官妈妈工作室等职能部门与监管单位,同时撤销、合并其他一些职能部门与监管单位。

五、受自身规模的影响

通常情况下,一所监狱关押罪犯的数量越少,其规模就越小,需要管理的任务与数量也越少,只需要设置为数不多几个组织结构就能实现管理的目的;如果一所监狱关押罪犯的数量越多,其规模就比较大,需要管理的任务与数量也就大,必须设置较多的管理单位和部门才能实现组织目的。如浙江省乔司监狱常年押犯在1万多人以上,下设10多个分监狱来监管和改造,其监狱管理的组织结构就比较复杂。同时,基于监狱押犯数量的多少,肩负同一职责的业务部门设置的规模及人员数量也有所不同。如司法部关于印发《第二次全国狱内侦查工作会议纪要》的通知规定,要求押犯1000名以上的监狱应在1—2年内,全部设置狱内侦查科,狱内侦查科干警数不少于3名;押犯1000名以下的监狱应设立狱内侦查组。监狱的一些监区或分监区要配备专职狱内侦查干警。按以上要求配备的专职狱内侦查干警数,不低于监狱押犯总数的3‰。由此可见,组织结构的规模和复杂性是随着监狱规模的扩大而相应增长的。

六、受监狱编制的影响

"广义的编制是指各种机构的设置及其人员数量定额、结构和职务配置;狭义的编制即人员编制,是指为完成组织的功能,经过被授权的机关或部门批准的机关或单位内部人员的定额、人员结构比例及对职位(岗位)的分配。"①

　　监狱编制是监狱机构设置中最基本的问题,它决定着监狱干警的人数、机构的设置和人力的安排。② 作为国家行政机关,监狱编制是当然的行政编制,其组织机构的设置及其人员数量的定额和职务的分配,是由各省(自治区、直辖市)的编制管理部门按本地区监狱事业的需要来确定,然后各省(自治区、直辖市)人力社保部门根据编制调配人员,财政部门根据编制划拨经费。一般而言,监狱编制主要包括以下几方面的内容:一是编制员额的规定,即一所监狱总共需要多少工作人员;二是各职位(岗位)的名称、设置以及领导职数的规定,即某所监狱具体需要设置哪些职能机构,这些机构又有哪些职位(岗位)、每个岗位或职位又有多少具体人数,包括领导人数等;三是各类人员的比例结构的规定,即领导与一般工作人员比例、此业务与彼业务人员的比例等;四是岗位人员配备的综合素质要求,即各个职位(岗位)人员应具备哪些政治素质、业务能力和身体素质等。

第五节　当前我国监狱管理体制组织结构设计的模式

　　模式是指事物的标准样式,也有人认为,"把解决某类问题的方法总结归纳到理论高度,那就是模式。"模式指涉范围甚广,它标志着物件之间隐藏的规律关系,而这些物件并不必然是图像、图案,也可以是数字、抽象的关系,甚至是思维的方式。监狱管理体制组织结构设计的模式,即是指监狱管理体制组织结构设计的标准样式,亦即一种具有参照性的指导方略。

　　① 张勇、刘萍、董林峰:《全程同步录音录像工作问题与对策》,《人民检察》2010年第18期。

　　② 参见范方平:《监狱劳教所机构设置研究》,法律出版社1999年版,第88页。

一、科层式组织结构

科层式组织结构是建立在一系列级别或层次之上的组织结构,它往往是权力在纵向的层级划分,因此又称层级制、等级制、行政式、官僚式组织结构。在这种组织结构中,每个要素都不是单独地运作,而是作为整体中的一员,通过要素的结合,产生更为有效的管理体系。当然,科层式组织结构显然有别于传统的行政式组织结构,其主要特征有:一是科层式组织结构把个人的常规行为划分在职务责任的范围内,即对每个要素的管辖权范围予以清晰的划分。而传统行政式的劳动分工并非是固定的或常规的,而是依赖于领导布置的任务,随时有可能发生变化。二是组织中每个要素均要严格遵循等级制原则,即每个下级受上级的控制和监督,但上级对下级的权责范围是有限制的,同时下级也有申诉权。但是传统行政式组织的权威关系更为分散,因为世袭制度的权威是建立在向个人效忠的基础上,并不是一个清楚的等级秩序。三是科层式结构都建立有专门用以指导和控制员工决策和行为的一般规则体系,并且这些规则相对都是比较稳定和完备的,所有的决策都有专门记载。传统行政式组织机构一般没有成文的管理规范,个别的情形即是有也只是粗略提到,没有文档正式记载,经常随着领导的意志而任意改变。四是科层式组织结构生产和管理的手段都属于组织,而不属于某个管理者或某几个领导,且不能被滥用。在这种组织结构中,领导及工作人员的私人财产和组织的公共财产被清楚地区分开来。而传统的行政式组织结构则有严格的区分。五是科层式组织在技术资格的基础上挑选职员(与具体的个体无关)和指派职位,并发给薪水。而在传统的行政体系中,职员通常是在那些与领导者有私下关系的人中选择,如奴隶、农奴和亲戚等。

科层式组织结构有以下四点优势:首先,客观的评判标准可消除组织内部个人偏好的影响;其次,任期制可保护组织内部成员不被上层独裁权威任意解雇,可以鼓励组织成员对组织的忠诚和献身精神,以及促使成员努力学习新的知识和技能;再次,一套严格的规章制度可以保证每位组织成员都能受到公正的对待,从而保证了组织的稳定性;最后,权力的层级结构制度可以确保决策的制定和决策本身的可靠性。科层制结构主要适用于较为稳定的和较为复杂的环境。在动荡的环境中,组织的任务经常会发生变化,环境中的知识的更新速度快,严格的劳动分工和高度规范化的结构不具有弹性和使用能力,因此科层式也是缺乏效率的。

科层式组织结构模式,在我国监狱管理中应用比较早,而且比较广泛,其层级有二级的、三级的、也有四级的。以北京市监狱管理局清河分局为例,在1994年《中华人民共和国监狱法》颁布实施之前,全称为“北京市清河劳动改造管教总队”,下辖16个“劳动改造管教支队”(简称“劳改支队”),各“劳改支队”下辖3至15个“中队”,各“中队”之下设若干“小队”。此时的清河劳动改造管教总队所属的各劳改支队因没有独立的“人、财、物、事”管理权而不具备法人资格,劳改总队才是一个独立法人,是一所大监狱,所以监狱的管理层级为四级;1994年《中华人民共和国监狱法》颁布实施后不久,“北京市清河劳动改造管教总队”改称“北京市监狱管理局清河分局”,所属各“劳改支队”先后更名为“某某监狱”,各“劳改支队”下设的“中队”改称为“分监区”(2014年机构改革时全部将分监区改建为监区)。此时不仅清河监管分局是一个独立法人,各监狱也有法人资格,有独立的“人、财、物、事”管理权,所以监狱管理层级为两级。

二、职能式组织结构

监狱是一个少则近千人、多则上万人的组织,由于规模较大、管理实务复杂,领导难以管理和应付,需要在领导之下设立各种职能机构,将具体专业性的指挥权委托给这些职能部门。职能式组织结构是比较传统组织形式,许多监狱至今都在广泛应用的又一种组织结构形式。在这种组织结构中,各职能部门分工高度专业化,各自履行一定的职能;领导拥有绝对权力,掌控着监狱整体发展的决策权以及管理的控制权,而监狱各职能部门只负责某一项或几项具体的业务工作。在具体运行中,监狱职能式组织结构一般按照"直线指挥+参谋制"发挥作用,即直线—职能型模式:一类是直线指挥机构和人员,他们对直属单位和人员发号施令,直接指挥,并负有全部责任;另一类是参谋型,即职能机构和管理人员主要为"直线指挥人员出谋划策,对其下属单位不能发号施令,只是起业务上的指导、监督和服务的作用"。[①] 如吉林省监狱管理局镇赉分局是一所正处级的监管单位(独立法人),下设干部科、办公室、狱政管理科、教育改造科、狱内侦查科、刑罚执行科等 17 个正科级职能科室,[②]分别主管分局的民警队伍建设、综合协调、狱政管理、教育改造、狱内侦查、刑罚执行等业务工作;镇赉分局所属 9 所监狱是副处级的非法人监管单位,也对应设立了干部科、办公室、狱政管理科、教育改造科、狱内侦查科、刑罚执行科等多个正科职能科室,分别主管本监狱的民警队伍建设、综合协调、狱政管理、教育改造、狱内侦查、刑罚执行等业务工作;各监狱下设各监区分别设置有狱政管理干事、教育改造干事、狱内侦查干事、刑罚执行干事,具体负责本监区的狱政管理、教育改造、狱内侦查、刑罚执行等业务工作。分局各职能科室对监狱各职能科室、监狱各职能科室对监区各业务干事之间构成直线指挥型的组织机构。

三、项目式组织结构

项目式的组织结构就是"将各项目组独立于监狱职能部门之外,由项目组自行独立管理项目相关工作的一种组织管理模式。一般来说,项目组的具体工作,如项目部的行政、人事、财务、技术等工作,都可以由项目团队在

---

① 王峥嵘:《建筑企业多项目管理的组织问题研究》,复旦大学学位论文,2013 年。

② 参见 360 百科,吉林省监狱管理局镇赉分局,https://baike.so.com/doc/7910156-8184251.html#7910156-8184251-1,2019-7-26。

监狱规定的权限范围内负责管理。"①项目组都是从监狱的传统职能部门中分离独立出来,作为独立的单元运行,各项目组有自己的管理人员和专业技术人员。

项目式组织结构在监狱管理中经常被用于开展一些专业性较强、又需要多部门合作工作,一般没有独立编制。如监狱罪犯奖惩委员会,采用的就是项目式组织结构:监狱主管罪犯奖惩工作的领导任组长,狱政管理科、教育改造科、狱内侦查科、刑罚执行科、纪检监察科、心理矫治室等业务科室的领导为成员,依法审查、批准或不批准罪犯受行政与刑事奖励或处罚的事宜。此外,对于监狱组织的一些工作较长、需要多部门协同实施的专项工作,也主要采取项目式组织机构模式。如某省监狱的智慧监狱建设实施方案中,专门就组织结构进行了规定,采用的就是项目式组织结构模式,具体情况为:

1. 省局成立智慧监狱建设工作领导小组。组长为省局分管信息化工作的副局长,副组长为建设监狱主要领导、省局信息技术处、狱政管理处、狱内侦查处、计划财务处主要领导;职责任务即是统筹调配省局各业务处室、建设监狱人力及物力资源,指导和推进智慧监狱示范单位试点建设各阶段工作。

2. 智慧监狱建设领导小组在省局信息技术处下设办公室。主任由该处主要领导、建设监狱负责信息化工作的领导担任,副主任由建设监狱信息技术科科长担任,办公室成员为省局智慧专班全体成员,建设监狱办公室、指挥中心、狱政管理科主要领导,以及建设监狱相关科室负责人及具体工作人员。职责任务包括但不限于省局监狱管理智能安防应用建设项目、监区大门科技一体化项目、建设监狱安防及弱电升级改造项目的内容。

3. 成立智慧监狱建设实施小组。即建设监狱分管罪犯监管、教育改造及信息化建设的领导和相关人员,分别与省局信息化建设专班的人员,组成业务软件、智能安防联动与指挥调度、物联网、安全风险动态评估和移动警务五个

---

① 王峥嵘:《建筑企业多项目管理的组织问题研究》,复旦大学学位论文,2013 年。

具体工作组,由建设单位的监狱领导任组长,省局信息化建设专班的人员和建设单位业务部门的领导任各组的成员,具体组织实施"梳理已有业务系统数据,形成已有业务流程图和数据资源目录,为省局智能安防平台及建设监狱综合管控平台提供业务数据支撑"。

第六节　当前我国监狱管理体制组织结构
设计存在的主要问题

我国现行的监狱管理体制组织结构在设立之初适应了当时的监管改造形势,是科学、合理的,继而有效推动了各监狱监管改造质量的不断提高,推动了监狱工作的不断发展。但是,随着社会形势的发展变化及监管改造政策的不断调整,这些监狱管理体制组织结构设计便凸显出一些与现实条件不相适应的地方,存在不少的问题。

一、有些监狱领导职数设置过多,不利于提高工作效率

监狱领导人数的配备应该根据职责要求合理配置:配置少了,有效工作无人组织管理,影响整个单位工作的有效运转;多了则会出现拖拉扯皮,互相推诿,滋生官僚主义。目前,一些单位的领导机构设置中,普遍存在领导设置过多,进而导致该监狱组织、指挥系统运转不协调,工作效率不高。如有的监狱领导配备多达 15 人,其中副监狱长的设置多达 9 人,副政委的设置多达 3 人。

二、有的监狱机关机构设置不科学,协调运转不畅

监狱机关机构的设置,必须依据"改造罪犯、服务基层"这个宗旨来实施的。调查发现,全国监狱系统监狱机关科室的种类、名称达 100 多种,可谓门类齐全,应有尽有;每一个监狱所设置的机关科室平均为 16.7 个,最多达 36

个科室。① 从实际需要的紧迫程度上看,有的监狱某些机关科室是可设可不设的,有些科室的职能是临时性的,或者是属于不需要设置专人的,有些职务完全可以兼职,但是由于为了照顾某些人,或者为了安置某些人而设置一些原本可以不独立设置的科室。比如像监狱工会、团委、机关党委、审计科、基建科等科室,即没有必要独立设置。监狱机关机构设置不科学,一方面造成这些监狱机关科室设置庞大,进而导致人浮于事、办事拖拉、揽功诿过、效率低下等问题;另一方面导致一些本应当独立运行的监管改造业务科室没有独立设置,如罪犯心理矫治室、罪犯刑罚执行科、罪犯生活卫生科、监狱指挥中心等。此外,监狱机关机构设置过多,必然影响监区、分监区人员的足额配备,形成监狱机关人员占比大与基层人员占比小这一不合理、不科学的倒置现象。

三、有的监狱基层机构设置不合理,基层警力不足

监区、分监区是监狱最底层工作单元,是直接管理、教育改造罪犯的基层组织,是监狱稳定、改造工作的关键环节。监区、分监区的民警对罪犯在监狱中一切活动直接负责和管理:从饮食、起居到言谈举止,从思想教育到职业技术教育,从文化学习到劳动技能的培养,从恶习的矫正到良好习惯的养成,从身体健康、人身安全到生产劳动,从接见、通讯到考核、奖惩,从文化娱乐到基本人权的保障,等等。换言之,监狱里大量的监管改造工作主要在监区、分监区这些基层单位。因此,监狱基层的机构设置应该全面而多样,并要配备足够的警力。但实际情况却是:监区、分监区机构设置单一,岗位设置过粗,基本上是满足于"收得下、看得住、不逃跑、不出现重大安全事故"的基本要求,对罪犯的教育、尤其是被实践反复证明非常有效的"个别教育",被束之高阁。由于警力不够,人手太少,基层民警整天忙于事务性工作,没有时间、没有精力去研究问题,没有人去探讨如何提高罪犯改造质量。

---

① 参见范方平:《监狱劳教所机构设置研究》,法律出版社 1999 年版,第85页。

四、监狱直属机构人员所占比例过高

监狱直属机构主要是指监狱医院和其他一些从事非监管执法的业务部门。原本这些职能应由社会来承担,但是由于罪犯这个特殊群体及某些监狱特殊的地理环境,眼下的境况是监狱不得不自己来创办与管理。而创办这些社会性机构,占去监狱很大一部分人力,进而影响监狱一线的人员。

第七节　多元制专业化监狱管理体制
组织结构的具体设计

习近平总书记在党的二十大报告中明确提出,我国在"坚持全面依法治国,推进法治中国建设"进程中,要切实转变政府职能、优化政府职责体系和组织结构,推进机构、职能、权限、程序、责任法定化,提高行政效率和公信力。监狱作为政府机构的组成部分之一,相关主体积极推进新时代中国特色的监狱管理之组织结构设计创新,即结合新时代提升监狱管理效能、组织开展多元制专业化监狱管理体制组织结构的具体设计,是监狱及管理部门立足本职落实党的二十大精神、落实习总书记重要指示的具体措施。

一、实体化组织结构的具体设计

1. 监狱领导的设置与编制。常言道,火车跑得快,全凭车头带。作为监狱管理体制的重要组织结构,监狱领导机构该如何设置,领导职数多少合适,现行的监狱法规没有明确的、具体的规定,只有模糊的、概括的规定。1954年颁布的《中华人民共和国劳动改造条例》第十六条规定:"监狱设监狱长一人,副监狱长一至二人,……";1994年颁布的《中华人民共和国监狱法》第十二条规定:"监狱设监狱长一人,副监狱长若干人……"。各地实际设置的监狱领导多少不一,有几个人的,也有十几个的,大多数单位设五六个监狱领导。

在多元制专业化监狱管理体制下,监狱领导的设置应当结合监狱规模与监狱领导的职责来确定。换言之,监狱规模的大小、监狱领导内部的职责分工,是决定监狱领导组织结构的决定性因素。根据关押的成年男犯规模,我们将监狱分为大型监狱、次大型监狱、中型监狱和小型监狱。对监狱领导这一组织结构的设计,可以中型监狱为基准来阐释:中型监狱设监狱长1人,副监狱长4人,政委1人,公司总经理1人,副总经理1人;大型监狱设监狱长1人,副监狱长6人(主要是增加分管监管罪犯改造的领导力量),政委1人,公司总经理1人,副总经理2人(主要是增加分管罪犯劳动改造的领导力量);次大型监狱设监狱长1人,副监狱长5人(主要是增加分管生产经营的领导力量),政委1人,公司总经理1人,副总经理1人;小型监狱设监狱长1人,副监狱长3人,政委1人,公司总经理1人;女子监狱设监狱长1人,副监狱长3—4人,政委1人,公司总经理1人(可视生产经营需要设副总经理1人);未成年犯管教所设所长1人,副所长3—4人,政委1人,公司总经理1人(可视生产经营需要设副总经理1人)。

2. 监狱机关科室的设置与编制。监狱机关科室是为协助监狱领导履行监管改造罪犯、规范公司运营而设置的科室。应当按照精简、效能及相对统一的原则,结合监管、改造和生产劳动三大职能来设置。凡是与这些职能关系不大的,可设可不设的科室,坚决不设;凡是相近或交叉重叠的,一律合并或撤销。

调查显示,我国监狱系统的机关科室主要设有刑罚执行科、狱政管理科、狱内侦查科、教育改造科、心理矫治室、劳动管理科、生活卫生科、政治处、办公室、监狱指挥中心、信息建设科、财务科、纪检监察科、后勤科、生产技术科、三总办、供应科、接待科、销售科、安全科、质量检验科、工会、团委等,最多的设置达36个,机关人员最多达727人,占比最多达监狱干警总数67%。[①] 这一数据虽然是多年前调查得出的,发展中各监狱根据司法部的要求及自身工作需

---

① 参见范方平:《监狱劳教所机构设置研究》,法律出版社1999年版,第30页。

要又不断进行了调整,但时至今日,监狱机关科室设置不科学、机关人数较多的问题依然比较突出。在多元制专业化管理体制之下,监狱机关科室的设置"应当以职责的科学配置为基础,综合设置,做到职责明确、分工合理、机构精简、权责一致,决策和执行相协调"。① 具体而言,监狱可将现有的所有机关科室,按"大部制"理念对其职责类别进行整合,设"一处四部一公司":政治工作处、指挥调度部、刑罚执行部、改造促进部、后勤保障部、劳动改造公司,分别负责组织实施本单位全部的政务警务、行刑事务、改造事务、指挥协调事务、各类保障事务、罪犯劳动改造的生产经营等事宜。各处部和公司之下可以依据主要业务类别设立具体的工作组,如政治工作处下面设立人事组、干部组、宣传组、培训组、监察组等工作组,指挥调度部下面设情报信息组、巡查督查组、应急处突组、指挥协调组等。依据《中华人民共和国国家公务员法》等法律法规,"一处四部一公司的人员"总数应不超过监狱民警总数的25%,各处部和公司人员及领导职数应根据其业务岗位、具体职责和任务配备:原则上一个岗位只能配备一个人,工作多、任务重的岗位可以适当多配置1—2人,任务轻的岗位应该一人多职;每个处部和公司设正职领导两人,即处部长和支部书记,其中处部长分管业务,支部书记管本部门民警的思想政治工作;每个处部和公司设副职领导若干,分别主管一个或两个工作组的具体业务。人数特别多的处部或公司,可以适当增加副职职数,但是最多不能超过6名副职。

3. 项目改造功能区的设置与编制。当前,二级管理模式下监区是监狱最基层的组织机构,三级管理模式下分监区是监狱最基层的组织机构。多年的监管实践表明,除一些特殊功能监区、分监区外(如传染病犯监区、精神病犯监区),每个监区或分监区的罪犯人数最少不能少100人,最多不能超过300人。但是有的监狱所属监区的押犯人数比较多,民警数量却比较少,因此管理

① 《地方各级人民政府机构设置和编制管理条例》第八条,2007年2月24日国务院令第486号发布,自2007年5月1日起施行。

及改造的难度大。如某省女子监狱五监区关押罪犯 364 人,民警却只有23 人。

在多元制专业化监狱管理体制中,监狱对罪犯的监管改造工作将实行扁平化、网格化、项目化和个性化,尽量缩减中间环节,收取最大的管理及改造效果。为此,监狱应废除现行的押犯类型混押、处遇级别混杂、改造措施混用、改造效果低下的监区或分监区模式,直接按罪犯的犯罪类型或者危险程度或者处遇级别设立项目式改造功能区,简称为"项改区"。各监狱需要设置的项改区数量视监狱规模、押犯类型和功能划分等因素决定,如大型监狱一般可设置15—30 个项改区,次大型监狱可设置 10—20 个项改区,中型监狱可设置 8—15 个项改区,小型监狱最多可设置 10 个项改区。女性罪犯监狱和未成年犯管教所可比照中型监狱设置项改区数量。

每个项改区是独立的正科级单位,虽不具备法人资格,但是它是一个监管实体,而且是监狱最基础的监管实体。除病残犯、顽危犯、危安犯、老年犯、未成年犯等一些特殊项目功能改造区外,其他每个项改区的罪犯人数最少不能少于100 人,最多不能超过 300 人。监管民警占押犯的比例不少于 18%,且病残犯、顽危犯、危安犯、老年犯、未成年犯等这类特殊项目功能改造区应不少于20%。每个项改区设设区长 1 名、教导员 1 名、副区长 1—4 人。

4. 取消监狱直属单位的设置与编制。在 20 世纪 90 年代之前,各监狱由于地处偏远、交通不便、加之地方政府的公共设施奇缺,许多公共服务项目根本惠及不了监狱。为了解决干警职工的医疗问题、子女上学问题、所辖地区的治安问题等,一大批的监狱医院、监狱子弟学校、监狱所辖的公安机关和法庭、监狱驻省会或某个大城市的办事处等监狱直属单位便应需而生,并在此之后的一段时间内发挥了很大的作用。进入 21 世纪,随着社会的不断发展和监狱体制改革的不断深入,全国监狱系统的子弟学校、所辖的公安机关和法庭等监狱直属单位绝大多数都已经相继划归地方政府,目前尚有监狱医院还在全国监狱系统普遍存在。

在多元制专业化监狱管理体制下,不仅监狱子弟学校、所辖的公安机关和法庭等监狱直属单位要彻底取消,相关事务应尽快融入当地社会,监狱医院这一看似监狱必需的直属单位,也要尽快取消,把监狱民警及罪犯的医疗卫生工作融入当地社会医院。其原因一方面是监狱民警及罪犯所患的任何疾病绝不因为我们的特殊身份而有所不同,另一方面监狱医院的医疗水平较低,只能诊治一些简单疾病,稍微复杂、严重一点的疾病就需要送社会相关医院治疗。此外,从社会整体看,监狱所在地区目前都有地方政府兴建的医院,如果继续建设,纯属重复投资,浪费国家钱财。取消监狱医院这类直属单位,可以由监狱所在地的卫生行政部门等地方行政主管部门将监狱医院改制为社区医院,统一安排社会执业医生到监狱医院坐诊、治疗。

二、非实体化组织结构的具体设计

实际工作中,监狱经常需要完成一些由多部门协调执行的专项任务。这些任务有的是长期性,有的则是临时性。为完成这些专项任务,通常也需要设置一定的组织结构。

1. 监狱长期性专项工作任务的组织机构设计。众所周知,监狱里对于"重大事项决策、重要干部任免、重要项目安排、大额资金的使用"等"三重一大"事项,必须经监狱党委会、监狱长办公会集体讨论才能做出决定;每名罪犯无论减刑、假释还是暂予监外执行,都必须经过监狱罪犯奖惩审批会员、监狱长办公会审查决定。对于监狱里的党委会、监狱长办公会、罪犯奖惩审批会员等专门从事审查、决定的议事机构,是监狱里比较典型的、需要常设的非实体组织机构,其组织结构是由党内外的法律法规及专门的规范性文件明确规定的。稍有不同的是,各省市监狱系统的党组织及行政领导组织对组成人员、开会周期、议事方式的略有不同。比如监狱罪犯奖惩审批委员会的主任必须是由监狱分管刑罚执行工作的领导担任、成员必然包括罪犯监管改造的所有科室,但是各省市监狱系统会因为监狱分管领导的不同导致审委会主任的具体人员不同,也会因为监狱机关科室设置的不同导致具体成员有所不同:有的省市监狱系统是监狱政委分管罪犯刑罚执行与改造工作,有的省市由一名副政委分管刑罚执行工作,有的省市则是由一名副监狱长分管刑罚执行工作,故而这些省市的监狱罪犯奖惩审批委员会分别是由监狱政委、副政委、副监狱长担任。此外,有的省市监狱系统是成立了刑罚执行科、狱内侦查科、心理矫治室,而有的省市没有成立这些科室,其职责由狱政管理科、教育改造科统一行使,所以有的省市监狱系统的罪犯奖惩审批委员会成员中有的刑罚执行科、狱内侦查科、心理矫治室等科室,有的省市监狱系统则没有这些科室。

2.监狱较长时期专项工作任务的组织机构设计。监狱是社会的一个微小单元,是国家暴力机器不可缺少的重要组成部分,更是中国共产党领导下的国家刑罚执行机关,因此,对于党和国家在全党、全国开展的专项工作,对于全社会都在主题建设,监狱也需要按时按要求积极开展。比如2018年1月,中共中央、国务院发出《关于开展扫黑除恶专项斗争的通知》,决定在全国开展为期三年的扫黑除恶专项斗争;①2018年11月,司法部监狱管理局确定北京、江西等11个省份为"智慧监狱"建设试点省份,继而拉开了全国"智慧监狱"建设的序幕;2019年5月13日,中共中央政治局召开会议,决定从2019年6月开始,在全党自上而下分两批开展"不忘初心、牢记使命"主题教育等。对于这些专项斗争、专项建设工作和主题教育活动,涉及人员和部门较多、时间跨度长、工作内容广,监狱需要由成立专门的协调机构来组织实施。

对于这类以完成某项工作、任务或活动为目标的非常设性组织机构,其实是为了通常是由监狱主要领导牵头,成立某某专项斗争或某某专项活动领导小组。故此,对于这类协调性、议事性的监狱管理机构,其组织结构的设计应是非实体性的,但它虽无编制却有职责,虽无具体岗位却有工作内容,于是通常会设计为"某某委员会""某某领导小组""某某建设或工作专班"等形式,

---

① 参见搜狐新闻:《持续三年的扫黑除恶,这些知识你应该懂!》,http://www.sohu.com/a/249871073_797188。

由监狱主要领导任组长(或主任)。监狱其他领导为副组长(或副主任),相关职能部门为成员单位,并且通常都要在主管这类业务、或与专项斗争等任务相近的科室设立办公室,由相关监狱领导任主任,该科室主要领导为常务副主任,该科室其他领导和其他相关科室为副主任,该科室其他人员以及其他相关科室人员为办公室成员。专项斗争、主题教育活动一结束、或专项建设工作任务一经完成,该组织机构即自行解散。

第九章 中国特色监狱管理
体制技术创新

近年来,信息技术蓬勃兴起,成为推动社会快速发展的主要力量,以人工智能、大数据、云计算、物联网技术为主流的信息技术引发了社会各领域的变革。党中央、国务院非常重视发展信息技术,在党的十八届五中全会中,把"信息化"提升到了国家战略的高度,并印发了《国家信息化发展战略纲要》。司法部深入贯彻网络强国战略思想,着力提高司法行政工作中的信息化水平和科技含量,并且提出了"数字法治、智慧司法"的信息化体系建设,形成"大平台共享、大系统共治、大数据慧治"的信息化新格局,为司法行政事业注入更强更持久的科技驱动力。① 信息技术在司法行政领域的应用和发展,必将引起监狱监管工作方式的变革,也进而会引起监狱管理体制的改革、创新和发展。本章主要以介绍监狱管理信息化技术为主,不仅介绍了当前已实现产品化的监狱安防监管各项智能技术,也对未来技术的整合及发展进行了展望,进而从技术的角度,探讨信息技术的应用和发展对监狱管理方法和体制的影响及变革。

---

① 参见司法部:《"数字法治、智慧司法"信息体系建设指导意见》,《中国司法》2018 年第 11 期。

第一节　无人值守的监狱安防监管技术

监狱安防监管技术是体现监狱信息化建设水平的一个重要方面,也是保障监狱监管安全的重要技术手段。司法部大力提倡建设"智慧监狱",将先进的信息技术引入到监狱中,把其打造成"智慧型监狱",从而加强监狱监管安全,提高罪犯矫正教育质量,减轻监狱干警的工作强度和压力。但是,当前监狱安防系统建设的过程中还存在以下问题:一是监控摄像头与监视器数量之间的不匹配。信息化现代监狱要求实现对监狱区域的视频监控全覆盖,则一所监狱安装的监控摄像头数量能够达到几千台,然而监控中心的监视器安装数量有限,不能显示全部摄像头的监控视频,同时值守人员更无法关注所有监视器内容。二是智能安防技术应用的缺乏或不完善。监狱信息化建设标准化工作统一复杂,基层监狱技术人员知识水平差异较大,难以完全了解智能化监控技术,导致智能技术无法发挥智能效用,且监狱智能监控发展不均衡,进程滞后。三是保障监狱信息化建设发展的措施不到位,智慧监狱的建设离"智慧型平安监狱"的规划目标还有一定差距。因此,必须从监狱管理工作的实际需求、阻碍监狱信息化不断发展的一些问题、监狱信息化发展的现有体系、信息化未来的重点发展方向等方面着手,建立并提出更加完整、安全可靠、可行实用的监狱智能监控体系、方案和标准,充分利用智能监控技术,逐步实现监狱监控安防无人值守的目标,满足现代监狱减轻基层干警工作压力、向科技要警力的迫切需求。

一、监狱应用智能视频监控技术的必要性

随着计算机技术的广泛应用和数字图像、人工智能技术的发展,视频监控技术也逐渐应用于监狱的安全管理工作中,并越来越受到重视。2007年,司法部在南京召开全国监狱信息化建设工作会议,主要提出应加快推进监狱信

息化建设步伐,进一步提高监狱刑罚执行的监管技术保障能力,提升监狱发展中信息技术的应用水平,并指明监狱信息化建设的主要任务,即"建设一个平台、一个标准体系、三个信息资源库、十个应用系统"。而"监狱安全防范和应急指挥系统"的建设是其中的一项重要内容。司法部于 2017 年 7 月先后印发了《"十三五"全国司法行政信息化发展规划》和《"十三五"全国司法行政科技创新规划》,并在《发展规划》中提出发展目标为"将云计算、物联网、大数据、人工智能等技术与司法行政工作高度融合"。2018 年,在司法部召开的全系统网络安全和信息化工作电视电话会议中,提出"加快'数字法治、智慧司法'"建设。目前,全国大部分省(区、市)建立了覆盖全省监狱的专用网及省级指挥中心,绝大多数监狱建成了视频监控系统,极大地减少了狱内各类违法违纪事件及重大安全事故的发生,增强了监狱的安全防控能力,起到维护监狱安全稳定的作用。

整个监狱安防系统的基础是视频监控技术,它将干警的视线范围进行延伸,实时监视所有在押人员的活动情况,同时又能够存储视频录像文件方便以后查询和取证。可以看出,视频监控技术是增强监狱监管功能,提高其防范水平的重要手段,在监督罪犯教育改造情况、及时发现狱内突发事件、预防恶性事件发生等方面都起到了极为重要的作用。传统的监控系统需要干警实时关注监控画面,才能及时发现问题。但是,随着监狱视频监控系统的日益发展,监控覆盖范围的增大,监控摄像机及监视画面也越来越多,传统视频监控系统的弊端也逐步凸显出来:(1)需监视画面过多无法兼顾。在监管区域内,为了实现监控无死角,布控了大量的监控摄像机,随之产生大量的需监视画面,一般采用画面轮询的视频监控方式,但值班干警无法实时监视所有监控图像,无法及时发现突发恶性事件,难以实现对事件的快速反应和处理。(2)人的注意力难以长时间集中。研究表明,成人能够保持注意力集中的时间为 60 分钟左右,而盯着视频画面、保持注意力最多 22 分钟,人们就会对忽视画面中 95%以上的活动物体。因此,依靠值班人员无法实现对监控画面的长时间监视,往往发生事故时不能及时发现,监控系统仅起到记录事件过程用于事后查证的功能。(3)视频记录查询困难。传统视频监控系统的视频记录只有时间标签和位置标签。视频监控系统中摄像机路数较多时,假如需要查询已发生事件的视频录像,且不知道具体时间或地点(如查找狱内脱管押犯),则工作人员面临对大量存储监控录像的人工播放查找,查询效率极低。

智能监控系统的利用计算机视觉、图像处理、模式识别、人工智能等多种视频智能分析技术,对场景中的图像信息进行分析,进而定位、识别感兴趣的目标或事件,实现人体特征识别、运动检测、目标跟踪、行为识别和理解等功能。它能够识别异常事件,准确定位事故现场区域及位置,能以最快的速度报警及进行设定的关联处置操作,从而使系统实现事前预警、事中处置、事后取证存档的实时、自动、不间断监控功能。因此,智能监控技术是目前以上问题的一种有效的技术手段。在监狱监管工作中应用智能监控技术,能够在一定程度上代替监控值班人员,根据检测功能全天候实时分析监控视频,一旦发现异常就会产生报警信号,提示值班人员及时处理。这样就能够解决监控画面过多,值班人员无法保证精神长时间集中的问题。另外,事件发生后,也能够根据报警时的记录和视频中的标签,结合视频检索功能,快速找到事发时的录像。监狱智能监控的实施,能够实现"向科技要警力"和"科技强警"的目标。

二、监狱主要区域划分

监狱是关押罪犯及对其实施改造的场所。当前监狱内部,按照其功能一般可以分为6类区域:民警行政办公区、罪犯生活区、罪犯劳动改造区、监狱安防周界区、禁闭关押区及狱内道路。

1. 民警办公区

民警行政办公区是监狱内民警办公、处理行政事务的建筑及场所,供监狱各机关科(室)工作人员、工勤人员及存放档案材料和警用器械使用,一般包括监狱领导及职能部门办公室、会议室等行政办公用房;也包括特殊业务用房,即警械装备库、总监控室、电化教育室、罪犯档案室、计算机室、器材存放室、检察院驻狱办公室等。

办公区根据所处地理位置,还可分为狱内办公区和狱外办公区。狱内办公区与罪犯生活区及罪犯生产区同处于监狱围墙内,对安全防范的要求较高。狱外办公区在监狱围墙之外,与在罪犯隔离,对安全防范的要求相对较低。

2. 罪犯生活区

罪犯生活区主要包括在押罪犯居住的监舍区,以及附属的狱内医院、食堂、澡堂、接见室、学习室、活动室及户外放风活动区等,是罪犯日常生活和休息的区域,为罪犯生活、学习和活动提供必要设施和条件。由于罪犯的起居、住宿、活动和教育都位于生活区,因此发生违禁、违法等突发事件的概率较大,是监狱视频监控系统的重点布防区域。

3. 罪犯劳动改造区

罪犯劳动改造区也叫厂区,一般为罪犯进行劳动改造,从事劳动生产的厂房等。《刑法》第四十六条规定,被判处有期徒刑、无期徒刑的犯罪分子,在监狱或者其他执行场所执行,凡有劳动能力的,都应当参加劳动,接受教育和改造。《监狱、劳改队管教工作细则》规定:"监狱的犯人,不准脱离武装看押,从事监外劳动,工业劳改队的犯人,原则上也不能脱离武装看押,到监外进行分散劳动。遇有特殊情况,需要使用少量犯人到监外劳动时,必须由干部带领。"因此,目前罪犯多在室内从事劳动改造的生产活动。罪犯劳动改造区也是在押犯驻留时间较长的区域,需重点防范厂区内发生突发违规事件及脱管、脱逃事件。

4. 监狱安防周界区

监狱安防周界区主要包括监狱之大门、围墙及其外围 10 米内的隔离区域。其中,监狱大门是监狱人员及物资出入的重要通道,也是将监狱之监管区域与外界隔离开,防止罪犯越狱逃跑的一道重要屏障,它承载狱内干警出入、车辆出入及探视家属出入的功能。《监狱建设标准》中指出狱门建设"应分设车辆通道、警察专用通道和家属会见专用通道,均应设二道门,且电动 AB 开闭,并应设带封顶的护栏""警察专用通道和家属会见专用通道应设门禁、安检系统;车辆通道两端应设防冲撞装置,通道顶部和地面应设监控、探测等安检装置"。狱门由驻狱武警与监狱干警共同值守。

监狱围墙是隔离监区内外的主要设施,具有防攀爬、防冲撞的功能,需防范罪犯攀爬越狱事件的发生,要求能及时发现并处置警情。围墙围界区域主要由钢筋混凝土结构墙体、岗楼、围墙上部高压电网、照明装置及围墙外侧警戒隔离带、防攀爬金属隔离网等组成。狱墙区域主要由驻狱武警负责警戒。驻狱武警除了需要在岗楼进行全天候的执勤警戒,还需要负责警戒隔离带的巡检任务。

5. 禁闭关押区

禁闭关押区主要由禁闭室构成,是惩罚狱内罪犯破坏监管秩序的关押场所。禁闭关押区必须位于监狱围墙内部,独立构成一区,与其他建筑物保持一定的间隔距离,内部设有警察值班室、禁闭监室、巡视专用通道、预审室、视频监控室。禁闭监室的室内高度不低于 3 米,单间使用面积不小于 6 平方米,不设电器开关及插座,只提供简单的休息及卫生设施,采用低压照明并设置安全防护罩。部分监狱禁闭室还安装了防撞软包材料、吸音材料和钢化玻璃天花板,以防止罪犯自杀、自残等情况的发生,并能够清楚地观察监室内情况。禁闭关押区的管理要求值班干警随时观察监室内的情况,杜绝管理事故的发生。

6. 狱内道路

狱内道路连接监狱内的各个区域,为车辆、民警和在押罪犯通行的道路,属于室外区域。《监狱法》规定罪犯的一切活动必须置于民警的直接控制之下,罪犯出工收工等活动,民警要亲自清点人数,整理队形,带去带回。在日常劳动和改造工作中,当需要少量罪犯在道路上活动时也需要民警带领看管,防止脱管脱逃事件的发生。

三、智能监控技术在监狱各监管区域的应用

由于监狱内各个区域的功能不同,造成在各区域内,民警的监管任务和重点也有区别。智能监控技术作为监管工作的有效辅助手段,在不同区域也要根据需求应用不同的智能技术。

1. 罪犯生活区中智能监控技术的应用

罪犯生活区是罪犯生活、休息、学习和运动娱乐的主要活动区域。在生活区的管理上,需要对罪犯在生活区的活动进行监管,保证正常的生活和学习秩序。一般每个监区的监舍都设有民警值班室,在罪犯集中回监舍休息期间,要求有民警在值班室值勤,防止罪犯脱管、打架斗殴、自杀等恶性事件的发生。但是,传统的值班监管方式,民警监管范围有限,在值班室内很难及时发现本监区的突发警情,更不能及时处理警情,有效防止恶性事件的发生。虽然很多监狱在监舍内安装了监控系统,实现了摄像机的全覆盖无死角,但面对大量的监控画面,值班民警也无法长时间集中注意力观察监控画面并及时发现警情。应用智能监控技术,能够解决以下问题:

(1)预防罪犯脱管、脱逃。一是监舍外围防脱逃功能:使用智能监控系统中的周界检测(绊线)功能,在监舍区建筑外围安装覆盖监舍周界区域的多个监控摄像机,并在监控画面中划定周界线,当有罪犯跨越周界线时,会触发监

控系统报警。二是监舍区内防脱管功能：在监舍区出入口和监舍楼出入口运用智能监控中的人脸识别技术及人流量统计功能，能够对出入监舍人员的身份、数量进行识别和记录，如发现非法出入人员，能够及时报警。这些功能结合门禁系统，能够有效防止罪犯串监、脱管等情况的发生。

（2）预防监舍区违规、违法行为的发生。针对监舍区内易发生的打架斗殴事件，使用智能监控中的人体异常行为识别技术和人员聚集检测技术，可以及时发现打架事件和人员非正常聚集情况，并触发报警。针对突发疾病、民警遇袭、罪犯自杀导致身体倒地的行为，也可以使用人体行为识别技术检测人体摔倒的情况，及时发出警报。

（3）预防室外火灾。监舍区属于人员高度集中区，需要防止火灾的发生。在监舍内可以安装烟感探测器，及时发现并扑灭火源。但是，烟感探测器不能安装于室外，室外火源有时难以及时发现，从而导致火势蔓延，引起火灾，造成巨大的人员和财产损失。采用智能监控中的烟火检测技术，能够及时发现室外监控区域内的火源、烟雾，通过及时报警，能够预防火灾的发生，避免造成巨大的损失。

2. 罪犯劳动改造区中智能监控技术的应用

罪犯劳动改造区主要是罪犯进行劳动改造的工作场所，包括厂区、厂房的室内环境，部分厂区有室外院落。厂区内一般设有民警办公室、值班室（岗亭），在工作时间有多名干警执勤。在休息时间，要求厂区封闭，不允许人员尤其是罪犯出入。根据监狱内生产加工产品的不同，厂区的布局和生产设备也不相同，很可能会造成视觉上的死角区，给监管工作带来不便。使用视频监控系统可以消除死角区，而使用智能监控技术可以辅助值班民警及时发现警情，提高监管安全。在劳动改造区，除了需要预防罪犯脱管、脱逃外，还需要预防可能出现的多种违规行为，并要防止具有一定危险性劳动工具的丢失等问题。在罪犯劳动改造区域安装这些智能管控技术，主要有如下功用：

（1）厂区内预防脱管。在监区厂房内，可以使用区域入侵检测功能，在摄像机的视场范围内，对容易脱逃厂房的窗户、排风口等薄弱区域，按照其形状划定警戒区域，当罪犯要通过这些区域脱逃时，由于闯入了警戒区域，会触发报警。画一条虚拟警戒线在视频画面中，一旦有人出现在监控视频画面中，或者车辆、其他物体穿越这条虚拟警戒线，系统后发现会发出报警信号，系统日志自动记录报警时间及报警事件，抓取并保存报警图像。跨越警戒线可以分为单向跨越与双向跨越，单向跨越规定如果从某一个固定的方向跨越警戒线后会产生报警信号，而从另外一个方向跨越警戒线则不会。当服刑人员有异常行为时，比如穿越警戒线或者围墙、进入禁区等，智能视频分析系统就会发出报警信号，并将信号发送给值班警察。

（2）辅助点名及身份识别。罪犯在厂区劳动时，需要干警定时集合点名，在厂区大门处安装监控摄像机，利用人流量统计和人脸识别技术，能够记录经过大门的人数和身份，从而实现辅助干警点名的功能。

（3）预防厂区内各种突发事件。针对厂区内可能发生的打架斗殴、袭警等暴力行为，可以应用人体行为识别技术及时发现并发出警报。对于罪犯非正常聚集、在干警办公室外徘徊等行为，利用人员聚集检测和徘徊检测技术发出报警，可以预防一些恶性事件的发生。在监所中的生产生活场所如果有一定数量的人员聚集，智能行为分析系统会发出警报信号，并发送给值班狱警，监控中心立刻与现场人员取得联系，并进行甄别处置，将可能出现的不正常情况消灭在最初状态，保证监所和犯人的安全。对于一些监所内部的指定区域或者位于监所外围的其他地方，系统可以对可疑人、物体或车辆进行检测，不允许其长期停留在指定的区域，当徘徊时间达到并超过预设值时，系统会发出报警信号。智能分析系统则会分析该类行为，并产生报警信号，马上与现场人员取得联系并进行甄别处置，防止异常情况发生。

利用人员摔倒检测技术，可以防止由于遇袭、疾病倒地，而无人发现的情况。当检测到人员自杀或自残倒地，且超过设定时间，系统报警。在劳动改造区室外,也可以利用烟火检测技术预防火灾的发生。

(4)预防危险工具丢失。根据劳动改造中生产加工的产品类型和工作类型不同,罪犯不可避免地会接触到一些具有一定危害性的劳动工具,在劳动使用时需要民警着重监管,防止非法使用和丢失,在收工时要对工具进行清点,防止丢失。使用智能监控中的物品丢失侦测技术,可以对视场内放置的危险劳动工具进行监控,当发现工具被移动时提示值班民警注意。AB 门作为监所内核心进出口,对人员和车辆进出核查是监所管理内重要环节之一。对于 AB 门通道内,各种物件的弃置遗留,是智能视觉分析核心工作内容,针对 AB 门内 7×24 小时的不间断分析,可以准确实时发现是否有危险物件遗留,并产生报警提醒。

3. 监狱安防周界区中智能监控技术的应用

监狱的大门和围墙是监狱实现隔离关押罪犯,防止罪犯脱逃的一道重要屏障,也具有最为严密的安全措施。监狱的大门由驻狱武警和监狱民警共同值守,而监狱围墙主要由武警守卫。由于大门承载人员和车辆出入的功能,因此需要对出入人员和车辆进行严格的检查,防止违禁品夹带进入监狱、罪犯伪装、隐藏混出监狱等情况的发生。监狱围墙部分虽有高大、光滑的墙体和电网等防脱逃设施,也需要对狱墙内外的隔离警戒区进行监视,阻止无关人员进入监狱围墙警戒区内,防止意图攀越、破坏狱墙的情况发生。

(1)监狱大门区安全防范及检查。监狱大门区一般由车辆通道、民警出入通道和探视人员通道构成,设有二道至三道门,以门禁中的 AB 门方式控制狱门的开闭,即人员、车辆通过时,首先开 A 门把人员车辆放行进入检查区,然后关闭 A 门,进行检查后再开启 B 门进入监狱内部。目前,多数监狱在大门处安装有视频监控系统,辅助监视和记录监狱大门内外情况和人员车辆出入情况;在高点和地面安装监控摄像机,辅助检查车辆顶部和底部有无藏匿人员等。而运用智能监控技术能够实现更多的功能。

①出入车辆自动识别及测速。接近监狱大门的车辆必须及时减速,值班民警及武警也要预防车辆高速闯门的情况发生,但有时值班人员并不能及时发现高速驶近车辆。智能监控中的测速功能,根据监控画面中的车辆运动情况,能够准确地测定驶近车辆车速,如有超过规定速度的情况能够及时发出警报。另外,对于出入的车辆信息和通行时间需要进行记录,目前多为民警在记录表中进行登记,运用智能监控中的车辆识别技术,可以对车辆颜色、牌照进行自动识别和存储,并记录下车辆出入时间。

②通道内人员逆行检测。AB 门间人员出入通道一般分开,并且进出通道相互隔离,人员只能单一方向通行,不能逆行。使用逆行检测功能,可以利用监控摄像机及时发现通道内逆行人员,并发出报警提醒值班人员注意。

③出入人员身份识别及记录。在监狱大门区民警出入通道,需要对出入民警身份进行识别并记录出入时间。结合门禁系统对民警身份进行识别可以应用多种识别技术,如指纹识别、人眼虹膜识别、RFID 身份卡识别等,但是智能监控技术中的人脸识别技术具有识别率高、非接触、防伪造等优势,能够准确地识别民警身份并记录出入时间。另外,在家属探视出入通道,使用人脸识别技术,在家属进入时采集人脸图像,当家属探视结束离开时,对人脸识别以确认身份,并记录探视时间。

④狱门区遗留物品检测。在高戒备等级监狱,还要防止犯罪分子对狱门进行破坏。运用智能监控中遗留物品检测功能,能够及时发现遗留在狱门内外及探视通道内的物品,及时发出报警,防止可能出现的爆炸物对狱门的破坏。

(2)狱墙区的安全防范。狱墙区域的日常安全防范主要是防止人员闯入警戒区及攀爬狱墙。在狱墙内外安装以 50—100 米的间距安装监控摄像机,并使用区域入侵检测功能,把狱墙警戒区设定为禁入区域,当有人员进入警戒区时触发报警;使用人体行为检测功能,当有人攀爬狱墙时,也会触发报警。

除使用视频监控系统外,狱墙区域也可以使用其他安防技术,如感应电缆、红外对射电子围栏等。感应电缆铺设于狱墙周界的地面下,当有人员跨过电缆上方时,电缆感应到人体,触发报警;但值班人员可能无法及时观察到报警处的现场情况。红外对射电子围栏立于围墙及地面上,当有人员阻断红外射线时触发报警;但容易受雨、雾天气及动物的影响,产生误报。为了保障监管安全,可以结合使用多种技术,以提高报警正确率并降低误报率。

此外,为了防止狱外人员投掷违禁品到狱内,也可以使用遗留物检测技术,及时发现投掷进来的违禁品并发出警报。

4.禁闭关押区中智能监控技术的应用

禁闭关押区是以关禁闭的方式惩罚狱内违反规定罪犯的独立区域,其区域周界也设有警戒区,其他罪犯不得进入警戒区范围内。禁闭关押区内设有民警值班室,用于看管罪犯干警执勤场所,禁闭室空间较为狭小,一般室内都安装有监控摄像机,用于随时监看室内罪犯情况。禁闭室天花板一般为透明、防爆的钢化玻璃,民警可以在上面进行巡逻,随时查看室内情况。对禁闭室内罪犯的监管,主要是保证其健康并防止自杀等事件的发生。

针对禁闭关押区周界和入口处的安全防范,可以采用周界检测功能防止无关人员进入周界警戒区,采用人脸识别功能对入口出入人员信息进行记录。针对禁闭室内的安全防范,可以使用行为识别中的摔倒检测技术,对禁闭室内罪犯的非正常倒地行为进行识别和报警。

5.狱内道路中智能监控技术的应用

狱内道路空间广阔,难于安排警力对道路进行监管和巡视,是监狱中较难监管的区域。因此,一些发生于道路上的违规、违法事件也一般较难及时发现。目前,部分监狱在狱内道路安装了监控摄像机和高速球型摄像机,用以实时监测道路情况,但是当监狱面积较大、道路较长时,摄像机数量较多,值班民警在众多监控画面中难以及时发现警情。并且,当狱内出现脱管事件时(罪犯脱离民警监管,在狱内活动伺机越狱),需要人工查找道路监控录像以获得其活动轨迹,耗费时间长,容易错过最佳搜捕时间,导致罪犯越狱、劫持等恶性事件的发生。应用智能监控技术能够检测和识别多种警情,以便提示民警发现和及时处理警情。

(1)道路重点目标追踪。针对狱内道路中出现的重点监管对象和可疑人员,可以使用智能监控中的目标追踪功能,能够联合系统中的所有不同类型摄像机,对目标进行连续追踪,并可以结合电子地图形成其活动路径图。

(2)偏移路径报警。在狱内活动的罪犯要求必须由民警带队监管,但是人数较多时,难免有监管不到位的情况发生。可以应用智能监控中的绊线功能,在监控画面中的道路两侧设置报警绊线,并对跨线方向进行设定,当有罪犯偏离道路范围,穿越绊线到道路之外时,监控系统发出警报,提醒值班民警注意。

(3)车辆追踪及测速。当有业务车辆需要进入监狱时,要求对车辆进行全面检查,在监狱内行驶时由相关监区民警带进带出。应用智能监控技术中的目标追踪技术,可以对狱内行驶的汽车进行识别和追踪,绘制汽车行驶路径,并检测其行驶的速度。当汽车速度过快或者偏离规定路径时,系统会发出报警。

(4)运动目标的监控视频检索。在狱内发生罪犯脱管、脱逃事件时,需要尽快确定罪犯的活动路线。狱内安防建设达到监控系统全覆盖的情况下,监控视频记录是获得罪犯活动路径的可靠方式,尤其是狱内道路的监控视频录像。但是,如果采用传统人工浏览录像的方法,查找时间长、效率低,也容易贻误最佳搜捕时间。应用智能监控技术中的运动目标视频检索功能,可以根据脱逃罪犯的一幅图像或一小段视频作为检索目标,输入智能监控系统后,系统自动对其存储的多路摄像机、大量视频进行快速的分析和对比,从而能够在视频中标示出罪犯是否出现及出现的时间,甚至能够结合电子地图自动生成罪犯逃脱路径。

6.监狱办公区中智能监控技术的应用

目前监狱办公区一般分为两种情况:狱外办公区和狱内办公区,主要指办公区是位于监狱狱墙外部还是狱墙内部。根据所处位置不同,需要不同的安全防卫级别。以狱内办公区的职能监控技术为例,由于它与罪犯活动的监舍区、厂区同处于监狱围墙内,因此发生危险情况的可能性较大,需要对办公区周界、人员出入情况进行警戒和记录。可以采用门禁与智能监控系统相结合的方式进行安全防卫。

(1)办公区周界的安全防范。在办公区周界隔离围墙上安装监控摄像机,使用入侵检测功能对围墙周界设置警戒区域,当有人翻越围墙闯入警戒区域时,触发报警。针对可能有人投掷易燃、易爆物品进入办公区外围的情况,使用投掷物品检测和烟火检测功能用以预防和报警。

(2)办公区出入人员安全防范。结合门禁系统和身份识别技术,可以对出入人员的身份进行限制和检查。具体可以使用指纹识别、虹膜识别、RFID识别卡和人脸识别等技术,结合门禁控制系统,对出入人员身份进行检查和记录。在办公区域门口可以使用人群聚集检测和徘徊检测技术,及时发现可疑人员及行为。在门禁通道区域可以采用逆行检测防止违规出入的情况发生。

(3)办公区域内的安全防范。在办公区域内,主要是确保民警的人身安全,防止罪犯袭警事件的发生。应用职能监控中的激烈动作行为检测和摔倒检测,可以及时发现攻击行为和人员倒地行为,以保障民警的人身安全。此外,还可以采用设置有线或无线报警按钮的方式,使民警发现异常情况时能够及时发出警报。

综上所述,在监狱各个区域广泛应用智能监控技术,通过建立智慧监控数据中心,并且与民警的智能终端(专用智能手机或平板电脑)相连接,能够逐步构建形成无人值守的监狱智能监控系统,针对监狱各区域监管要求和异常事件特点,无人值守的智能监控系统能够自动分析和检测各类异常人员、行为和事件,自动向监控中心报警,并把警情自动推送到值班民警的智能终端上,及时提示民警进行现场处置。如遇重大紧急事件,能够启动相关应急处理预案,协助指挥人员进行决策和调配警力,提高监狱对突发事件的应急处理能力。只有逐步发展和实现无人值守的智能监控系统,才能够真正实现科技强警的目标。

四、基于 RFID、GPS 的物联网技术:实时定位和追踪

物联网是指在计算机互联网的基础上,利用传感器、无限通信技术、视频识别技术(RFID 技术)等技术构造的一个物物相连的网络。物联网概念的提出,打破了传统的思维方式,是智慧城市建设的核心技术之一,必将成为智慧星球的组成部分。自动识别技术是以电子技术、通信技术、计算机技术的发展为基础的综合性科学技术,它分为条码识别技术、磁卡识别技术、IC 卡识别技术、RFID 识别技术。RFID 技术优于传统的自动识别技术,它具有非接触性、读取速度快、不受环境干扰、便于使用等优点,还具有防冲撞功能,能同时处理多张电子标签。

完整的 RFID 系统由 RFID 电子标签、RFID 读写器、(中间件)、后台应用管理系统组成。按照电子标签的供电方式,RFID 电子标签分为主动标签和被动标签两种,对应的系统就分为有源 RFID 系统和无源 RFID 系统,有源系统中的主动标签由于其自己有能量提供,因此无需传感器提供能量,读写距离远,成本高。无源系统中的被动标签的能量从读写器产生的磁场中获得,读写距离很近,成本很低;按照耦合方式,可以分为电感耦合系统和电磁反向散射耦合系统,电感耦合系统中,读写器和电子标签之间的射频信号的发射与接收模式为变压器模型,通过空间高频交变磁场实现耦合,该系统的依据是电磁感应定律。该方式一般用于工作频率为中、低频率的近距离射频识别系统。电磁反向散射耦合系统中,读写器和电子标签之间的射频信号的发射与接收模式为雷达原理模型,发射出去的电磁波,碰到目标后被反射,同时返回时携带

目标信息。电磁反向散射耦合系统一般适用于工作频率为高频、微波的远距离射频识别系统;按照读写器发送的频率或者系统的工作频率进行分类,可以分为低频系统、高频系统、超高频系统、微波系统。低频系统的工作频率范围为30—300KHz,常见工作频率有125KHz和133KHz。低频系统中一般为无源标签,通过电感耦合方式从阅读器耦合线圈的辐射近场中获得工作能量,低频标签与阅读器之间进行通信时,低频标签必须位于阅读器天线辐射的近场区内。典型应用有:动物识别、容器识别、工具识别、电子闭锁防盗(带有内置应答器的汽车钥匙)等。低频标签的阅读距离一般情况下小于1米。高频系统的工作频率一般为3—30MHz,典型工作频率有6.75MHz、13.56MHz和27.125MHz。高频系统中一般为无源标签,通过电感耦合方式从阅读器耦合线圈的辐射近场中获得工作能量,高频标签与阅读器之间进行通信时,高频标签必须位于阅读器天线辐射的近场区内。典型应用包括电子车票、电子身份证、电子闭锁防盗(电子遥控门锁控制器)等。高频标签可方便地做成卡状。高频标签的阅读距离一般情况下小于1米。微波系统的工作频率大于300MHz,典型工作频率有433.92MHz、862(902)—928MHz、2.45GHz和5.8GHz。典型应用包括移动车辆识别、电子身份证、仓储物流应用、电子闭锁防盗(电子遥控门锁控制器)等。GPS技术被称为全球定位系统,完整的GPS系统由空间星座、地面控制和用户设备三部分构成的。

在监狱生产生活场所,每个犯人佩戴RFID电子标签,标签信息会被附近的读写器读取,每个定位区域的读写器会时时检测每个采集到的标签信息,然后将检测到的RFID电子标签信息上传到服务器。因为每个读写器所处的物理位置不同,所以同一个电子标签不同的读写器检测到的电子标签信号强度是不一样的。定位系统通过每个读写器检测到的每个电子标签不同的场强大小进行数据分析,来判断RFID电子标签当前所在区域位置,实现定位追踪功能。同时由GPS模块和移动通信模块构成的定位系统,将GPS模块获得的罪犯定位数据通过移动通信模块(GSM/GPRS网络)传至管理系统的服务器上,从而可以在电脑或手机上定位并追踪罪犯在监所的具体位置。

超高频 RFID 技术阅读距离范围是 3 米到 10 米之间,可以同时读取多个电子标签的信息,读取速度更快。给每个罪犯佩戴超高频 UHF RFID 技术的个人腕带。如果罪犯的活动区域超出了管控范围,系统会及时发出警报,警告罪犯,并给离罪犯最近的民警发去提示信息,使其能在最短时间赶到。RFID 腕带可以无数次新增、修改、删掉电子标签里面储存的数据,方便罪犯相关信息的更新。RFID 腕带通过其内部的 RFID 标签接收和反馈相关信息,还可以进行加密保护,使得手环存储的罪犯相关信息得到有效的保护,不易被泄露,对信息安全提供了保障。

第二节　基于大数据的犯罪智能分析和预测技术

随着物联网、云计算等信息技术的发展,海量的数据信息被采集到信息系统中,世界已经进入大数据时代,全球已经展开挖掘与应用大数据潜在价值的竞赛。目前,欧美发达国家都已构建了基于大数据的犯罪分析系统,应用数据分析、数据挖掘方法对海量犯罪数据进行分析,标注犯罪高发区域,寻找犯罪模式的共性及与社会、经济、家庭间的关系,从而预防和减少犯罪案件的发生,并为案件侦破提供辅助决策,达到减少犯罪率、维护社会稳定的目的。在监狱罪犯管理方面,主要应用大数据技术结合犯罪危险性评估工具,对罪犯的危险性进行评估,辅助用于监狱日常的监管、罪犯精神疾病的诊断和矫止治疗、罪犯假释的评估等方面的工作。近几年,我国也着重发展云计算、大数据技术,习近平总书记曾多次提到要发展和应用大数据技术,公安部"金盾工程"也应用数据挖掘技术辅助案件侦破和决策。司法部大力推进监狱信息化建设,注重提高监狱的信息化水平和科技含量,在"数字法治、智慧司法"的信息化体系建设下,着力打造"智慧监狱"。2019 年 4 月,司法部在江苏宜兴召开"智慧监狱"建设全面推进会,为全国首批 33 个部级"智慧监狱示范单位"命名并颁发证书,并提出"要求全国监狱切实增强全面推进智慧监狱建设的责任感和紧迫感,充分发挥示范单位的引领作用,确保实现总体奋斗目标。要切实加强组织领导,积极筹措建设资金,努力造就一支高素质的信息技术人才队伍,全面推进智慧监狱建设"[1]。运用大数据技术对罪犯进行分析是智慧监狱中的一项重要组成部分,也是辅助监狱进行精准监管和个性化矫正教育的重要支撑。但是,我国对基于大数据的犯罪分析和预测技术仍存在一些差距和不足。

首先,数据类型庞杂,不利于数字化的分析和挖掘。目前的研究,犯罪信息和数据主要来源于公安系统,信息类型包括犯罪嫌疑人个人信息、案件信息、侦查信息和犯罪证据信息等,类型多样、庞杂,不利于信息的规范化、结构化和数字化,为进一步的数据挖掘和分析带来了很大困难。而司法系统(主要为监狱)中,罪犯信息规整、全面,易于信息的数字化,而且都已经过法院审判、量刑,也便于根据审判结果和刑期进行聚类等,更易于分析犯罪规律和模式。

其次,传统的数据挖掘方法主要利用回归、聚类等方法分析数据间的联系,并结合时间和空间信息,采用时—空域分析方法进行数据挖掘,以获得犯罪高发时间、地点、人物身份等规律性信息。但是,这些方法一般建立在数据的关联性或主观分析倾向的基础上,如犯罪地点的关联、时间段的关联、犯罪类型的关联、案件中犯罪嫌疑人的关联,以及首先主观认定可能的分析方向,再设计方法对其进行分析验证;导致一些潜在的规律难以发现,对于跨犯罪类型、跨区域、跨时间的数据也难以达到有效地挖掘和分析。因此,需要脱离主观因素,研究对于多维度综合性犯罪信息的共性规律数据挖掘方法,以更有效地深入分析数据,探索和发现潜在的新规律和新模式。

综上所述,采用司法系统罪犯档案信息,研究基于司法大数据的犯罪模式

---

① 司法部政府网:《司法部:充分发挥标杆示范作用全面推进智慧监狱建设》,http://www.moj.gov.cn/news/content/2019-04/04/bnyw_232049.html,2019。

分析及预测方法,并深入研究基于多维度犯罪信息的聚类分析策略,探索犯罪模式及模型,构建大数据犯罪分析及预测系统,无论对于理论研究还是监狱实际应用,都有着十分重要的研究意义。

一、罪犯行为模式分析及预测

首先采用数字编码、高频关键词提取等方法数字化暴力罪犯档案,并存储于大数据系统平台的数据库中;在此基础上,针对高维数据信息,通过设计基于多任务学习的稀疏支持向量机算法分析犯罪类型间的联系,并采用 k 均值、关联规则算法对数据进行分析;进而结合关键词信息、地理信息系统及犯罪心理专家系统,利用可视分析方法对每种暴力犯罪构建暴力犯罪行为模型,并形成模型库;最后,设计多侧面交互图形化用户界面,并根据不同的应用设计相应的视图。具体过程如下:(1)针对罪犯档案中的非数值关键信息,采用数字编码的方法映射为数字信息;针对案件细节信息,根据不同的案件类型,采用PAT TREE 算法[1]统计高频关键词汇,提取关键词用于进一步的数据分析;(2)针对数字信息,构造基于多任务学习结构的稀疏支持向量机算法,分析高维犯罪类型间数据;采用 K 均值算法对犯罪类型内数据聚类,采用 Apriori 关联规则算法[2]分析数据间的关联性,对比各算法对犯罪数据分析的效果,确定算法优势及应用范围,综合运用三种算法多角度、多层面挖掘数据间的关系和规律;(3)利用数据分析结果及高频关键词汇,结合犯罪心理专家分析及地理信息系统,采用可视分析方法中的网络可视化、时空数据可视化、多维数据可视化方法分析数据,并从事件发生的 6 种要素信息(Why、How、What、Where、When、Who)构建多层任务模型,实现多层面、多维度、多分辨率的数据挖掘;

---

① Chien L F. "PAT-tree-based adaptive keyphrase extraction for intelligent Chinese information retrieval". *Information Processing & Management*, 1999, 35(4): 501-521.

② Yu H. "Apriori algorithm optimization based on Spark platform under big data". *Microprocessors and Microsystems*, 2021, 80: 103528.

(4)利用各种数据挖掘结果,针对各种暴力犯罪类型,分析犯罪行为模式及规律,进一步根据每种犯罪类型的行为模式,构造一种或多种犯罪行为模型,形成犯罪行为模型库,用于分析预测犯罪嫌疑人行为、辅助侦破案件、预测高危区域及人群等;(5)图形化用户界面,根据用户需求及应用方向设计相应的视图,采用图形化用户界面,形象地展示分析结果,增强系统的友好性和易用性。

二、罪犯心理辅助分析

罪犯犯罪行为是在社会活动过程中形成的,是他们本人的因素和社会因素相结合的产物,不是天生的。我国现行犯罪心理学的理论论述了从罪犯的生活环境、犯罪心理、犯罪行为的发展和演进过程,形成了犯罪环境、犯罪心理、犯罪行为的理论模式。要分析罪犯心理,就需从罪犯个性因素与环境因素两个方面进行分析。

1.犯罪者的个性因素

个性是指一个人"具有一定倾向性的心理特征的总和"。不同的社会环境,必然会在每个人的需求、兴趣、能力、气质、性格等各方面产生与其他人不同的特征,形成自己所独有的性格。而这种内在性的特征恰恰可能通过个体自身的行为展现出来,并通过一定的形式遗留下来,被我们所发现。犯罪者的这些个性特征一方面来自犯罪现场的外在的物质痕迹,包括犯罪人的语言、行为习惯的无意识的流露等信息;另一方面来自犯罪现场的隐形的信息。

2.犯罪者犯罪的环境因素

犯罪心理学家杜立奥说:"人的社会性缺陷,是人产生犯罪心理的根源。这种人的社会性缺陷的形成,并不是由于他个人的缺点,而是不同环境与不同遭遇的产物。"如果周围存在不好的环境,并且已经形成个性的消极特征,那就为犯罪者犯罪提供了有利的土壤。环境因素,可以分为宏观环境与微观环境。宏观环境是指社会环境、人文环境、自然环境、教育文化等,其中包括外来的思想意识。败坏了的社会风气,低下的道德与文化水平,薄弱的社会教育工作,落后的生产力,困难的就业状况,等等,这些都会动摇犯罪者的世界观,从而违法犯罪。微观环境指的是犯罪者的家庭条件、经济状况、职业环境、结交朋友的情况、学校环境等。科学的心理学,坚持外因与内因、客观因素与主观因素辩证统一的原则,并用这个原则对具体的行为进行分析。外在不良因素也只有在罪犯本身产生了错误的人生观和信仰,才会推动其犯罪的心理和行为,从而巩固和发展其犯罪的心理,最后导致其犯罪。

罪犯在监狱中改造,需要对其进行矫正教育、心理辅导。根据罪犯的犯罪特点对其进行评估,评估的流程如下:①根据监狱实际确定预测的目的及方向。监狱实际中的预测目的通常有罪犯暴力危险性预测、罪犯自杀危险性预测以及罪犯非暴力危险性如盗窃、诈骗等的重新犯罪预测。预测方向可以分为两种:一种是预测狱内犯罪或评估某些罪犯的心理,帮助狱内案件确立侦察方向;另一种是为社区矫正提供依据,主要针对即将刑满释放的服刑人员。②设计评估或预测方案。危险性评估或预测方案根据预测目的的不同而不同。方案的设计可根据具体评估内容的格式和程序来进行。危险性评估方案的制定,也基于不同的理论基础。③收集该服刑人员的信息。预测需要大量的信息,需要由狱政科、教育科、罪犯所在监区和分监区的监狱人民警察提供,由心理矫正和心理预测的专业人员,通过观察分析、问卷调查、访谈、心理测试、心理生理学测量等手段收集必要信息。④整理分析资料。统计学方法和统计学软件的运用,能用数据说明整体趋势、个体的离中状况,但不用忽略行为观察和面谈评估的作用。这里区分为两种类型的分析:一类是描述性分析;另一类是基于研究假设和所收集的数据,做出推论性分析。⑤做出预测报告。预测报告的内容应包括罪犯基本情况,罪犯的静态危险性因素、动态危险性因素,心理生理学评估、面谈和心理测试的结果等,最后做出危险性等级预测、某个项目的专门预测(如自杀、凶杀、袭警等风险)。⑥提出预防建议。在预测结束时,评估者应根据预测结果,为罪犯所在监区或即将移交的监狱或监区提出防范性建议,并及时将预测报告与防范建议反馈给监狱领导及相关的部门领导。理想的防范建议应有定期回访,以便评估者不断校正自己的评估方法和评估工具。

三、罪犯情绪跟踪及分析

罪犯在监内的违规违纪、狱内又犯罪,时常与他们的负性情绪有关,负性情绪又往往导致他们回归社会后适应不良,并且易诱发其重新犯罪,因此,在监狱心理矫治工作中,引导罪犯正确地宣泄负性情绪,成为监狱心理咨询师的重要职责。监狱心理矫治工作人员,要正确认识负性情绪宣泄的重要意义,积极探索罪犯负性情绪宣泄的途径,帮助他们调适自己的情绪,使他们能够更好地适应社会。

一般的心理危机处置包括三个方面:通过稳定当事人的情绪实施心理急救;然后通过放松训练或晤谈技术,帮助当事人进行行为调整;最后通过情绪减压、哀伤辅导等,帮助当事人进行认知调整。

在监狱的矫正工作中,定期对罪犯进行心理辅导,统计相关数据,并进行分析,降低因情绪引起的犯罪的几率。

四、犯罪危险性智能分析及评估

犯罪危险性评估的研究,根据被评估者是否具有犯罪记录可以划分为:初犯罪危险性评估和再犯罪危险性评估两方面。其中,初犯罪危险性评估主要应用于犯罪预防方面,基于大数据在预防犯罪方面的研究,国外起步较早。2011 年,纽约市警察局推出了基于大数据的犯罪预防与反恐技术——领域感知系统(Domain Awareness System)。[1] 它能快速混合与分析从约三千台闭路

---

① 参见中国安防:《纽约市警察局与微软公司合作部署犯罪监控预防系统》,《中国安防》2012 年第 11 期。

摄像机、911 呼叫记录、车牌识别器、辐射传感器以及历史犯罪记录中获取的实时数据,并结合地理信息系统将犯罪记录以时间先后顺序按地理空间映射出来,以揭示犯罪模式。洛杉矶、亚特兰大、西雅图等大城市警方也已成功运用大数据项目预防和打击诸如抢劫、枪击、贩毒等犯罪。英国、法国、西班牙等欧洲国家警方也开始使用这种科学预测方式打击犯罪。在我国,公安部门根据其"金盾工程"内的数据,结合警用地理信息系统(PGIS),也在少量地市实施了大数据分析在打击犯罪方面的应用。如:北京市怀柔区警方运用大数据、结合历年案件信息,建立犯罪数据分析和趋势预测系统,实现并完成了 APEC 期间的安保工作。①

再罪犯危险性评估方面,由于主要针对已犯罪人员的危险性进行研究和评估,因此主要应用于司法行政领域,针对监狱在押人员的监管安全分析评估,以及对拟假释和社区矫正人员的危险性评估等方面。在国外的研究方面,美国作为信息技术发展的高地,对再犯罪危险性评估技术和系统研究较早。美国刑事司法体系中,对于犯罪风险评估工具的研究和应用,大致经历了 4 代的迭代更新:第一代评估工具为 20 世纪前半叶,采用刑事裁判者和相关专业人员的专业知识、裁判经验、临床诊断以及访谈等经验方法对罪犯的再犯罪风险进行评估;第二代评估工具为 20 世纪 70 年代,依靠精算方法和循证方法对再犯罪风险进行评估,依此开发的风险评估工具有"暴力犯罪评估指南"(Violence Risk Appraisal Guide,简称 VRAG)和联邦审前风险评估系统(Pre-trial Risk Assessment tool,简称 PTRA),评价系统虽更加科学、客观,但由于缺少动态风险因子,灵活性和准确性还不足;第三代评估工具的出现为 20 世纪 70 年代晚期至 80 年代初期,使用的评估工具引入了动态风险因子,主要包括:HCR-20 量表(The Historical, Clinical, and Risk management violence risk assessment)和 LSI-R 量表(The Level of Service Inventory-Revised)及相应的分

① 参见人民网:《北京警方利用大数据预测犯罪趋势》,http://scitech.people.com.cn/n/2014/0618/c1057-25165614.html.2014。

析系统。这些工具风险因子涵盖广泛,评估准确性有了大幅提高,应用较为广泛;第四代风险评估工具 COMPAS（The Correctional Offender Management Profile for Alternative Sanctions）系统①是目前美国司法系统正在普遍应用的犯罪风险评估系统,COMPAS 主要包括两个风险预测模型:一般再犯风险预测和暴力犯罪再犯风险预测,此外还有风险筛选模型以及审前释放风险预估模型等。因此,此系统可以提供暴力犯罪风险估值、再犯风险估值、不到庭估值、社区矫正风险估值。此外,COMPAS 的独特之处在于它能够提供罪犯的犯罪行为画像,涵盖了关于罪犯的犯罪前科,主观恶性以及罪犯所处的社会环境等信息。②

我国在再犯罪风险评估方面的研究较为落后,但近年来随着我国大数据和人工智能技术的发展,再犯罪风险评估工具和系统的研究和使用也逐步向着纵深发展。近几年,全国多所监狱都使用量表进行罪犯危险性评估,如浙江省十里丰监狱使用的"罪犯再犯风险自评量表",江西省赣州监狱使用的"罪犯狱内危险等级评估量表",上海市南汇监狱使用的"罪犯自杀风险评估量表",江苏省监狱管理局应用的"罪犯狱内危险评估(J3C)工具"等。③ 广东省监狱管理局通过采集自杀危险性量表、再犯罪危险性量表和逃脱危险性量表的评估结果,结合狱政管理数据、劳动改造数据、教育改造数据等 9 类数据,利用 K-mean 算法以及结构方程分析处理方法,初步构建了一套广东监狱罪犯"多维交互危险性评估系统"（Multidimensionalinteractive risk assessment system,简称 MIRAS）,为认识罪犯、甄别危险、实现重点管控、提升罪犯改造质量提供了较为科学的参考依据。④

① See Zhiyuan Lin,Jongbin Jung,"Sharad Goel,Jennifer Skeem.The limits of human predictions of recidivism".*Science Advances*,2020,6(7).

② 参见卫晨曙:《美国刑事司法人工智能应用评价》,《山西警察学院学报》2020 年第 4 期。

③ 参见吕辉:《基于大数据技术的罪犯危险性评估方法研究》,《犯罪与改造研究》2020 年第 8 期。

④ 参见陈志文、黄东荣、周竹:《罪犯危险性评估系统工具研发与实践——以广东监狱为例》,《犯罪与改造研究》2019 年第 8 期。

在大数据分析技术在犯罪危险性预测的应用研究方面,司法行政再犯罪研究可以借鉴对于社会治安危险性预测研究的成果,结合社会及自然环境特征分析空间数据信息,即与时间和地理信息系统(GIS)相结合,根据案发地点标注出城市高风险区域(即热点),进而对犯罪风险进行预测。Cusimano 等人[1]研究了利用 Apriori 关联规则法对犯罪信息进行时—空相关性分析,并提出发生暴力伤害事件的峰值时间是午夜和凌晨,集中于酒吧等酒水供应区、低收入社区和流浪者收容站等地。Blake 等人[2]又进而使用 x^2 检验法对暴力伤害事件高发具体时间、武器等信息进行了分析,研究表明周五为一周的高发时间,23 点至 3 点为高发时段,涉案武器最多的为枪械,其次为刀具等尖利物品。Wang 等人[3]提出一种由 Gi * 统计值构成的犯罪热点优化工具,用于在美国应用最为广泛的犯罪地理信息系统 ArcGIS 中,能够利用空间信息和社会—经济、犯罪机会因素进行综合分析,优化犯罪热点区域范围。中山大学谢寒光等人[4]采用 Apriori 算法及 K—均值算法对罪犯数据按照犯罪类型之间及内部进行聚类分析。中国人民公安大学陈鹏等[5]介绍了 ArcGIS 系统中的层次聚类算法,并使用某市报警数据与系统中的核密度估计方法进行对比和验证;林艳等[6]介绍了犯罪地理目标模型(CGT)的原理及应用。福州大学叶文菁等[7]

---

① 参见邓灵评:《基于数据挖掘的犯罪行为分析及系统实现》,西南交通大学学位论文,2014 年。

② See Walker,B.B.,Schuurman,N.,& Hameed,S.M."A GIS-based spatiotemporal analysis of violent trauma hotspots in Vancouver,Canada:Identification,contextualisation and intervention".*BMJ open*,2014,4(2):1-7.

③ See DaweiWang,Wei Ding,Henry Lo,et al."Crime hotspot mapping using the crime related factors—a spatial data mining approach".*Appl Intell*,2013,(39):772-781.

④ 参见谢寒光:《基于数据挖掘技术的犯罪行为分析》,中山大学学位论文,2014 年。

⑤ 参见陈鹏、疏学明、颜峻等:《犯罪活动在一天内的发生时间规律》,《清华大学学报(自然科学版)》2009 年第 12 期。

⑥ 参见林艳、罗万杰、曾昭龙:《犯罪地理画像方法与应用研究》,《中国人民公安大学学报(自然科学版)》2013 年第 4 期。

⑦ 参见叶文菁、吴升:《基于加权时空关联规则的公交扒窃犯罪模式识别》,《地球信息科学学报》2014 年第 4 期。

采用 Apriori 算法分析了福州市公交扒窃的时空犯罪模式,分析得到扒窃高发路线及时间段信息。

由此可见,首先,我国在运用大数据的数据挖掘技术及系统分析犯罪模式并预防犯罪方面起步较晚,与欧美发达国家还有一定差距,仅局限于小范围的实验和应用阶段;所采集的数据也局限于公安及司法系统数据,其数据来源单一、庞杂,不利于信息的数字化分析。其次,我国缺乏在犯罪信息数据挖掘方法方面的深入研究。国内外针对犯罪信息的分析方法主要集中于使用关联规则、回归分析和聚类算法方面,而聚类算法主要用于搜寻犯罪信息共性、挖掘犯罪规律,在数据挖掘中具有重要作用。但是,由于其较难处理高维稀疏矩阵,且对于不同犯罪类型间的关系较难分析,因此只能限制维度,并由主观决定信息分析的种类和数量,难以深入分析综合性数据信息。

综上所述,根据提取罪犯档案中个人信息、案件信息及受害人信息,利用信息编码方法实现信息数字化;探索高维度信息聚类方法,构造多模态、多任务学习模型,结合数据分析及犯罪心理学分析方法,并根据司法系统内监狱押犯信息,融合多模态生理数据,结合多种大数据挖掘方法和深度学习方法,发展基于我国大数据的犯罪危险性评估工具及预测系统,是司法行政信息化建设的发展方向,能够为预防犯罪、侦破案件、监所监管安全、减刑假释决策、社区矫正安全等方面提供科学有效的辅助和支持,也是实现"十四五"规划中"平安中国"发展目标的重要保障。

总之,随着大数据、人工智能和区块链技术等智能化信息技术在司法行政领域的应用和发展,会逐步形成具有中国特色的监狱管理技术创新,必然会带来对监所传统管理模式和管理体制的冲击和变革,智能技术在加强监所监管安全、提高工作效率、解放监狱警力、辅助正确决策的同时,也要求监狱管理体制能够适应新技术发展需要,管理方法和措施能够满足新技术应用要求,监所干警素质能够达到应用新技术的标准。因此,这就要求司法行政系统能够紧跟时代发展,解放思想、大胆创新,在不断应用发展司法行政新技术、新手段、新装备的同时,也不断改进和发展管理体制和管理方法,创新形成具有中国特色的监狱管理体制,为维护社会安全稳定、人民安居乐业保驾护航,为实现"平安中国"的发展目标努力奋斗。

附　录　监狱管理体制的域外考察

世界各国根据本国的政治制度、经济发展水平、文化传统等因素,建立了与国情相适应的监狱管理体制。一些国家在监狱管理体系、罪犯矫治教育、监狱财政与经济等方面积累了丰富的经验,其优点与存在的问题对我国监狱管理体制改革具有借鉴意义。本章重点对英国、美国、法国、俄罗斯和日本的监狱管理体制进行介绍。

第一节　英国监狱管理体制

英国现有 173 多所监狱,其中皇家监狱总局直接管理的 141 所,地方政府直接管理的地方监狱 32 所。① 英国监狱的最高管理机构是内政部,是国家直接管理监狱事务的最高行政机构。其主官内政国务大臣负责对监狱进行监督,具有任命监狱警员和监狱管理人员,制定监狱相关规则等权力。内政国务大臣每年必须向国会提交监狱年度报告,详列各监狱食宿情况,关押罪犯的日平均数与最高数目;各监狱罪犯劳作情况;罪犯所受的刑罚及原因等。

内政部下设监狱委员会,向内政国务大臣负责,根据国务大臣的指示行

①　参见邵雷主编:《中英监狱管理交流手册》,吉林人民出版社 2014 年版,第 97、121 页。

事,并向其报告工作。监狱委员会由行政总监和 11 名成员组成。行政总监通常由内政副国务次官兼任,其他 11 名成员包括监狱行政副总监、监狱体制与设施长官、业务政策长官、人事与财政长官、监狱医疗长官、监狱分区长官和兼职的非行政人员。监狱委员会是一个法人团体,管理全国监狱的财产,负责任命监狱的一般官员,并调查监狱警员的行为;检查并惩戒罪犯违规行为等权力。

一、监狱类型及分级管理

英国监狱按照罪犯的性别、年龄、案情、危险程度及诉讼进程等因素的不同,将他们分别关押在不同的监狱、施以严厉程度不同的监管措施和矫正措施。

1. 地方监狱。英国现有地方监狱 32 所,主要关押未决犯、已经判决的短刑犯和判决后等待遣送至其他监狱服刑的长刑犯。这类监狱一般建立在城市或城镇中,由地方政府管理,虽然所押人员危险性不高但是仍然全部实行封闭管理。

2. 训练监狱。这类监狱现有 136 所,主要关押普通的已决犯。1966 年沃姆伍德丛林(Wormwood Scrubs)监狱发生越狱事件,英国政府成立了以蒙巴顿伯爵为首的监狱逃跑与安全问题调查组。调查组在深入调查的基础上形成了报告,确立了新的监狱警戒度分类标准,即"蒙巴顿标准"。根据这一标准,这类训练监狱又按照警戒程度分为 A、B、C、D 四个等级:

(1)A 类监狱,又称为"分散监狱"。这类监狱由国家监狱管理局直接管理,主要关押那些对社会和国家构成极大威胁的罪犯,包括已决犯和未决犯。这类监狱配备有最高等级的安全戒备系统,并采取有极其严密的防逃设施和管理措施,属于最高警戒等级。

(2)B 类监狱。此类监狱关押危害较为严重的罪犯,也有较为严密的防逃设施和措施,警戒等级也较高,罪犯逃跑是非常困难的。

（3）C 类监狱。C 类监狱是英国监狱的主要类型,具有基本的安全防范设施和措施,关押的罪犯现实危险性较轻,但又不适合在开放环境改造,也不能认定具有明显的逃跑企图。

（4）D 类监狱,相当于开放监狱。这类监狱基本上没有安全措施和设施,罪犯参加监狱组织的劳动,或者到附近社区参加工作,罪犯在很大程度上进行自我管理,自带房间钥匙。

在 C 类和 D 类监狱,往往还设有特殊的开放式机构——重新安置监狱,用于长刑犯的最后服刑期。在这种监狱中,罪犯大部分时间在监狱外度过,以便于帮助他们重建与家庭、社会的联系,规划出狱后的职业,减少罪犯的重犯率。2018 年,英国的"高度戒备监狱只有 8 所,关押规模 6000 人(实际关押 5800 人)。中度戒备监狱 20 所,关押 10000 人。低度戒备监狱 93 所,关押 70000 人,开放式监狱 15 所,关押 3500 人。从严从宽管理的罪犯分别占押犯总数的 6.3% 和 3.5%。"[①]

3. 女子监狱。英国现有 17 所女子监狱,分为封闭型、开放型和半开放型三种管理模式。在这些监狱中,建有 7 个母婴同室的监房,以及 5 个专门关押年轻的女性罪犯的年轻房间。

4. 未成年犯监狱。这类监狱又分为青年犯监狱和少年犯监狱,其中青年犯监狱主要关押 18—20 岁的罪犯,少年犯监狱主要关押 15—17 岁的罪犯。英国公民承担刑事责任的年龄是 10 岁,因此对于 10—15 岁的罪犯,则实行非监禁即在当地社区矫正。

5. 私营监狱。私营监狱是政府与私营公司签订协议,委托其对罪犯进行监管和矫正的监狱。为保障这些私营公司能严格执行国家关于罪犯管理与矫正的相关规章制度,司法部监狱管理局向每所私营监狱派驻 3 名特别监察员,严格监督其日常管理和运营。

---

① 参见邵雷:《推进高度戒备监狱建设与管理的研究和探索》,《中国司法》2018 年第 1 期。

二、监狱内部管理

1. 管理体系。英国监狱管理的组织体系为国家罪犯管理总局—皇家监狱总局—各分管部门（包括运营、人事、财政、医疗等）—12 个地区主管（相当于监狱分局）—各监狱。

2. 管理人员。英国监狱的管理人员近 5 万人，约占押犯总数的 60%，大致分为监狱警察、行政管理、生产劳动、专业人员（如心理咨询师、牧师等）四大类。监狱警察着统一的制服，制服的肩章上代表着监狱警察的级别，分为监狱警察、高级监狱警察和主管监狱警察三等。他们属于国家公务员，由监狱直接招录，穿统一的制服，分不同的等级，但不属于警察。他们是监狱管理的主要组成人员，占监狱全部管理人员近 70%，直接从事罪犯的管理工作，一般每三年进行岗位轮换，以防监狱警察与罪犯过于熟悉而影响执法公正。其他三类人员均不属于国家公务员。

（1）监狱长是监狱最高行政领导人，对监狱内发生的一切事负责。普通监狱的监狱长由地方政府首脑任命，高度戒备等级监狱的监狱长由内政国务大臣任命，分为一级、二级、三级监狱长和一级、二级监狱长助理，通常从以下三种途径产生：一是从副监狱长、监狱长助理等内部选拔产生；二是从心理学家、医务类等监狱内容的行政管理人员中选聘；三是从律师、教师、缓刑官等其他行业中选聘。监狱长的主要职责为：采取有效措施，防止罪犯逃跑；检查监狱门锁是否安全、罪犯信件、进出车辆情况等；不定期进行夜间巡视；在必要时对罪犯使用刑具，并报告视察委员会；检查下属的不当行为进行并按照法规进行惩处；对罪犯的轻微过错进行处罚等。英国规定监狱长必须居住在指定的房屋内，每天至少巡视一次监狱，未经监狱委员会同意，不得缺勤。

（2）监狱警察包括执行刑罚的一般官员和监狱牧师、教官、狱医、体育教官等专业官员。监狱警察由内政国务大臣任免，均享有警官的所有权力，也必须居住在分配的住所里。在离职或者死亡后，根据内政国务大臣的指令搬出住所。英国法律规定"监狱警察享有警官的一切权力、权威、保护及特权,对监狱警察的侵袭即是对正在执行任务的警官进行侵袭"。监狱警察须遵守监狱条例和监狱内的规章制度,协助监狱长的工作,服从监狱长的一切合法指令。专业监狱警察还需具备相应的专业资格,并根据各自的专业负责工作。如监狱牧师,须具有教区主教签发的证书,每天须在监狱进行布道,劝诫罪犯从善,并记录罪犯的宗教信仰。狱医须具备医生资格,每天须到监狱一次。为刚关押的罪犯或者离开监狱的罪犯做检查;记录罪犯的健康状况;检查罪犯食物;罪犯接受惩罚时,狱医有权就其身体状况提出不宜进行惩罚的建议,并向监狱长及监狱委员会陈明理由。

3.日常管理。在日常的监管和矫正感化中,英国监狱主要对罪犯的下列事项采取相关措施进行管理:

(1)监舍管理。英国监狱以单人牢房为主,法律规定内政国务大臣必须经常检查监狱的罪犯是否有足够的居住面积。监狱牢房的大小、光线、温度、通风以及设备必须经过内政国务大臣所派官员检查,证明适合罪犯的健康,并允许罪犯在任何情况下联系监狱警察,否则不得关押罪犯。同时,为了罪犯的身心健康,法律也规定了罪犯被单独囚禁的时间和单独囚禁的人数,内政国务大臣所派官员检查如果发现与法律规定不一致时,有权予以撤销。

(2)生活卫生。对于罪犯饮食,英国规定必须符合卫生要求,有营养,数量足够,还要求精心制作,时常变换花样。为了防止在罪犯饮食上出现问题,英国法律规定了一套较为严格的检查程序。在监狱内部,监狱医官定期要在检查食材以及食物成品,发现数量不足或者不符合要求的,可以向监狱长汇报。未经医嘱,监狱不能克扣罪犯食物数量,或者给予与其他罪犯不同的食物。除此之外,视察委员会也要定期派人检查罪犯食物。

(3)会见家人。罪犯每四周可以接受2次会见,但是如果内政国务大臣有指示的话,只能会见一次。除此以外,经监狱长、探监者委员会、内政国务大臣批准,罪犯还可以额外获得会见机会。而如果因违反监狱管理规定受到惩罚,则可以减少会见次数。对于会见时间,各监狱的规定不尽相同,从20分钟到1个小时不等。会见活动必须处于监狱警察的监控之下进行,如果罪犯违反会见规定,监狱警察可以停止会见。各监狱的会见室也不相同,有的是传统的"探监盒",即探视人坐在一边,罪犯在一边,中间隔着玻璃和铁丝护网。有的探监模式是会见室摆设条形桌,探视人和罪犯各坐一边,中间坐着监狱警察,会见在其监视下进行。

（4）教育矫正。罪犯教育是英国监狱日常管理中的一项重要内容,被认为是对"罪犯工作、辅助生活和有助于提高生活能力的工具"。法律规定监狱必须制订罪犯学习课程计划,鼓励罪犯积极参与学习活动,向愿意在业余时间通过课程学习或者愿意自学的罪犯提供必要条件,为愿意练习工作技术的罪犯提供适当的设备。英国开展罪犯教育的层次和内容非常广泛,从基本的扫盲课程到大学专业教育皆有。但并非每个监狱都开设全部课程,各个监狱之间在教育设施、课程安排、授课时间等方面具有较大差别。罪犯如果想接受某项课程教育,而关押的监狱没有开设,经监狱长批准,可以转到开设该课程的监狱接受教育。监狱通常还设有图书馆,由地方图书馆委员会管理,监狱部门按照人次付给一定的补助。经过内政国务大臣批准,罪犯可以在图书馆借阅图书。

第二节　美国监狱管理体制

美国监狱分为联邦监狱系统和州监狱系统,联邦监狱的管理机构是隶属于司法部的联邦监狱管理局,其成立时间较晚。在联邦监狱建立之前,联邦罪犯关押在州监狱服役。1907年,鉴于监狱拥挤现象突出、联邦罪犯增加,美国国会通过法令,建立了佐治亚和亚特兰大两所监狱,之后又陆续修建了一系列联邦监狱。至1930年,美国才成立联邦监狱局,负责联邦监狱的具体管理。联邦监狱局将全美分为六个地区,设立办公室对该地区的联邦监狱进行管理。这六个地区分别是中大西洋地区,办公室设于马里兰州的安纳波利斯;中北部地区,办公室设于堪萨斯城;东北部地区,办公室设于费城;中南部地区办公室设于达拉斯;东南部地区办公室设于亚特兰大;西部地区设于杜布林。

美国司法部作为管理和监督全国刑罚执行的最高权力机关,对监狱具有管理和监督的权力,负责颁布关于监狱管理的法规,任命监狱警察、指导监狱的工作等。联邦监狱局作为联邦监狱的管理机关,设有教育计划处、计划发展处、医疗服务处、总顾问及复审处以及国家矫正学院、联邦监狱工业公司等机构,负责罪犯教育、职业培训、心理治疗;监狱设施建设和维修、监狱医疗服务、食品供应等工作。国家矫正学院负责监狱工作人员的培养和训练。

一、监狱类型与分级管理

1. 主要类型。依据不同的标准,可以将美国监狱划分为如下类别:

(1)依照美国监狱法律的规定,可分为监狱、感化院、刑罚场所、教养所、看守所和拘禁中心等种类。

(2)依地域管辖为标准,又分为联邦监狱和州监狱两大系统。联邦监狱是被联邦法院定罪判刑者服刑的场所,州监狱关押被判处 1 年以上监禁刑的重罪犯,地方监狱关押被判处 1 年以下监禁刑的轻罪犯和候审的未决犯。美国目前有 1833 个州监狱,110 个联邦监狱,1733 个少年惩教所,3134 个地方监狱,218 个移民拘留所,80 个军事监狱及其他监狱,共有罪犯 230 多万人。

(3)从性质上看,美国监狱分为国有监狱和私立监狱,其中只有不到9%的犯人被关押正在私立监狱。私营公司参与监狱的建设、管理和为监狱提供服务是当前美国监狱发展的一种普遍的现象和趋势。通常认为,美国监狱私人化真正开端的标致是 1983 年美国矫正公司的成立。但是,美国私营机构参与监狱建设的历史可以追溯到英国殖民时期,1666 年,雷蒙德·斯特普福德公司与马里兰州达成协议,为该州修建一座监狱,作为回报,给予该公司 10000 磅的烟草和监狱终生管理人的回报。1790 年,美国私人团体贵格会经过努力,建立了美国感化院。

（4）依性别为标准,可分为男犯监狱、女犯监狱、男女犯混押监狱 3 种类型。此外,还有关押精神病患者、智力不健全者、性犯罪、有犯罪癖者、嗜酒者的特殊犯监狱、家庭监狱、和营监狱等类型。

2. 分级管理。美国矫正协会按照监狱的围墙高低、宿舍类型、武装执勤人数、监狱内部安全设备和建筑、是否有机动车巡逻、是否有电子监控及探照灯等探测设施,将监狱的警戒度分为 5 个等级:第一类是最低警戒度的监狱,也被称为"联邦监狱营"。这类监狱通常建于大型矫正机构或者军事基地附近,工作人员较少,罪犯住在集体宿舍,并且没有围墙设施。罪犯要参加劳动,在矫正机构或者军事基地里实现改造。第二类是低警戒度的监狱。在这类监狱中,大部分罪犯仍住在集体宿舍,但是已有双层铁栅栏做成的围墙,管理人员比最低警戒度矫正机构多。罪犯也要参加劳动和矫正计划。第三类是中等警戒度的监狱。这类监狱管理较为严格,罪犯住在监舍,并建有牢固的围墙,除了双层的铁栅栏外,还有电子监控设备,管理人员更多。第四类是高警戒度的监狱,又被称为"感化院"。这类监狱管理严格,建有非常坚固的围墙,甚至是混凝土墙壁。罪犯住单人监舍或者多人监舍,管理人员的严密监控并管制罪犯的日常行为。第五类是行政性监狱,这是　种有特别使命的监狱。这种监狱的囚犯都是根据特定因素而不是安全级别和/或监管等级分配的（如医学/精神病治疗、审前羁押或延期羁押等因素）。① 这类监狱可以收留各种警戒度的罪犯,只是罪犯的特点不同。比如外国人、审前罪犯,收押极端危险、具

---

① 参见周勇主编:《国外罪犯安全分级评估与管理制度规定及工具选编》,法律出版社 2017 年出版,第 10 页。

有暴力或者逃跑倾向的罪犯以及患有慢性疾病的罪犯等。

二、监狱内部管理

1. 管理模式。从历史发展上来看,美国监狱主要有如下三种管理模式:

(1)隔离悔罪型模式:这种模式以宾州制和奥本制为代表,以隔离悔罪为其基本精神,是美国监狱发展史上的第一个时期。1773年,康涅狄格州利用一座地下废矿井建立了美国第一所州监狱,由于其监禁条件极其恶劣,第二年便爆发了美国监狱史上的第一次监狱暴动。在早期西方监狱改良运动影响下,一些思想家和基督教公谊会教徒,要求政府建立监管已决重罪犯的专门机构。1790年,第一所关押长期监禁犯的监狱由公谊会教徒在费城创建。该监狱实行独居制,手工劳作和室外放风都是单独进行,罪犯之间绝对禁止接触,亦称宾州制或费城制。1817年,纽约州建立的奥本监狱,罪犯夜晚各住单间,白天在一起劳动,但是严禁交谈,该制成为沉默制的发端(亦称奥本制)。宾州制与奥本制在具体管理上虽有不同,但因其基本精神都是隔离悔罪,都曾被美国各州的早期监狱所仿效,成为美国早期监狱制度的共同特点。

(2)教育改造型模式。这种模式以1876年纽约州建立的爱尔密拉教养院为开端,是美国监狱制度发展的第二个时期。爱尔密拉教养院由美国著名监狱改革家勃拉克威创建,主要关押青少年犯,强调道德感化和职业训练,采用不定期刑,实行假释制度,对罪犯按行为表现和实际成绩实行分级管理,在生活条件和会见家属等方面给予人道待遇。以此为发端,教育改造型监狱成为19世纪末到20世纪中期占美国监狱统治地位的标准模式。美国现在的许多大型监狱仍然属于这种类型。

(3)社区参与型模式。这种模式是20世纪60年代后期在美国兴起,以社区参与型矫正设施的出现和发展为主要标志,是美国监狱制度发展的第三个时期。社区参与型矫正设施主要有监放中心和中间监所两种形式。在监放中心,有职业或正在就学的罪犯可获准外出工作或学习,结束工作或学习后仍回监所服刑;女犯可以获准回家料理家务,即对罪犯有监有放,监放结合。中间监所中的罪犯可获得许多与社会接触的机会,狱方可借助社区力量矫正罪犯,培训其适应和回归社会的能力;狱方除组织罪犯学习和劳动外,也负责为其联系获释后的就业,以避免其因无生活保障而重新犯罪。社区参与型矫正设施一般设置在人口集中的社区附近,规模也较小,通常容纳五十人左右,这便于罪犯与家庭和社会接触,适于借助社会力量促进罪犯改过迁善,也便于管理和实现矫正个别化。

2. 管理部门及人员。美国联邦监狱管理局下分为三个部门:联邦监狱工业公司、监狱管理局局长、美国国家惩教协会。同时,监狱管理局局长下属有联邦监狱工业公司的主要决策人员和副监狱管理局局长。副监狱管理局局长管理着监狱决策机构和国家矫正协会的会长,总法律顾问和审查,程序复查机关,行政部门,健康服务部门、矫正部门、再入服务部门、人权管理部门、以及其他各领域的执行部门。① 州监狱系统虽然在业务上受联邦监狱局的影响,但与联邦监狱局之间没有隶属关系,其管理机构是各州政府或者州司法部门所设立的矫正局。矫正局局长由各州州长任命,负责监督监狱经营,制订监狱设施设立及更新计划,依照法律任免监狱长及其他矫正管理人员,制定罪犯管理规章及罪犯守则,制定人事管理制度等等。矫正局下设保安部、保护观察部、青年矫正部、经理部、假释部、研修部、矫正审议会、假释委员会等机构。监狱长根据公务员法实行考试任用制,由州长或者矫正局长任命。监狱其他雇员则由矫正局长根据监狱长的意见任命。

监狱一般设监狱长和副监狱长各一人,属于国家公务员。主要负责制订监狱政策和工作计划、工作措施;狱内监督,了解狱内运行情况,监督工作人员;财政管理和人事工作;负责指导矫正措施的具体实施。美国监狱管理人员按照军事系统等级授予军衔,上士领导警卫,担任警戒工作;中尉直接管理罪

---

① 参见 http://www.justice.gov。

犯,负责巡视监狱并处理狱内突发事件;上尉通常专门负责管理工作,担任工作分配委员和纪律惩戒委员会的负责人。

3. 罪犯分类管理。在美国监狱工作中,罪犯分类也是一项重要的内容。监狱根据犯罪类型、罪犯逃跑或者暴力行为倾向、监禁时间等因素,对罪犯进行分类,确定其警戒等级,并据此确定收押监狱的警戒等级。美国的罪犯分类包括了初步分类、重新分类和释放前分类。初步分类首先对罪犯进行审查,根据指控材料、判决材料、犯罪前科材料、心理测试材料、教育程度和智商测试材料,家庭成员、雇主提供的材料等,确定罪犯的个性、身心状况、受教育程度、工作能力等情况。在审查期间,监狱管理人员向罪犯详细讲解监狱规章制度,发放监狱手册,指导罪犯参观监狱。审查结束后,形成罪犯的人格调查结果。其次,在审查的基础上,确定罪犯的处遇措施,制订方案。最后是对罪犯进行人格调查的评价,即鉴定,以此确定罪犯的分类及相关的待遇;重新分类是由监狱根据罪犯的服刑表现进行的分类,并据此对罪犯的安全级别和监管级别进行变更,而后再将该名罪犯转移至相应监管级别的监狱服刑。即如果《监管级别分类表(BP—338)》显示囚犯安全级别已降低,则应考虑将囚犯转移至安全级别较低的监狱;同样,《监管级别分类表(BP—338)》显示囚犯安全级别的提升,囚犯安全总分可能会增加至更高的安全级别范围,即应将罪犯转移至安全级别更高的监狱。[①] 而释放前分类是在罪犯释放前 1 年 3 个月进行,根据其服刑期间的表现和矫正效果,确定能否获得假释。

第三节　法国监狱管理体制

1810 年法国资产阶级取得国家政权之后,逐步建立起了现代意义的监狱,其中关押长期徒刑罪犯的监狱由国家管辖,关押短期徒刑罪犯的监狱由各

---

① 参见周勇主编:《国外罪犯安全分级评估与管理制度规定及工具选编》,法律出版社 2017 年版,第 73 页。

省管辖。到了 1944 年 12 月 20 日,法国颁布一项法令,将各省监狱划归国家内政部管辖。自此,国家监狱和省级监狱的行政区别就不复存在了。而后到了 1911 年,法国监狱由内政部改由司法部管辖。司法部不仅对监狱设施、监管人员及其他狱政实施监督管理,还负责解决徒刑执行、缓刑、监外执行、罪犯刑满后重返社会等一系列刑罚执行方面的问题。① 司法部下设的监狱行政管理局、犯罪事务及赦免管理局主要负责全国监狱行政管理及刑罚执行工作,其中监狱行政管理局负责《监狱法》修订、监狱规范制定,以及犯罪预防、囚犯看管、罪犯教育等事务组织及执行的相关职责拟定。犯罪事务及赦免管理局主要负责罪犯赦免政策、赦免程序、赦免对象等文件的审查,负责确定刑事执行政策及行政规章的修订方案,同时还负责监狱事务的国际交往等工作。为方便工作开展,法国监狱管理局将全国设了九个监狱管理分局,作为其派出机构对该区域内的监狱实施管理。据"世界监狱简况"网站 2018 年 1 月公布的数据显示,法国共有 800 所监狱,容载量为 59765 人,现实占用率已达到 115.4%,超限人数在 47 个泛欧组织成员中位列第七。② 根据 2007—1545 号法律,法国设立了由共和国总统令委任的"剥夺自由刑执行机构的总监督官",作为一个独立的机关专职负责监督罪犯被监禁的条件、权利保障、刑罚处遇变化等事务,对存在问题监狱机构予以处罚。

一、监狱类型与分级管理情况

根据罪犯的性别、年龄、案情、刑期、恶习程度等因素的不同,法国将其划分为不同的危险级别,分别关押在不同的监狱、施以严厉程度不同的监管措施和矫正措施。

1. 中央监狱。法国的中央监狱(Lesmaisonscentrales)创建于 19 世纪初期,一直主要用于收押长期徒刑罪犯,目前共 4 所。法国现有中央监狱区共 9

---

① 参见闫佳:《国外刑罚执行体制介绍及其启示》,《中国司法》2015 年第 3 期。
② 参见李忠东:《法国监狱不堪重负》,《检察风云》2018 年第 16 期。

个,和中央监狱一样全部是封闭式管理,主要接收四年以上有期徒刑、无期徒刑等重刑犯,同时也兼收一至四年的短刑犯。目前,全法国共有 13 所中央监狱,即阿尔勒、西利城堡、克莱沃、迪考(马尔蒂尼格)、昂西尚、拉纳姆让、木兰、普瓦西、玻尔(留尼旺)、雷米尔(圭亚那)、圣马丁德雷、圣莫尔、里尔—安偌兰。① 通常情况下,中央监狱收押的都是一些刑期较长、恶习较深、难改性大的罪犯,因而监狱的安全制度比较严格,大部分罪犯都实行单独监禁。如位于法国巴黎西北郊区普瓦西(Poissy)地区乌尔苏拉(Avenue des Ursulines)大街的普瓦西监狱,2019 年 3 月关押有 223 名犯人,其中关押的 40 名无期徒刑罪犯中,不乏像曾于 1975 年闯入 OPEC(石油输出国家组织)维也纳总部、挟持超过 60 名人质的"豺狼卡洛斯"(IlichRamírez Sánchez)等多名连环杀手及恐怖分子。当然,这些罪犯服刑期间都只能在固定时间才能放风,而且也不允许同时放风,是分批的。

2. 监禁中心。这类监狱有封闭式和开放式两种,其中封闭式监禁中心共47 所,包括以前的一些中心监狱和后来陆续建造的监狱。这类监狱主要收押刑期较长或中等、且人身危险性不大的罪犯。如莫扎技(Mauzac)、封特沃奥(Fontevrrault)、冈城(Caen)、雷恩(Rennes)、埃斯(Eysses)、梅伦(Melnu)、牟罗兹(Mulhouse)、慕莱(Mnret)、里翁(Riom)、都乐(Toul)监禁中心,其中雷恩监狱以前是中央监狱,专门羁押女性罪犯。现在该监狱只有一个监区承担了中央监狱的任务,即收押刑期长、危险性大的罪犯,其他的监区则改建为羁押中心。卡萨比安达农业监狱是法国两所开放式羁押中心之一,建造在科西嘉岛的西岸,监狱面积有 1840 公顷。这所监狱没有高墙和电网,甚至连栅栏都没有,因而仅仅收押那些刑期不长、危险性不大并经过严格甄别和挑选的罪犯。

3. 拘留所。法国的拘留所与看守所类似,其主要功能是关押各类重罪、轻

---

① 参见张亚平:《法国刑事执行法》,法律出版社 2014 年版,第 86 页。

罪或违警罪的未决犯,次要的功能才是关押判决生效之日起计算待服刑期不超过 1 年的罪犯。① 1972 年,法国设有拘留所 145 所,而到了 2016 年时则缩减至 120 所。如法国塞纳—圣但尼省维尔班特(Vilbant, département de seine-saint-denis)监狱是一座关押未决犯和轻刑犯为主的监狱。监狱共有 580 个关押位置,截至 2016 年 6 月 28 日,实际关押了 1081 人,其中,未决犯占到 40%,另外,还关押了 40 名未成年犯。由于监狱靠近机场,关押外国籍的罪犯也较多,涉及 64 个国籍,比例超过 25%。②

4. 半自由中心及调整中心。法国现有 13 个半自由中心(Iescentrees de semi-Iibertd autonomes)和 4 个半自由区,接收的是被刑罚执行法官适用无监督的监外行刑或者半自由制的被判刑人。被判刑人可以离开半自由中心或半自由区去从事职业活动、接受教育、培训或者接受医疗检查。调整刑中心可以接收剩余刑期 1 年以下的罪犯,他们经批准可以按时回家,但是不得会见其他人。

5. 特别监狱。除了上述几种监狱机构外,法国还有一些根据罪犯的性别、年龄、健康和精神状况、个人经历而设立的特殊监狱。

(1)未成年犯监所(或监区)。法国人认为监狱是制造犯罪的场所。③ 为防止未成年犯在监狱里被其他成年犯"制造"成更危险的罪犯,便依据未成年人特有心理、生理等特征,建立了专门的未成年人监所,负责接收 13—18 岁的未成年犯。这些监所都位于大城市周边,以方便未成年犯和家人的联系。为了突出对未成年犯监管的人道性,这些监所没有岗楼、铁丝网,围墙也只有 6 米高,既考虑到安全需要,又象征性地对未成年犯和公众表明其作为监狱的身份。未成年人监区则是在拘留所或者其他行刑机构中为未成年犯单独开辟的

---

① 　根据我国《刑事诉讼法》第二百六十四条第二款规定:对被判处有期徒刑的罪犯,在被交付执行刑罚前,剩余刑期在三个月以下的,由看守所代为执行。

② 　参见沙闻麟:《法国瑞士德国监狱管理掠影》,《中国司法》2016 年第 10 期。

③ 　参见朱琳:《法国未成年犯的刑事处罚执行机构及管理部门》,《犯罪与改造研究》2011 年第 10 期。

区域,一般每个监区只能容纳 10—20 名少年犯。未成年人监区与成人监狱的其他监区分隔开,如洛斯(Loos)拘押中心的未成年人监区位于楼房二层,共17 间囚室。

（2）医疗监狱（或监区）。对于那些患有心脏系统疾病、呼吸系统慢性疾病、传染病、或精神病疾病的罪犯,根据刑事诉讼法和相关法令,法国设立了专门的医疗监狱或监区。如梁古尔(Liancourt)医疗监狱则是专门收押老年犯和慢性病犯人的监狱,残疾罪犯则关押在埃斯(Eysses)监狱内的残废犯监区,患有哮喘、肺气肿等疾病的罪犯则关押在波城(Pau)监狱内的哮喘病犯和气肿病犯监区,患有精神疾病的罪犯关押在和夏驼—梯埃里(Chateu-Thierry)及阿克诺(Haguenau)监狱内的精神病犯监区。对于这些被关押在医疗监狱和医疗监区罪犯,除对他们进行医药治疗外,其他方面一律适用一般监狱制度。

二、监狱内部管理

1. 管理模式。法国监狱的管理模式主要有混合监禁制模式、独居制模式、沉默制模式和累进处遇制模式。其中混合监禁制模式要求在男女分押、成年人和未成年人分押的基础上,凡是被分押在同一所监狱的罪犯,无论白天还是晚上都要生活在一起,同睡一个大宿舍、同吃一个大食堂。投入少、有利于组织工业化劳动是这种关押模式的最大优点,人员成分复杂导致犯罪恶习交叉感染严重、狱内帮派或恶势力横行等问题是这种监禁模式最大的缺点;独居制模式正好与混合监禁模式相反,它要求所押罪犯无论白天还是晚上都要在单独待在监舍里,吃饭、睡觉、劳动等活动也只能在这间囚室内进行,就连外出放风都要带只露出眼睛和嘴的头罩。避免罪犯之间交叉感染、促使他们认罪悔罪、增加监禁刑的威吓效果是这种监禁模式最大优点,投入巨大、不利于组织罪犯劳动、易造成罪犯意志消沉则是这种监禁模式最大的缺点;沉默制模式因于 1861 年美国纽约州的奥本监狱率先采用而被称为奥本模式,它实际是混合监禁制与独居制两种模式的混合,即要求罪犯夜间单独居住,白天却在一起劳动、吃饭、休闲或娱乐,只是要求在一起是不许相互交流、必须保持沉默。能尽量减少入狱罪犯"去社会化"效果、可以更好地组织他们劳动是这种监禁模式比较突出的优点,不能有效阻止罪犯之间交叉感染、需要不断使用暴力来维持监管秩序、监狱管理人员与罪犯之间对立情绪严重则是这种监管模式的主要缺点;累进处遇制模式因克罗夫顿少校在英国爱尔兰成功运用而被称为"爱尔兰制",它主张剥夺自由本身并不是刑罚执行的目的,而是将独居、沉默等监禁方式作为"治疗"不同等级罪犯逐步适应社会的途径来运用。这种监禁模式从 1945 年开始在法国多个中心监狱开始试行,1958 年还被明确规定在《刑事诉讼法典》中。①

2.业务管理部门。在法国,围绕罪犯入监、服刑及其释放后的入监分流、安全管理、监狱劳动、教育矫治、医疗卫生、社会融入与观护工作、释放安置等业务均成立有专门的部门来管理,其中有的属于监狱内设的职能部门,有的则只管理监狱的相关事务、其人财物均不归监狱管理。

(1)入监分流。罪犯入监分流工作由监狱内设的部门管理,分流方式主要有两种:一种是根据罪犯的相关情况直接制作执行文件将其收押至某个监狱机构服刑和矫正,即刑罚执行机关在考虑罪犯的刑罚种类、犯罪性质、有无前科劣迹、精神及身体健康状况、入监时的年龄、个人能力、归类的可能性及人格等实际情况,书面综合分析后形成执行通知类的文件、直接将某名罪犯收押至某个监狱机构服刑和矫正;另一种是先将罪犯集中收押并经过一定期限的观察评估后再分配到某个监狱机构服刑和矫正,即成立国家评估中心(也叫国家观察中心),先将那些被判处 2 年以上有期徒刑或无期徒刑的罪犯集中收押起来,一般经过三个星期至一个月的直接观察(期间要做一般性的身体和精神病检查),再结合他们各自的刑罚种类、犯罪性质、有无前科劣迹、精神及身体健康状况、入监时的年龄、个人能力、归类的可能性及人格等实际情

① 1975 年修改后的《刑事诉讼法》,用半自由制度取代了累进处遇制度。

况,由一个包括监狱长、教育工作者、心理学家、精神病医生和普通医生组成专门委员会集中讨论,作出评估结论并提供报告,监狱行政部门根据这份这份报告决定将罪犯分配到某所监狱。其中,对于被判处 2 年以上有期徒刑或无期徒刑的女性罪犯、刑期在 1 年以下的轻刑罪犯,则直接按第一种方式分流。

(2)安全管理。监狱行政管理部门负责监狱的安全及秩序,即安全工作由监狱内设的部门管理,其主要职责:一是预防和制止罪犯自杀。法国监狱中罪犯老龄化问题比较严重(有 600 多人是终身监禁,刑期在 30 年的罪犯数量也不少)、且罪犯中近 20% 人的是文盲,所有时常发生自杀事件。二是预防和制止罪犯脱逃。法国监狱有时遭到外来的袭击,监狱中也多次发生过罪犯越狱事件。如 2018 年 7 月 1 日,巴黎郊区塞纳·马恩省雷欧监狱罪犯荷多安·菲的三名同伙携带武器和作案工具,劫持一架直升机后飞往监狱帮助他成功脱逃。2013 年,罪犯荷多安·菲就曾用纸巾包装藏匿的爆炸物,炸开监狱一条通道后脱逃。三是监督执行监狱制定的、具体的安全制度,如罪犯点名制度、清监搜身制度、监控制度等,以防止罪犯将武器或其他一些可以造成伤害的危险工具带进监狱,进而实施自伤、暴乱、伤害或杀害他人等破坏监狱安全及稳定的行为。四是对于一些现实危险特别大的罪犯,监狱便将他们单独关押即采取隔离监禁措施,非经上级有关部门批准、期限一般在三个月以内。[①]

(3)罪犯劳动管理。劳动曾经是法国对罪犯最主要的惩罚方式,但如今罪犯参加劳动并不是其法定义务,而只是监狱对他们实施再社会化教育的措施既对罪犯的再社会化程度进行评价的关键因素之一。[②] 监狱内专门设有业

---

① 经过跨地区监狱行政管理部门领导或刑罚执行委员会的决定,可以超过 3 个月;经过司法部部长批准可以超过 1 年。

② 法国《刑事诉讼法》第717—3 条规定,被判刑人参加的劳动和职业培训活动,在评价其重返社会之保证和良好表现时应当在考虑之列。

务部门来管理罪犯劳动事务:一方面保障有劳动需求的罪犯能够得到相应的劳动岗位并有序、安全地进行劳动;另一方面要挑选那些适合罪犯身体健康及智力程度、并且对其未来再社会化有直接影响的劳动项目。当然,罪犯从事的一般是一些简单的手工劳动,它们的技术要求比较低、不需要长期或严格的职业培训。如 Oermingen 青年犯监狱共有 11 个车间,配备了很多现代机械设备,罪犯每天工作 6 个小时,每周 30 个小时。① 监狱对罪犯劳动按照一般企业的方式来管理,包括给罪犯支付劳动报酬、购买劳动保险、强化现场管理等。罪犯参加劳动所需要的各种支出,也是从其劳动报酬中支付的。此外,罪犯也可以将自己劳动收入补贴家用,或是赔偿被害人的损失,也可以用它来交罚金。

(4)教育矫正。由于罪犯的文化程度低、很少人掌握有劳动技能,因此监狱内设立有专门负责罪犯教育工作,其主要任务:一是对罪犯进行学历教育。根据法律规定,不会读写和基本计算即属于文盲的罪犯必须接受小学水平的教育,监狱确保他们必须学会读写和基本计算。如果某名罪犯已经具备小学以上文化水平,监狱则根据他们的要求提供相应教育阶段的学历教育,还可以采取书信、网络等通信方式继续进行高等教育。二是对罪犯进行职业技术教育。从统计情况看,罪犯中很多人都没有任何劳动技能,造成他们无业可就,不少人因此犯罪入狱。服刑期间,监狱组织他们进行职业技术培训,既可以让他们学会一门劳动技能、为其刑满释放后的生活提供就业保障,同时在培训过程中还可以对罪犯进行正确的劳动观教育、让他们养成良好的行为习惯。在职业技术培训结束后,对考试合格的要发给技术等级证书。当然,针对不同的罪犯及其就业需求,监狱将安排不同的职业技术培训。在雷恩羁押中心(女子监狱),职业培训内容主要是缝纫、家务等;在 Loos 青年监狱,培训的项目主要是机械自动化、金属结构制造及安装等。②

----

① 参见张亚平:《法国刑事执行法》,法律出版社 2014 年版,第 110 页。
② 参见张亚平:《法国刑事执行法》,法律出版社 2014 年版,第 110 页。

（5）医疗卫生。法国监狱里的医疗卫生业务由政府的卫生部门负责,其工作部门不是监狱的内设机构。1994 年法国议会通过一项将各个监禁场所的卫生工作全部交给卫生部门负责的决议,明确监狱附近的某所医院负责该监狱的医疗工作——监狱中的医务所是该地方医院的派出机构,其业务和相关人员均不受监狱管理系统的制约,并规定对自愿到监禁场所工作的医务人员可以得到双份的报酬。国家卫生总局专门设一个负责监狱卫生工作的处,其中司法部监狱管理局派人参加日常工作,同样卫生总局也派一名医院院长到司法部监狱管理局协调日常工作。这项改革取得了令人满意的效果,自愿到监狱工作的医务人员增加了 1 倍,押犯的医疗状况大为改善,得到了与社会公众一样的医疗服务。

（6）社会融入与观护工作。法国"监狱社会融入与观护工作处"是地方监狱行政管理部门的工作机构,是依据 1999 年 4 月 13 日政令将"开放环境下的刑释犯观护与帮助委员会以及监狱内部的社会教育部门"合并而成,主要负责"①促进被判刑人再社会化,不论其是否被关闭于监狱内;②监视被判刑人遵守司法官多确定的特别义务;③进行社会调查;④保证开放环境下刑罚执行措施的追迹监督……"①等 10 项工作。其领导者是监狱社会融入与观护工作处主任,他是监狱管理部门的公务员,同时受大区的监狱管理部门领导。

3. 管理人员。法国监狱管理人员有 36000 多人,其中 75%在监狱,分为行政人员、监管人员、教育人员、技术人员等,他们虽然不是警察,但都属国家公务员。基层与机关的工作人员可以相互交流,也可以通过考试到某一岗位工作。② 法国监狱的行政及监管人员主要有监狱长、监狱长助理、监管矫正人员和监狱机构的书记员。如前面提到的塞纳—圣但尼省维尔班特监狱,一共有 200 名管理人员（女性占 20%）,其中监狱领导 4 人（1 名监狱长,3 名监狱长助

---

① 张亚平:《法国刑事执行法》,法律出版社 2014 年版,第 91 页。
② 参见沙闻麟:《法国瑞士德国监狱管理掠影》,《中国司法》2016 年第 10 期。

理),穿制服的监管人员 10 名,其他管理人员分为四个等级。法国监狱管理人员与犯人的比例约为 1:1.9,配置比较充足①,并且监狱社会化程度都比较高,有相当一部分工作由社会组织和社会志愿者来完成。

(1)监狱长。监狱长是监狱的第一责任人,既要负责监狱安全事务管理,又要负责对在监狱工作的其他人员的管理;既要负责对罪犯集体的日常事务的管理,又要对罪犯个体的行刑事务负责。具体而言,监狱长主要负有如下管理职权:一是监狱长必须依法采取相关措施及管理手段,维护监狱的安全及监管秩序的稳定。二是监狱长是监狱刑罚执行委员会的法定成员,有义务和责任向委员会及刑罚执行法官提供他从其他监狱工作人员那里得到的、关于某名罪犯的服刑与矫正信息,以便他们是否能给予这名罪犯相应的刑罚调整措施。三是如果需要撤销对某名罪犯的信用减刑②时,则需要由监狱长依法提请,刑罚执行法官才能据此作出相应的裁定。四是行刑过程中监狱长拥有调整某名罪犯刑罚执行措施的决定权。如对那些被采取允许外出、监外执行、半自由、电子监控等措施却不遵守相关规定的罪犯,监狱长有权决定立即采取回复监禁等制裁措施。五是根据刑罚执行法官的委托,监狱长本着有利于罪犯的原则,有权那些被采取允许外出、监外执行、半自由、电子监控等执行措施的罪犯进出监狱的时间,或者是回家、离家的时间等。

(2)监管矫正人员。监管矫正人员是直接管理和矫正罪犯的人员,其主要职责如下:一是按照《监狱法》等法律法规的规定,组织、指挥、监督所管罪犯遵守法律法规和监规纪律,维护监狱安全及狱内改造秩序。对于那些在社区接受电子监控的罪犯,监管矫正人员主要通过远程监控系统,确定他们是否超越活动范围、有无违法行为、处理报警事务以及电话查询。二是根据所管罪

---

① 参见沙闻麟:《法国瑞士德国监狱管理掠影》,《中国司法》2016 年第 10 期。

② 普通减刑要求犯罪人在狱中必须有良好表现,才能实际获得减刑。而信用减刑则相反,只要犯罪人没有不良表现,即推定为"良好表现",从而事先就给予减刑。这种减刑的给以是自动的,不需要任何机关的批准。当然,如果犯罪人在刑罚执行过程中,甚至刑罚执行完毕以后,确有不良表现,原来给予的减刑要相应地撤回。

犯的犯罪性质、刑期长短、恶习程度、矫正态度和需求、社会关系、回归社会的主要障碍等实际情况,再运用自己的专业特长、社会知识和法律法规,对他们开展教育、疏导、规劝等矫正措施,积极帮助他们能刑期届满时能顺利回归社会、尽快适应社会。三是将自己在日常工作收集了解到的、有关某名罪犯服刑和矫正的相关情况,向监狱长、刑罚执行法官,如果有机会则直接向刑罚执行委员会报告,以便有关领导或部门根据罪犯的服刑表现及时调整执行措施。同时,他们也会在第一时间告知罪犯的刑期计算方式、可以获得刑罚及刑期变更的条件等。四是在监舍楼层或监管区域通道执勤,掌握封闭区域的隔离设施的开启与关闭,并对罪犯劳动、通信、会见、医疗和宗教信仰等活动现场进行管理。通常情况下,监管矫正人员与罪犯关系比较融洽,相互之间还会问候、握手,由于监禁人员可以选择穿囚服或便服,有时管理人员和监禁人员难以分辨。

（3）监狱机构的书记员。法国监狱机构中的书记员主要负责罪犯的信用减刑等工作——在判决确定后交付执行时,即可计算出减刑的幅度及出狱的日期,并通知犯罪人。当然,书记员还需告知犯罪人,该减刑将在其有不良表现时,予以全部或部分撤回。法国监狱机构中书记员数量也非常有限,其配置原则是按照刑罚执行法官的数量确定的:一般情况每个刑罚执行法官只配备一名书记员,因而在实际工作中这些书记员要大量的繁重工作,继而也就影响他们的工作质量和工作热情。

第四节　俄罗斯监狱管理体制

俄罗斯的刑罚分为财产刑、资格刑、荣誉刑、劳动刑、自由刑和死刑,其中自由刑又有立即执行和缓期执行两种方式以及限制自由与剥夺自由两个层级。在 1998 年之后,俄罗斯司法部接替内政部①主管全国的刑罚执行工作,

---

① 俄罗斯内务部主管包括维护国家内部的安全、保护俄罗斯公民的权利和自由、捍卫法律秩序、制止和预防威胁国家统一的武装冲突等事务,相当于我国的公安部。

成为监狱系统的最高国家主管机关。根据《俄罗斯联邦刑事执行法典》的规定,全国所有的刑事执行工作均由俄罗斯司法部下设的联邦刑罚执行总局主管。由于俄罗斯幅员辽阔、地方管理主体众多①,为了便于工作俄罗斯联邦刑事执行总局在各地方管理主体中建立了刑事执行地方机构,同时还在联邦国土开发、林木采伐、矿业开发等资源综合利用及深加工行业建立其相关的刑罚执行机关,它们均垂直于联邦刑事执行总局领导。根据《关于自由刑刑罚执行机关和机构》的相关规定,俄罗斯的刑罚执行机关具有法人资格,有自己对应的人权、财权和物权,由联邦政府担负全国刑事执行系统功能运行及其公职人员社会保障的财政支出,地方政府不再分担。在这种一体化刑罚执行制度下,俄联邦刑罚执行总局管辖的不只是监狱,还包括矫正营、教导院、拘留所等自由刑执行机构,也包括联邦和地方刑事执行局(处)财产刑、荣誉刑、劳动刑、死刑等刑罚执行。当然,对现役军人犯罪被判处的刑罚则由军事惩戒营、军事部队指挥部门等部门执行②,这些军事部门的刑罚执行机关由军队领导和管理。

---

①　俄罗斯是俄罗斯联邦共和国的简称,是由22个自治共和国、46个州、9个边疆区、4个自治区、1个自治州、3个联邦直辖市组成。2000年5月13日,俄罗斯总统普京签署法令,将把俄联邦89个实体(直辖市、共和国、边疆区、自治区、州和自治州)按地域原则联合成7个联邦区,目的是巩固国家统一,强化总统对地方的管理体制。

②　《俄罗斯联邦刑事执行法典》第十六条规定:

1.罚金刑,由司法执行警察在被处刑人员居住地点(工作地点)执行。

2.剥夺担任一定职务或从事一定活动权利刑,由刑事执行监查机关在被处刑人员居住地点(工作地点)、矫正中心、矫正机构或者军事惩戒营执行。刑事案判决中有关剥夺担任一定职务或从事一定活动权利的要求,应当由被处刑人员工作机关的行政管理部门以及有权依据相关法律撤销从事相应活动许可的机关执行。

3.剥夺专门称号、荣誉称号、军衔、职衔和国家奖励刑,由下达刑事案判决的法院执行。刑事案判决中关于判处剥夺专门称号、荣誉称号、军衔、职衔和国家奖励的要求,应当由授予该称号、职衔或者颁发国家奖励的公职人员抑或俄罗斯联邦相应机关执行。

4.义务性劳动刑,应当由刑事执行监查机关在被处刑人员居住地点执行。

5.矫正性劳动刑,应当由刑事执行监查机关执行。

6.本款规定于2003年12月11日丧失效力——俄罗斯联邦联邦法2003年12月8日第161号联邦法令。

俄罗斯的监狱机构多数都是建立在像西伯利亚地区这样远离城市和国家政治中心的偏远地区,那里通常人烟稀少、交通不便、气候寒冷、通讯也十分落后,只有少部分建立在市区。2020 年 12 月 3 日俄罗斯司法部部长康斯坦丁·丘伊琴科宣布计划将所有城市内的监狱机构迁往郊区,以促进监狱管理机制改革。这一倡议遭到诸多反对,反对者认为这将给亲属探视造成诸多不便,有悖人权;给律师前往监狱带来不便,使得律师工作复杂化;在押人员的交付时间显著增加,加大相关工作人员负担;使得服刑人员更加孤立与社会之外,不利于服刑人员回归正常生活;难以向监狱管制机构提供必要补给,运输费用增加,加大国家财政负担。①

一、监狱机构的类别及分级管理情况

根据被判处剥夺自由刑罪犯的年龄、性别、刑期、服刑期间的表现以及身体健康状况,俄罗斯刑事执行机关将他们分别关押在监狱、矫正营、教导院、看守所、医疗矫正机构等监禁场所服刑及矫正。通常情况下,罪犯应当在同一所

---

7. 限制自由刑,应当由矫正中心执行。

8. 拘禁刑应当由拘禁所执行。

9. 剥夺自由刑,应当由流刑移住区、教导院、矫正治疗机构和实行一般管制制度、严厉管制制度、特别管制制度的矫正院或监狱执行。对于本法典第七十七条所指人员,应当由隔离侦讯室执行。

10. 终身剥夺自由刑,应当由对履行终身剥夺自由刑被处刑人员实行特别管制制度的矫正院执行。

11. 死刑,应当由刑事执行系统的管理机构执行。

12. 对现役军人判处的刑罚应当由以下部门执行:军事惩戒营禁闭刑——由专门就此设立的军事惩戒营执行;拘禁刑——由卫戍部队指挥部门在现役被处刑军人禁闭室或卫戍部队禁闭室相应分支机构执行;限制性军役刑——由上述现役被处刑军人服役所在地军事部队指挥部门执行(以下简称军队指挥部)。

13. 被判处附条件提前免除刑罚[缓刑]的被处刑人员,应当受到刑事执行监查机关的监督。判处附条件提前免除刑罚的被处刑军人,对其监督应当由军队指挥部实行。

14. 本条第四条款、第五条款、第七条款、第八条款、第九条款与第十条款所指管理机构为刑事执行系统的管理机构。

① 参见 https://zakonguru.com/izmeneniya/optimizaciya-sizo.html。

矫正院、监狱或者教导院内履行完毕全部的刑罚期限。只有在罪犯罹患疾病或为保障其人身安全、矫正机构改组或撤销以及在其他阻碍被处刑人员继续置身于该矫正机构的特殊状况下,并由俄罗斯联邦刑罚执行领域内履行制定与实施国家政策、调整规范性法律职能的联邦执行权力机关予以确定,罪犯才会被从一所矫正院或监狱移送到另一相同类别矫正院或监狱执行。

1. 监狱。截至 2020 年底,俄罗斯有监狱 217 所[①],包括著名的弗拉基米尔中央监狱、利佩茨克监狱、季米特洛夫格勒监狱等,其中"莫尔多维亚共和国第一监狱、彼尔姆州第二监狱、沃洛格达州第五监狱、奥伦堡州第六监狱、莫尔多维亚共和国第六监狱、亚马尔—涅涅茨自治区第十八监狱、斯维尔德洛夫斯克州第五十六监狱"这七所监狱是关押终身监禁罪犯的监狱。

监狱里只关押、矫正如下几类成年男性罪犯(不收押女犯):一是只要单次实施了特定犯罪[②]即被判处剥夺自由刑 5 年以上或累次实施极其危险犯罪被判处剥夺自由刑,且部分刑罚期限应在监狱内履行的罪犯;二是被判处终身剥夺自由刑的罪犯;三是监狱服刑期间又被加刑的罪犯;四是被判处死刑依据特赦程序变更为剥夺自由刑的罪犯;五是因在普通管制、严厉管制与特别管制制度矫正院违反法定刑罚履行程序而被移送至监狱为期 3 年以下的罪犯;六是刑期 5 年以下被判处在普通管制型矫正营服刑、经本人同意留在监狱服刑从事一些庶务性劳动的初犯。在监狱服刑的罪犯关置在封闭的普通囚室,白天可以在专门配置的露天区域内进行 1 个半小时的放风活动,如果其违法相关规定可以提前终止放风活动;他们的劳动活动只准许在监狱内组织进行,罪犯之间不准创建业余组织、也没有权利看电影和录像、更不可能在无押送或护送情况下于矫正机构区域外通行,被终身剥夺自由刑不能接受普通教育。当

---

① 参见 https://fsin.ru/search? query=%D1%82%D1%8E%D1%80%D1%8C%D0%BC%D0%B0。

② 实施俄罗斯联邦刑事法典第一百二十六条、第一百二十七条副一条第二条款与第三条款、第二百零五条与第二百零六条、第二百零八条第一条款、第二百零九条至第二百一十一条、第二百七十五条、第二百七十七条至第二百七十九条、第二百八十一条、第三百一十七条、第三百二十一条第三条款、第三百六十条第二条款规定犯罪。

然,对于留置在监狱从事庶务性服务且表现良好的罪犯,因为改造需要可以准许在无押送或护送情况下在矫正机构区域外通行;如果出现其近亲属死亡或罹患危及生命的严重疾病等个人特殊情况,以及为预先解决他们释放后的劳动与生活安置问题,经准许进行持续时间7日以下的短期出行。

监狱内实行普通管制和严厉管制两种形式的监管制度,其区别主要体现为:一是根据俄罗斯相关法律规定,对于一级残障以及二级残障的、应当关押在监狱服刑的罪犯,只能适用普通管制制度;二是适用普通管制制度的罪犯,服刑期间除可以无限制使用自己在刑罚履行期间收入的钱款、其领取的退休金与社会补助金购买食品与生活必需品之外,每月还可以使用其个人记名账户上800卢布的其他钱款购买食品与生活必需品,而适用严厉管制制度的罪犯花费数额则为600卢布;三是适用普通管制制度的罪犯,服刑期间一年内可以与家人进行两次短期会见与两次长期会见,而适用严厉管制制度的罪犯一年内可以与家人进行两次短期会见;四是适用普通管制制度的罪犯,服刑期间一年内可以收取2个邮包或转交物品及2件印刷品邮件,而适用严厉管制制度的罪犯一年内最多可以收取1个邮包或转交物品及1个印刷品邮件。

2. 矫正营。矫正营是指被判处自由刑的成年犯的服刑场所。俄罗斯的矫正营区分为流刑移住区、实行一般管制制度的矫正院、严厉管制制度的矫正院与特别管制制度的矫正院。当然在任何一所矫正院都可设置实施不同管制制度的隔离区段。

(1)流刑移住区。也叫村镇式矫正营,即苏联时期的"劳动改造村",类似于从事农副业生产的劳改总队或支队,但其实行的是一种开放式管理方式。这类机构收押的对象:一是因过失犯罪被判处5年以下有期徒刑的罪犯;二是故意触犯轻度或中度犯罪且没有前科的罪犯;三是依照《刑事执行法》的有关规定程序从普通管制型和严厉管制型矫正营转移过来的罪犯。刑事执行系统的地方机关,自收到法院下达的刑事案判决(裁决、决议)副本之后10日内向被判处在流刑移住区履行剥夺自由刑的被处刑人员下达遣送其至刑罚履行地点的指令,并应保障将其遣送至流刑移住区。在流刑移住区服刑的罪犯,居住于专门对其配备的宿舍内,经批准可以准许其同家人共同居住在流刑移住区区域内或区域外的租赁房屋或个人私有住宅。他们从起床到就寝时间内享有在流刑移住区区域内自由活动的权利,因劳动或学习需要经批准可以在无人监督的情况下离开流刑移住区出行;他们可以穿着普通服装,可以随身携带钱款与贵重物品,花费的钱款不受限制,收取邮包、转交物品与印刷品邮件的数量不受限制。此外,他们还可以参加服刑地高等与中等职业教育机构举办的函授学习。

(2)一般管制型矫正营。这类矫正营收押以下四类罪犯:一是因实施严重犯罪被判处剥夺自由刑且没有前科的成年男犯;二是因实施严重和特别严重犯罪被判处剥夺自由刑的成年女犯(包括惯犯及有前科的女犯);三是在宽松条件下但恶意违反了监规纪律、被裁定应转移到普通管制型矫正营服刑的罪犯;四是在严厉管制型矫正营至少6个月因未违反监规纪律而受处罚、被裁定应转移到普通管制型矫正营服刑的罪犯。在一般管制型矫正院服刑的罪犯,根据其犯罪性质、刑期长短及服刑表现等因素分为普通、严厉和宽松三级管理级别。服刑期间,适用普通管理和宽松管理模式的罪犯居住在普通宿舍里、适用严厉管理模式的罪犯居住在封闭监舍;虽然三种级别的罪犯都可以无限制使用自己在服刑前及服刑期间收入的钱款和社会补助金购买食品与生活必需品、享有会见权、可以接收邮包,但是三者之间还是有如下差异:一是适用普通管理的罪犯每月还可以使用其个人记名账户上3000卢布的其他钱款购买食品与生活必需品,而适用严格管理的罪犯每月只能花费2000卢布、适用宽松管理的罪犯每月没有数额限制;二是适用普通管理的罪犯一年内接受6次短期会面与4次长期会见,适用严格管理的罪犯一年内只能接受2次短期会面与2次长期会见,而适用宽松管理的罪犯不仅一年内接受6次短期会面与4次长期会见,如果以顺利回归社会为目的,经矫正机构官长批准可以在届临出监前 6 个月在矫正院区域以外居住与工作,女性被处刑人员可以准许在矫正院区域之外同家人或子女在租赁或私有住宅内共同生活;三是适用普通管理的罪犯一年内收取 6 个邮包或转交物品及 6 件印刷品邮件,适用严格管理的罪犯一年内收取 3 个邮包或转交物品及 3 件印刷品邮件,而适用宽松管理的罪犯一年内可以收取 12 个邮包或转交物品及 12 个印刷邮件。

(3)严厉管制型矫正营。这类矫正营收押以下三类罪犯:一是因实施极其重度犯罪初次被法院判处剥夺自由刑的成年男犯;二是曾经被判处并履行过剥夺自由刑过刑、又实施累次犯罪与极其危险犯罪的男犯;三在普通管制或宽松管制条件下服刑却故意违反了监规纪律、被裁定应当转移到严厉管制型矫正营服刑的罪犯;四是在服刑期间又实施了故意犯罪而被判刑的罪犯。在严厉管制型矫正院服刑的罪犯,根据其犯罪性质、刑期长短及服刑表现等因素也分为普通、严厉和宽松三级管理级别。服刑期间,适用严厉管理和宽松管理模式的罪犯居住在普通宿舍里、适用严厉管理模式的罪犯居住在封闭监舍;虽然三种级别的罪犯都可以无限制使用自己在服刑前及服刑期间收入的钱款和社会补助金购买食品与生活必需品、享有会见权、可以接收邮包,但是三者之间还是有如下差异:一是适用普通管理的罪犯每月还可以使用其个人记名账户上 2000 卢布的其他钱款购买食品与生活必需品,而适用严格管理的罪犯每月只能花费 1000 卢布、适用宽松管理的罪犯每月可以花费 3000 卢布;二是适用普通管理的罪犯一年内接受 3 次短期会面与 3 次长期会见,适用严格管理的罪犯一年内只能接受 2 次短期会面与 1 次长期会见,而适用宽松管理的罪犯不仅一年内接受 4 次短期会面与 4 次长期会见;三是适用普通管理的罪犯一年内收取 4 个邮包或转交物品及 4 件印刷品邮件,适用严格管理的罪犯一年内收取 2 个邮包或转交物品及 2 件印刷品邮件,而适用宽松管理的罪犯一年内可以收取 6 个邮包或转交物品及 6 个印刷邮件。

(4)特别管制型矫正营。这类机构收押的对象:一是因实施极其重度犯罪初次被判处剥夺自由刑的罪犯;二是曾经履行过剥夺自由刑、却又实施累次犯罪与极其危险累次犯罪的罪犯;三是实施极其危险累次犯罪被判处死刑但依据特赦程序变更为定期剥夺自由刑或终身剥夺自由刑的罪犯。换言之,对被判处终身监禁的罪犯,以及被判处死刑依法被改判为有期徒刑和终身监禁的罪犯,均应当置于特别管制型矫正营服刑。在特别管制型矫正院服刑的罪犯,根据其犯罪性质、刑期长短及服刑表现等因素同样也分为普通、严厉和宽松三级管理级别。服刑期间,适用普通管理和宽松管理模式的罪犯居住在普通监舍里、适用严厉管理模式的罪犯居住在封闭监舍理。同时,被判处终身监禁或由死刑特赦为终身监禁的罪犯与其他罪犯要分开关押、一个监舍内不超过 2 人。虽然三种级别的罪犯都可以无限制使用自己在服刑前及服刑期间收入的钱款和社会补助金购买食品与生活必需品、享有会见权、可以接收邮包,但是三者之间还是有如下差异:一是适用普通管理的罪犯每月还可以使用其个人记名账户上 1000 卢布的其他钱款购买食品与生活必需品,而适用严格管理的罪犯每月只能花费 700 卢布、适用宽松管理的罪犯每月可以花费 2000 卢布;二是适用普通管理的罪犯一年内接受 2 次短期会面与 2 次长期会见,适用严格管理的罪犯一年内只能接受两次短期会面,而适用宽松管理的罪犯不仅一年内接受 3 次短期会面与 3 次长期会见;三是适用普通管理的罪犯一年内收取 3 个邮包或转交物品及 3 件印刷品邮件,适用严格管理的罪犯一年内收取 1 个邮包或转交物品及 1 件印刷品邮件,而适用宽松管理的罪犯一年内可以收取 4 个邮包或转交物品及 4 个印刷邮件。

3. 教导院。教导院①是俄罗斯专门收押、矫正未成年罪犯的监狱机关。根据俄罗斯相关法律规定,虽然未成年人满 14 周岁即应当负刑事责任,但是2003 年修订的俄罗斯联邦刑法却规定:对初犯且实施轻罪的未成年人、与初

---

① 也有的翻译为教养院、教养营。

犯且实施中等严重犯罪的 16 岁以下未成年人不得适用剥夺自由刑罚①。同时,根据俄罗斯刑事执行法典的相关规定:以强化矫正效果、实施中等(完全)普通教育或者职业培训为目的,年满 18 岁的未成年罪犯可以留置于教导院至刑罚期限结束,但不应超过其年满 19 岁以后。所有年满 19 岁的被处刑人员,为便于继续履行刑罚,根据教导院官长决定,应当从教导院或者教导院内具有矫正院一般管制职能的单独区域移送到一般管制制度的矫正院。因此,俄罗斯教导院收押的罪犯均是在 16 岁以上 19 岁以下的罪犯。出于保护未成年人权益的需要,俄罗斯给予未成年犯相较于成年罪犯更加优越的服刑环境、更加宽松的管理政策,更加注重教育矫正。如根据俄罗斯刑事执行法规定,未成年罪犯人均居住面积标准不能少于 3.5 平方米,是剥夺自由刑的罪犯中享有面积最高的②。关于日常处遇,未成年罪犯与成年罪犯也有差别。如同样是在普通条件下服刑的罪犯,未成年罪犯"一年内接受 8 次短期会面与 4 次长期会面",而成年罪犯"一年内接受 6 次短期会面与 4 次长期会面"。未成年罪犯如果表现良好、认真对待劳动与学习、积极参与被处刑人员业余组织工作的,有权在该教导院工作人员携同下离开教导院区域出行参加文化娱乐及体育活动,或在父母以及其他近亲属陪同下穿普通服装离开教导院出行。如果有人违反监规纪律,视情节他将被禁止在一个月内观看电影,或关 7 天隔离紧闭,或被取消每日享有 2 个小时的放风时间,或者被禁止进行长期会见、电话通话、购买食品与生活必需品,等等。此外,教导院对所押罪犯也实行普通、严厉宽松和有待四级监管制度。

(1)普通管理型教导院。初次被判处剥夺自由刑的未成年罪犯,以及从

---

① 2003 年修订的俄罗斯联邦刑法典第 88 条第 1 款第 6 项规定:对初犯、且实施轻罪的未成年人与初犯、且实施中等严重犯罪的 16 岁以下未成年人不得适用剥夺自由刑罚;对年满 16 岁之前实施犯罪的未成年人适用期限不得超过 6 年;对年满 16 岁以前实施特别严重罪的未成年人适用期限不得超过 10 年;对 16—18 岁未成年人不得适用 10 年以上剥夺自由的刑罚等。

② 如俄罗斯刑事执行法第九十九条规定:被判处剥夺自由刑人员人均居住面积标准为:矫正院——不能少于 2 平方米;监狱——不能少于 2.5 平方米;专门为女性被处刑人员履行刑罚设置的矫正院——不能少于 3 平方米;教导院——不能少于 3.5 平方米;医疗矫正机构——不能少于 3 平方米。

宽松、优待或者严厉的刑罚履行条件下移送过来的未成年罪犯。服刑期间,他们可以无限制使用自己在刑罚履行期间收入的钱款、其领取的退休金与社会补助金购买食品与生活必需品之外,每月还可以使用其个人记名账户上 4000 卢布的其他钱款购买食品与生活必需品;一年内接受 8 次短期会面与 4 次长期会见。

(2)严厉管理型教导院。该类教导院主要收押、矫正服刑期间实施故意犯罪且此前履行过剥夺自由刑的未成年罪犯,以及在普通管理型或宽松管理型教导区域服刑期间故意违反监规纪律被处以严厉管教的未成年罪犯。如果某名罪犯因犯罪被重新羁押、因严重违反监规纪律关置于单身禁闭室,也适用严厉的管理措施。服刑期间,他们在劳动与学习之余被关押在禁闭室。他们虽然可以无限制使用自己在刑罚履行期间收入的钱款、其领取的退休金与社会补助金购买食品与生活必需品之外,但是每月只可以使用其个人记名账户上 3000 卢布的其他钱款购买食品与生活必需品;一年内接受 6 次短期会见,没有长期会见。

(3)宽松管理型教导院。该类教导院主要收押、矫正从普通管理型移送过来的下列未成年罪犯:一是初次判处剥夺自由刑的未成年罪犯,二是有过剥夺自由刑前科的未成年罪犯,其中男性罪犯应当在普通条件下履行 6 个月、女性罪犯履行 3 个月的刑罚之后。服刑期间,他们可以无限制使用自己在刑罚履行期间收入的钱款、其领取的退休金与社会补助金购买食品与生活必需品之外,每月还可以使用其个人记名账户上 6000 卢布的其他钱款购买食品与生活必需品;一年内接受 12 次短期会面与 4 次长期会面。同时,根据教导院行政管理部门的决定,可以在教导院区域外进行长期会见。

(4)优待管理型教导院。在宽松条件下履行刑罚的被处刑人员,为便于预备释放,应当移送到优待条件下履行刑罚。服刑期间,他们应当居住在条件更好的宿舍,可以无限制地花费其个人账户上的钱款购买食品与生活必需品,可以无限制次数的进行短期会面,以及一年内 6 次在教导院区域以外居住的长期会面。依据教导院官长决定,可以在无人看管的情况下穿着普通服装居住在教导院区域外宿舍,自由使用钱款。

4.医疗性质的矫正机构。医疗性质的矫正机构,即监狱性质的医院,类似于专门收押、改造病犯的监狱。俄罗斯这类刑罚执行机构收押的对象是患有开放性结核病、嗜酒瘾癖、吸毒瘾癖和艾滋病毒携带者或感染者的罪犯。对于那些患有心理和精神障碍并依据法院决定被采取医疗强制措施的罪犯,往往也被收容在这类医疗性质的矫正机构里。依据俄罗斯刑事执行法典的规定,对于在医疗性质的矫正机构内治疗开放性结核疾病、酒精瘾癖与麻醉剂瘾癖的罪犯,应当在医疗矫正机构与医疗防治机构内设置具有流刑移住区职能的隔离区段对他们进行监管与矫正。

5.看守所。俄罗斯的看守所均是为保障侦查、公诉、审判、执行等刑事诉讼活动的顺利进行而对犯罪嫌疑人、被告人和已决犯实施隔离而设置的专门机构,对已决犯执行刑罚仅仅是其附带的业务。具体而言,俄罗斯看守所关押对象主要包括:一是处在侦查、诉讼阶段的犯罪嫌疑人;二是等待法院审判的被告人;三是已经被法院判处剥夺自由刑、生命刑待押解或执行的已决犯;四是待其他国家引渡的被捕者;五是留在看守所从事庶务性劳动的已决犯;六是因余漏罪解回再审而从服刑地押解到看守所的罪犯。

二、监狱内部管理

1.管理模式。依据《关于法院确定矫正机关类型的实施办法》《关于自由刑刑罚执行机关和机构》《罪犯分配和调动实施细则》等法律法规,俄罗斯刑罚执行机关根据罪犯性别、年龄、住址、有无特殊身份、健康状况、家庭情况、判处的刑期以及剩余刑期、服刑表现、假释的可能性、职业技能和文化程度、犯罪性质、规定的医疗性强制措施等其他因素,对其实行如下管理。

(1)就地服刑。通常情况下,俄罗斯被判刑罪犯应当在其居住地或者被判刑的俄罗斯联邦主体国境内矫正服刑。遇有下列情况,报上一级相应机关批准后将其押解到其他主体国领域内的矫正机构执行：一是他们的居住地或判刑地没有相应的矫正机构；二是为保障罪犯的身体健康或保障其人身安全不能将其关置于居住地或判刑地现有矫正机构；三是因实施某些特殊犯罪与极其危险累次犯罪的罪犯；四是被判处终身监禁的罪犯；五是在监狱服刑期间被加处剥夺自由刑的罪犯；六是由死刑特赦剥夺自由刑的罪犯。

（2）分类关押。一是按照罪犯的性别不同，实行男、女分开关押；二是按照他们年龄的不同，实行成年犯、未成年犯分开关押，其中未成年罪犯关押在教导院，成年罪犯主要关押在矫正院、监狱；三是按照他们是否具有军人、法院与护法机关工作人员的特殊身份，实行军人、法院与护法机关工作人员与其他人员分开关押，其中军人主要关押在军事惩戒营；四是按照他们是否患有传染病、精神病或残疾等身体健康状况，将健康犯与病残罪犯分开关押；五是按照他们有无前科，将初次被判处剥夺自由刑的人员与曾经履行剥夺自由刑的被处刑人员应当分开关置。

（3）分级管理。俄罗斯联邦刑事执行法典及联邦法等法律法规明确规定，依据罪犯的犯罪性质、刑罚种类、社会危险性程度、刑期长短、有无前科等情况，评估、甄别出每一名罪犯的人身危险性大小及矫正难易程度，首先确定是把他（她）关押在监狱还是矫正院进行监管改造，然后再做进一步的分级管理：一是如果某名罪犯被分配到监狱服刑，矫正机关将根据他的个人情况及其服刑表现，再次决定对他实行普通管制还是严厉管制。二是如果某名罪犯被分配到矫正院服刑，矫正机关将进一步明确是把他分配至流刑移住区服刑，还是分配到矫正院。根据俄罗斯法律规定，因实施过失犯罪、蓄意的轻度犯罪、中度犯罪被判处有期徒刑并且从一般管制制度与严厉管制制度矫正院移送出来的最烦，应当在流刑移住区内履行刑罚，而实施极其危险累次犯罪的罪犯、由终身监禁特赦有期徒刑的罪犯、由死刑特赦为终身监禁的罪犯不得移送至流刑移住区服刑。三是如果某名罪犯被分配到矫正院服刑，刑罚执行机关将根据他犯罪的社会危险性程度、有无前科等情况，更进一步明确将其分配到实行一般管制制度的矫正院服刑,还是分配到实行严厉管制制度的矫正院服刑,抑或是分配到实行特别管制制度的矫正院服刑。如某名男性罪犯因实施极其重度犯罪初次被判处剥夺自由刑,或曾经履行过剥夺自由刑并再次实施累次犯罪与极其危险累次犯罪的情况下,就应当分配严厉管制制度矫正院履行刑罚。四是如果某名罪犯被分配到实行一般(或严厉、或特别)管制矫正院服刑,刑罚执行机关将再次根据他的个人情况及其服刑表现,最终决定对其实行普通管制制度,还是严格管理制度或宽松管理制度。当然,如果某名罪犯在某个管理级别的矫正机关服刑一定期限且表现较好,或故意违反监规纪律,将会被调整到比当前管理更加严厉或更加宽松的矫正机关服刑。根据俄罗斯刑事执行法典的规定,表现积极的罪犯在监狱至少已经完法院判处刑期的一半才能被送至矫正院,从特别管制制度的矫正院至少已经完法院判处刑期的一半才能被送至严厉管制制度的矫正院;在普通条件下服刑的罪犯,如果故意违反监规纪律应当被移送到严厉条件下服刑;在宽松条件服刑的罪犯,如果故意违反监规纪律应当视情形被移送到普通或严厉条件下服刑。

(4)混合居住。俄罗斯执行剥夺自由刑的监狱机关实行混居制为主、独居制为辅的管理模式。换言之,依据行刑区别化和个别化原则,罪犯在通常情况行都是混合关押,只有下列罪犯才单独关押:一是实施累次犯罪及实施极其危险屡次犯罪的罪犯;二是被判处终身监禁以及被判处死刑被特赦终身监禁的罪犯;三是罹患各种传染性疾病的罪犯;四是在矫正院或监狱服刑并故意破坏监管秩序的罪犯,将单独关置在惩戒隔离室15日以下;五是关置于一般管制制度与严厉管制制度矫正院、囚房式监合,以及特别管制制度矫正院的男性罪犯,如故意破坏监管秩序的应当移送到单人囚室关置6个月以下,情节特别严重的男性罪犯应当关置一年以下。

2. 管理部门。根据刑罚执行工作的需要,俄罗斯先后出台了《矫正机构内部秩序章程》《矫正机关内务规章制度》等一系列规章制度,同时设置了专职押解、狱政管理、教育矫正、生活卫生、职业培训、考核奖惩、执法监督等业务部门,进一步规范、强化对罪犯的刑罚执行、教育矫正、生活保障、劳动改造、职业培训、社会感化教育、罪犯权利保障等管理工作。其主要的业务管理部门有:

(1)移送押解部门。根据俄罗斯联邦《司法部刑事执行系统特种押解部队公务活动条例》规定,俄罗斯刑罚执行机关为执行押解任务成立专门的押解队,成员不得少于4人,并按执行任务的性质决定人员组成和数量。押解队可分为普通和加强两种类型,当被押解的人员中有需要加强警卫和戒护时,则应由加强押解队执行押解任务。对于被押解的罪犯,押解队长有权使用体力、专门戒具和武器。押解队队长在接收待押解的罪犯时,首先应询问罪犯对押解机构有何要求并根据其个人档案了解其人格状况。押解有越狱经历的罪犯和无期徒刑犯及死刑犯时须使用手铐。押解途中押解队必须确保罪犯与旁人的绝对隔离,防止他们再犯罪和破坏规定的羁押制度。禁止押解队个人成员与罪犯及其亲属发生非公务上的联系。①

(2)狱政管理部门。刑罚执行和罪犯服刑的监管部门,其主要职责:一是对收押的罪犯进行登记、拍照、录音、录像、留取指纹,建立相关档案资料;二是依法对所押罪犯实行长期监管,确保矫正机构和罪犯的安全;三是要求罪犯及其他人履行其法定义务并遵守刑罚执行机关的内务规定;四是对违反监规纪律的行为进行调查,制作行政违法记录、实施行政拘留,以及依法采取法定的强制措施和预防措施;五是根据法院裁处的矫正机构类别确定各类关置条件、变更刑罚履行条件;六是对罪犯本人以及其物品进行查验和搜查,没收违禁品和文字材料;七是采用武力(身体暴力)、专门工具或武器制止罪犯不管管理、公开抗拒矫正、蛮横滋事、参与群体性骚乱、绑架人质、袭击公民或者实施其他危害社会性行为等。

(3)狱内侦查部门。为了保障罪犯、矫正机构工作人员与其他人员的人

----

① 参见栗志杰、田越光:《俄罗斯联邦刑事执行制度研究(续8)——剥夺自由刑刑罚执行的基本规则》,《中国监狱学刊》2014年第1期。

身安全,有效打击狱内又犯罪行为,俄罗斯的矫正机构依法成立侦查业务部门,在其管辖范围内,一是查明、预防与侦破在矫正机构内预备实施或已然实施的犯罪及破坏刑罚履行法定程序的行为;二是在法定程序下对从矫正机构实施脱逃行为的罪犯以及逃避履行剥夺自由刑的罪犯实施侦查;三是协助查明与侦破有关罪犯在到达矫正机构前实施的余罪或漏罪。为预防罪犯脱逃、实施其他犯罪,侦查部门有权利用视听、电子以及其他监察监督技术设备,以便获取有关罪犯行为举止的必要信息。

（4）医疗卫生部门。依据联邦法律和《矫正机构内部秩序章程》规定,俄罗斯矫正机构内成立有监狱医院等医疗服务部门,一方面对患病罪犯积极进行治疗,另一方面开展疾病预防工作。对罹患开放性结核疾病、酒精瘾癖与麻醉剂瘾癖的罪犯,则转押至专门的监狱医院即医疗矫正机构监管和治疗。医务部门要定期或不定期对罪犯进行医疗检查,以便及时查出罪犯是否服用酒精、麻醉品或有毒物质,对罪犯进行医学调查对罪犯因绝食导致对其生命健康产生危害的情况下,准许根据医疗指征对其适用强制性喂食的措施。对于需要住院治疗的罪犯,押犯单位的领导根据医务部门领导的报告向安置接收罪犯的医疗单位发出书面请求,并附上门诊病例卡或住院病人病例卡的病情摘录,病情摘录上必须反映出病人的现状、既往病史、客观检查的档案材料、专家结论等内容。在病情摘录上应说明全面的医疗诊断、曾经治疗的结果;同时还要附上病人或者其法定代理人同意进行治疗,其中包括手术的书面同意书。在紧急情况下,即生命攸关的情况下,无需先征得医院领导书面同意即可送罪犯进行治疗,但必须通知医疗单位领导和刑事执行系统地方机构的值班部门。送往医院进行治疗和观察的病犯如是精神失常的,必须凭罪犯本人或者其法定代理人出具的同意住院治疗的书面意见方可移送住院治疗。①

（5）教育矫正部门。为教育和培养罪犯对他人、社会、劳动、人类社会公

---

① 参见栗志杰、田越光:《俄罗斯联邦刑事执行制度研究(续8)——剥夺自由刑刑罚执行的基本规则》,《中国监狱学刊》2014年第1期。

共生活规范、准则与传统所应具有的尊重态度,并激励其实施合法行为,俄罗斯各级矫正机构结合罪犯的刑罚类别、已然犯罪的社会危害性性质与程度、罪犯自身特性与其品行举止,积极运用普通教育、职业培训与社会感化等教育引导手段①,对其开展思想、文化、法制、职业技术等方面的教育矫正工作。为强化对罪犯教育矫正工作的组织与管理,俄罗斯实行五级管理与指导机制:俄罗斯联邦刑罚执行机关和各个联邦主体的刑罚执行机关均设立有罪犯教育矫正的综合管理部门,各监狱、矫正院、教导院设立有类似罪犯教育改造科等业务职能部门,以及普通教育学校(或者教学辅导站)以及职业学校等业务执行机构,同时还在罪犯中设立有监狱(矫正院、教导院)级、监区(大队)级自治组织。其中,监区一级的罪犯自治委员会作为分会由各分监区罪犯代表组成;矫正机关,即监狱、矫正营或教养营单位的罪犯自治组织,作为总会则由各监区选出的罪犯代表组成。监区罪犯代表委员会是通过选举产生的罪犯自治组织自我管理的领导机构,负责和协调分会的工作,确保总会通过的有关决议和活动得以实施。为了对日常工作实施领导,在监区罪犯自治委员会内部还可以设立若干小组,如纪律与秩序小组、劳动训练小组、消防小组、卫生生活小组、业余生活小组、文化与职业教育小组、文体娱乐小组等。为了对矫正机关全体罪犯的社会组织实施总的领导,在罪犯自治总会内部也设立相应的分会,如纪律与秩序分会、文化与职业教育分会、劳动训练分会、消防分会、图书馆与俱乐部分会、内部刊物和墙报分会、社会救济及其他分会等,罪犯自治组织的类型没有固定的形式,可以丰富多彩。② 矫正机构为罪犯教育矫正提供必要的如

① 《俄罗斯刑事执行法典》第九条:被处刑人员矫正与基本矫正方法。1. 被处刑人员矫正,即指造就被处刑人员对他人、社会、劳动、人类社会公共生活规范、准则与传统所应具有的尊重态度,并激励其实施适法行为。2. 被处刑人员的基本矫正方法为:法定的刑罚(制度)执行与刑罚履行程序,教导工作,社会性有益劳动,普通教育,职业培训与社会感化。3. 被处刑人员矫正方法适用时,应同时考虑所予科处的刑罚类别、已然犯罪的社会危害性性质与程度、被处刑人员自身特性与其品行举止。

② 参见陈厅、田越光:《俄罗斯联邦监狱罪犯教育》,《中国监狱学刊》2014年第1期。

教室、图书馆、影视播放场所等的教学设施和教学书籍,为罪犯提供必要的学习用具,组织罪犯参加或自办文娱节目、出墙报、办音乐会、戏剧演出等娱乐活动等。罪犯参加职业培训是衡量其矫正程度的一个因素,职业技术教以释放之后特别实用的车工、钳工、技工、电工和驾驶技术为主,不脱产以夜校等轮班制方式进行。

(6)劳动管理部门。依据法律规定,除老年罪犯(男性 60 岁以上、女性 55 岁以上)、残疾罪犯(被鉴定为一、二级残障)、4 个月以上的孕妇、在监狱幼儿园有孩子的女犯等人依据其个人意愿决定是否参加劳动外,其他被判处剥夺自由刑的罪犯均强制劳动。罪犯劳动时间每天 8 小时,每周不超过 40 小时,并享有每年 12 个工作日(未成年罪犯为 18 个工作日)的带薪休假。罪犯劳动管理部门,一是负责结合其性别、年龄、劳动能力、健康状况、能力特长以及现有的工作岗位等,为每名罪犯安排劳动项目和岗位;二是根据实际情况组织罪犯在国有企业劳动,或者到其他所有制形式的企业劳动,但是在监狱内服刑罪犯的劳动只能在监狱内组织进行;三是按照《矫正机构内部秩序规章》的相关规定,确定每名罪犯的工作清单与劳动定额,负责质量监督;四是负责确定罪犯工作(倒班)开始与结束时间,并按照日历年度总计对被罪犯已完成的工作时间进行核算;五是为罪犯发放劳动报酬。罪犯在完成当月规定时间及工作定额的,有权获得不应低于法定最低限额的劳动报酬。在扣除赡养费、所得税、缴纳的养老金、监禁费(根据实际提供的伙食、被褥及公共日常服务的价值计算)外,罪犯的劳动报酬可以用于购买食品和日用品,或者补贴父母生活,经监狱当局同意,也可资助他人。

3.管理人员。2018 年 7 月施行《俄罗斯联邦刑事执行部门组织法》规定:已满 18 岁的公民,不论性别、种族、国籍出身、财产和职务状况、居住地、宗教观念、信仰、是否参与社会协会,只要精通俄罗斯联邦官方语言,具备相关法律规定的专业要求,具备个人素养及工作素质,具有公职人员执行公务应当具备的身体素质及健康状况,均有权申请从事监狱管理及矫正罪犯等公务。监狱管制机构的工作人员是国家公务员,并有文职公务、军职公务及其他公务之分,其中军职公务授予军衔。日常工作中,俄罗斯对监狱管理机构公职人员实行职位、职务、职称多层管理,①并且在职位上的个人负责制和等级服从(从属)制:个人负责制又称"行政首长负责制",是指监狱管理机构中各级行政首长在职权范围内可以决定、处理相关事项并承担相应责任的制度;而等级服从制则是要求下级机关必须服从上级机关、工作人员必须服从领导,即履行公务职责时必须服从直接负责人(领导)——工作中直接从属的领导,包括临时领导。

(1)从职位上看,俄罗斯刑事执行体系虽然设置有最高领导、高级领导、中级领导、初级领导和基层公职人员五个层级,但直接从事罪犯监管与矫正的中级领导、初级领导和基层公职人员三个层级。其中各监狱(教导院、矫正院等)领导属中级领导,各监狱(教导院、矫正院)业务科室领导、监区或支队领导属初级领导,各监狱(教导院、矫正院)业务科室的工作人员、监区或支队的工作人员属基层公职人员。对于罪犯服刑、矫正期间大量常规工作,主要是由初级领导和基层公职人员来组织和实施的。如俄罗斯监狱(教导院、矫正院等)规定,根据地理条件和劳动环境的要求,罪犯可以在早上5点或6点起床,然后利用10分钟来整理内务卫生、用30分钟来吃早餐、30分钟到1小时的自由活动时间等②,这些工作是由基层监管人员来组织和实施的。

(2)从职务设置上看,俄罗斯刑事执行体系虽然中设置有联邦司法部部长、联邦刑事执行总局局长、联邦主体的司法部长等领导职务,但直接从事罪犯监管与矫正即监狱机构的职务设置为监狱(教导院、矫正院等)领导、业务科室领导、监区或支队领导及一般工作人员三大类别。其中监狱领导包括正副监狱长(教导院院长、矫正院院长等)、监狱长助理、总工程师、总会计师等,业务科室领

---

① 在工作中互不从属的公职人员,双方职称可能各有高低;公职人员的职称取决于所任的职务,若公职人员所任职务与原职务等级相同,则其职称依照专门职称确定。

② 参见 https://fsin.ru/articles/o-sovremennykh-rossiyskikh-tyurmakh-kratkiy-ekskurs。

导主要有狱政管理科、教育改造科、心理咨询科、狱内侦查科、人力资源科、保卫科、信息技术和军备科、押解队、纪检委、办公室的正副科长或主任（队长）①，监区或支队领导主要有正副监区长、支队长等，一般工作人员主要是指在业务科室及监区或支队具体从事某一项工作的公职人员。不同职务的公职人员有不同的管理权限及职责范围，如对于表现良好的罪犯是否准许其离开矫正院或教导院出行、是否可以申请特赦、是否申请以较轻刑罚类别替代其未履行完毕的部分刑罚、是否可以提前撤销曾经科处的惩戒等奖励，以及对故意违反刑罚履行程序应当移送到单人囚室关置6个月以下或关置在惩戒隔离室15日以下的惩戒，由监狱长、矫正院院长及教导院院长依据其犯罪的性质与程度、已履行的刑罚期限及其行为举止后决定，而监区长、支队长则只能拥有对表现较好的罪犯予以表扬、准许额外花费钱款购买食品与生活必需品等奖励措施，以及对违反监规纪律的罪犯予以警告、剥夺在一个月内观看电影等有限的几项权力。

（3）从职称上看，俄罗斯刑事执行体系中的专门职称设置有最高指挥人员、高级领导人、中级领导人、初级领导人和内务基层人员②，但直接从事罪犯监管与矫正工作的职称仅有中级领导人、初级领导人和内务基层人员三个层级。其中级领导人包括内务少尉、内务中尉、内务上尉、内务指挥员，初级领导人包括内务初级军士、内务军士、内务高级军士、内务准尉、内务司务长、内务高级司务长，内务基层人员。如果某人被任命为初级主要领导人职务，他（或她）的职称为内务高级司务长；如果被任命为中级主要领导人职务，他（或她）的职称为内务指挥员。根据相关法律规定，担任基层公职人员及初级领导人的教育水平不能低于普遍中等教育水平，中级领导人的教育水平不应低于与其工作方向相一致的中等专业教育水平，高级领导人及最高领导人的教育水平不应低于与其工作方向相一致的高等教育水平；职位需要变更时，需要综合

---

① 参见 https://base.garant.ru/71931770/38d0e20d10a9099ed1e190abf152a12a/。
② 《俄罗斯联邦刑事执行部门组织法》第八条的规定，最高指挥人员包括内务总少将、内务总中校、内务总上校、俄罗斯联邦内务部总长官，高级领导人包括内务少将、内务中校、内务上校。

考虑公职人员在刑事执行体系内的工龄或者在掌握专业、专业知识和技能方面的年限(经验)。公职人员考核每四年举行一次。如果公职人员被任命至刑事执行体系中另一职位工作,则其考核应在其任命之后不早于一年进行;休产假的公职人员,以及休育儿假,需抚养婴儿至 3 岁的公职人员,其考核应在假期结束后不早于一年进行。经考核符合任职要求的人员将被建议任命其至刑事执行体系中的高职位工作、或监狱将其吸收为人才储备以便日后任命其在刑事执行体系中的高职位工作,不符合任职要求的则将其调任至刑事执行体系中的低职位工作,抑或直接解雇。

第五节　日本监狱管理体制

内阁法务省是日本监狱系统的最高行政管理机关,其长官内务大臣每年必须至少两次指派官员对监狱进行巡视,并接受惩戒对象的申诉。法务省内设的司法矫正局统管全国矫正机构,包括刑务所(监狱)、少年鉴别所、少年院、妇女辅导院等。其下设医疗分类课、教育课、作业课、保安课和总务课。日本将全国划分为 8 个司法矫正管辖区,由矫正局设立的辖区管理机构对各自管辖范围内的矫正机构实行监督和管理。这 8 个辖区分别是东京、大阪、名古屋、广岛、福冈、仙台、札幌、高松。

日本设立了矫正保护审议会作为法务大臣的咨询机构,包括矫正工作部门审议会、矫正保护学部门审议会、更生保护部门审议会。其主要任务是审议国家司法矫正政策的制定和实施,保护矫正人员的正当权益。此外,法务省还设有矫正工作研修所,承担矫正理论政策研究和管理人员进修培训工作。

一、监狱内部管理

日本刑务所(监狱)通常设有 5 个下属机构:总务部负责刑务所日常管理,如文件收发、档案保存、物品采购、生活设施维护等;医务部负责罪犯疾病预防和治疗;分类审议室负责罪犯分类调查;教育部负责罪犯教育管理及娱乐活动管理等工作;处遇部负责罪犯生产活动管理,维护监狱的保安工作和纪律。日本行刑机构的法务官中具有戒护权的管理人员称为刑务官,分为矫正监、矫正长、副矫正长、看守长、副看守长、看守部长、看守导等7个级别。另外,还有劳务技术教官、医务技术教官、心理技术教官等,皆属于国家公务员。其待遇比普通公务员更高。

在监狱管理过程中,刑务所(监狱)所长还必须认真听取和采纳刑务官会议的意见。刑务官会议是一个咨询机构,具有广泛的提议范围:关于特赦、假释和停止执行刑罚;调查罪犯的表现;关于作业事项的设立、改废及期限;口粮的品种和数量;对罪犯的奖励或重大惩罚;经费使用和重大工程;刑务所规则的重大修改。

二、罪犯劳动与教育

日本监狱对罪犯的矫正手段和措施比较多,但是成效比较突出的是劳动、职业培训和文化教育,故此这里主要介绍这三种手段和措施。

1. 罪犯劳动。日本大部分罪犯都必须参加劳动,劳动的种类有生产类,主要是加工各种产品,还有自助作业类的,主要是会计、修建等。在指定劳动种类前,还要对服刑人员进行分类调查,并根据调查结果判定其处遇计划和分类编队,决定劳动等待遇。而劳动中的表现及成果,又是评价罪犯累进处遇的重要依据,决定以后的处遇。罪犯劳动除了在监狱所属的劳动场以外,还可以到监外的企业工厂进行。罪犯每天劳动时间为8小时,每周40小时。周末两天休息。罪犯劳动收入全部归国库。但对从事劳动的罪犯发放奖金,其性质不是劳动报酬,因此与劳动不等值,数额较少。奖金在罪犯释放时发放,或者可以在监狱内购买日用品或者寄回家里。此外,还允许罪犯在一定条件下,利用业余时间劳动,其收入归自己所有。

2. 职业技术培训。为了让罪犯具备有效的社会复归能力和环境适应能力,减少重犯率,日本开展了各种职业训练。不过受训者尚需具备一定的条件:年龄通常不满 40 岁;职业训练开始时,刑期应在一年以上;具备中学学历或同等学力;行为良好、意志坚定;经适应调查,鉴定为适合职业训练的;具有从职业中习得技能为今后生计的意愿。职业训练分为三种,一是综合训练,是从全国监狱内招募、选定服刑人员,并在指定的综合职业训练场所接受的训练;二是集合训练,是在特定地方临时收容所内进行的职业训练;三是对本监狱内的服刑人员实施的短期职业训练。日本成立了 7 个综合职业训练场所,分别是东京矫正管区的中野刑务所、川越少年所;大阪矫正管区的奈良少年刑务所;广岛矫正管区的山口刑务所;福冈矫正管区佐贺少年刑务所;仙台矫正管区的山形刑务所;札幌矫正管区的函馆少年刑务所。综合职业训练有理发美容、汽车修理、制版印刷、家具制作、制陶技艺、木工、皮革工艺等。完成职业训练规定的专修课程,即具备职业资格,同时还能获得劳动省职业训练局办法的进修证明书。

3. 文化教育。针对罪犯普遍存在文化程度偏低,在社会上生存困难,为了帮助他们提高文化水平,日本监狱开展文化教育。对义务教育没有修完和虽然修完了义务教育但学历低的人,进行扫盲教育和基础科目的补习教育。罪犯完成一定的课程,可以参加中学毕业课程考试和大学入学资格考试。对于好学和基础较好的罪犯,还可以参加高等学校函授课程教育,提高罪犯的学历层次及职业技能。

第六节　国外监狱管理体制的启示

监狱管理体制的发展完善,是刑罚执行有序、公平的保障,也是社会文明进步的具体体现。要保障监狱这台国家机器的有效运转,确保社会长治久安。必须在立足本国实际情况的基础上,加强与国外的交流合作,比较各国监狱管理体制的优劣,博采众长,吸取其他国家的经验与教训,不断促进监狱管理体制的改革和创新。

一、发展和完善监狱管理体制

为了体现制刑、求刑、量刑、行刑之间的分工配合,相互制约,保证执法的公正性与合理性,利于罪犯改造和管理,许多国家都将刑罚执行作为一个独立的程序由司法行政部门管理。尽管各国的司法行政机构不同,或为司法部,或为内政部,或为矫正部等,但这并不影响监狱管理的独立性,即监狱工作全部归司法行政部门管理。其中俄罗斯在司法部下设联邦刑事执行总局,主管全国的生命行刑、财产刑、自由刑、荣誉刑等所有刑罚的执行事务;英国由内政国务大臣直接负责全国的监狱管理工作,每年向国会两院报告工作情况,从而使监狱工作得到各方重视。故此我们在坚持文化自信的基础上,可以顺应国内外监狱管理工作发展的潮流和需求,有选择地吸取国外先进做法和成功经验,逐渐理顺并发展监狱科学的管理体制和机制,为不断提升罪犯改造质量、实现刑法预防犯罪的目的奠定坚实基础。

二、加强罪犯分类研究与实践

罪犯改造教育犹如治疗病人,必须根据其病状、病因对症下药。每个罪犯的身心状况、家庭环境、社会背景等因素不同,实施的矫治方法也应不同。依据罪犯个性特点进行分类管理是做好监狱工作、改造罪犯的前提。联合国在相关建议中指出,为了防止罪犯之间的不良影响相互传染,使罪犯恢复正常生活,应对不同种类的罪犯按照性别、年龄、犯罪记录、被拘留的法定原因和必须施以的待遇,分别在不同的监狱或监狱不同的部分进行改造。罪犯分类已成为各国监狱工作的一项重要内容,在监狱管理中的作用日益重要。

一些国家综合运用心理学、教育学、医学、社会学等学科知识,形成了较为合理的罪犯格调查和分类方法。他们通常在监狱成立专门的分类机构,由监狱工作人员、临床犯罪学家、精神科医师或者临床心理学家等专家和代表组成。罪犯关押前,分类机构向有关部门或个人如警察局、家庭成员、公司、社区等获取相罪犯资料,掌握其个人历史、身体精神状况、职业教育等。分类机构根据获取的情况做出评价,对罪犯进行分类,并决定其分类等级及对应的待遇,如教育、劳动、文化、娱乐、与外界接触机会等。如英国将罪犯分为 ABCD 四类。在实践中,英国一些监狱分类更为详细,如沃兹沃斯监狱将罪犯分为了 8 类,监狱区域对应也分为 8 个居住区,分别关押不同类型罪犯。

人的心理活动和行为处于变动之中,因此罪犯分类并非一次性的,而是持续的过程。一些国家的罪犯分类也根据这一特点在罪犯整个服刑期间进行。如美国罪犯分类就分为初次分类、重新分类和释放前分类,并且监狱设有处遇分类委员会,监狱长要根据委员会的建议调整罪犯处遇。罪犯科学分类对做好监狱管理工作具有重要意义。但是由于国内少数监狱对罪犯分类教育工作认识不足,罪犯分类的理论研究和实践都不够深入,因此,这项工作还不尽如人意,应进一步加强心理学、犯罪学等学科在监狱管理中的运用,深入推进罪犯分类研究和实践。

三、加强监狱队伍人才建设

随着监狱事业的发展,对管理人员的素质要求越来越高,人才队伍建设成为监狱事业发展和创新的关键因素。故此,英、法、美及俄罗斯等西方国家在预备人才的培养、拟用人才的招录及行业内专业人才的培养及管理等方面都有许多成功做法,值得借鉴:首先,在预备人才的培养方面,英、法、美及俄罗斯等西方国家不仅特别注重监狱基层管理及矫正人才的培养,而且特别注重高级管理人才及理论研究人才的培养。如俄罗斯监狱系统(刑事执行)共有 8 所高等院校,部分学院是由内务部管辖划归司法部管辖,如弗拉基米尔法学院、普斯科夫法学院等;部分学院是 1997 年 7 月俄罗斯联邦刑事执行法生效实施以来后由中职升级创建,如法律与管理学院、沃龙捏什学院。不管是管辖重新划归而来,还是由中职升级创建而来,俄罗斯监狱系统(刑事执行)的高等院校都是多层次办学,甚至有的院校开设硕士研究生和博士研究生教育课程。其次,各国在监狱管理人员的初次招录即选拔的条件和程序都比较具体、全面和规范,除了公务员招收的基本要求外,还有身体、学历、专业技能、年龄、心理健康状况等一些其特殊条件,必须全部合格方可成为候选人。如俄罗斯《俄联邦刑事执行部门组织法》第十七条规定:对从事监狱管理与矫正等公务的人员,招录时"需接受由在刑罚执行领域制定和实施国家政策及调整法律规范的联邦权力执行机关所规定的生理心理测试、道德品质及心理素质测试以及对于是否消费处方麻醉药物、精神药物或是否酗酒及依赖其他有毒物质的调查"①。最后,国外对按严格条件和程序招录的、已经具备了一定专业素质的监狱管理人员,依然会组织他们参加专门的职业培训,并在其培训合格后才正式上岗。联合国预防犯罪与罪犯处遇大会在《关于狱政人员招收和培训的建议》中也提出,狱政人员在任职前要接受专业培训,并经过理论和实践考核。各国岗前培训时间不同,一些国家比如法国的监狱长、监狱教育人员培训长达 2 年,日本、挪威等国要求岗前培训 1 年,美国则要求为几个月。同时,随着知识更新和监狱工作的不断发展,各国把在职培训也作为队伍建设的重要内容,举办不定期的在职培训,以维持和提高监狱管理人员的知识和改造教育能力。对此,应当认真学习发达国家的先进做法,从抓好监狱管理人员的职业教育和创新教育入手,科学把握监狱管理人员的招录、培养及管理等继续教育,不断加强监狱人才的培养和使用。

---

① Федеральныйзаконот 19.07.2018г.№197-ФЗ《Ослужбевуголовно-исполнительнойсистеме РоссийскойФедерации 》иовнесенииизмененийвЗаконРоссийскойФедерации《Обучрежденияхиорганах, исполняющихуголовныенаказаниявввиделишениясвободы》,Статья 17.Правопоступлениянаслужбувуголовно-исполнительнойсистеме6.Граждане, поступающиенаслужбувуголовно-исполнительнойсистеме, проходятвпорядке, определяемомфедеральнымморганомисполнительнойвласти, осуществляющимф ункциииповыработкеиреализациигосударственнойполитикиинормативно-правовомурегулированиювсф ереисполненияуголовныхнаказаний, психофизиологическиеисследования, тестирование, направлен ныенаизучениеморально-этическихипсихологическихкачеств, выявлениепотребениябезназначе нияврачанаркотическихсредствилипсихотропныхвеществизлоупотребленияалкоголемилитоксич ескимивеществами.

四、提高监狱"警囚比",明确监狱警察的权利和待遇

发展和完善监狱管理体制,应进一步提高我国的"警囚比"。由于监狱工作的特殊性,监狱警察需要经常值守,身体上和精神上的压力较大。世界各国的"警囚比"虽然没有一定的标准,但通常不低于1:5,以缓解工作人员的压力,提高改造教育质量。如法国监狱管理人员与犯人的比例约为1:1.9,瑞士的比例约为1:2.3,德国巴登—符腾堡州的比例约为1:1.8。① 这其中还不包括工程技术人员、内勤人员、心理咨询人员、医疗人员等。这些人员加起来,大约占监监狱民警员的5%—15%之间。如果"警囚比"不合理,监狱警察工作压力较大,缺乏业务培训及技能提升的机会,不利于监狱工作的长期发展。

鉴于监狱工作的艰苦性和特殊性,一些国家的监狱管理人员除了享有一般公务员的权利外,还享有一些特殊的权利。因社会制度、历史传统以及国情等不同,各国的监狱管理人员权利有所不同,但基本上都规定了政治权利、财产权利、人身权利等几个方面。有的国家比如英国还明确规定了监狱工作人员享有警官的一切权利、权威、保护及特权,对监狱管理人员的侵袭即是对正在执行任务的警官进行侵袭,由此确保了监狱管理人员行刑的权威性。一些国家如英国、澳大利亚、巴基斯坦等还明确要求为监狱管理人员提供住房,或者提供租金等福利。

五、积极引入社会力量,实现监狱改造工作社会化

每个服刑人员在思想、性格等方面都具有很大的不同,改造教育工作应根据罪犯的个性提供有针对性的方案。因此,这是一项复杂的工作,涉及众多领域和技能要求,仅靠监狱或矫正机构工作人员难以全部完成。在罪犯改造中充分利用社会资源,引入社会改造力量,有利于帮助罪犯回归社会,降低重新

---

① 参见沙闻麟:《法国瑞士德国监狱管理掠影》,《中国司法》2016 年第 10 期。

犯罪率和行刑成本,提升监狱的行刑改造效能。因此,监狱工作社会化是刑罚执行的改革方向之一。监狱改造工作要努力做到社会化,引入社会力量,让社会上热心这项事业的人走进来参与罪犯改造,同时要负责任地争取将罪犯教育和职业技能培训纳入地方政府的总盘子。

此外,在罪犯教育方面,一些国家要求地方教育部门充分利用本地教育资源,帮助监狱制定教育方案,并实行教育文凭通用化,罪犯在监狱获得的文凭完全得到社会认可。同时,引入私人企业参与罪犯职业技能教育,使职业教育更具有吸引力和实用性,提高罪犯学习兴趣。总之,各国都在积极引进社会资源,为监狱提供多种服务,如给罪犯提供食物、医疗、培训、监管等,以求达到更好地矫治罪犯的目的。一些国家还推行监狱私营化,让私营公司部分参与监狱工作甚至举办私营监狱,这些经验为监狱改造社会化提供了有益的参考。

主要参考文献

一、著作类

1. 王明迪、郭建安：《岁月铭记——新中国监狱工作 50 年》，法律出版社 2000 年版。

2. 吴宗宪：《当代西方监狱学》，法律出版社 2005 年版。

3. 许章润：《监狱学》，中国人民公安大学出版社 1991 年版。

4. 张福森：《中国监狱体制改革的酝酿与启动》，法律出版社 2009 年版。

5. 范方平：《监狱劳教所机构设置研究》，法律出版社 1999 年版。

6. 潘华仿：《外国监狱史》，社会科学文献出版社 1994 年版。

7. 储槐植：《外国监狱制度概要》，法律出版社 2001 年版。

8. 武延平：《中外监狱法比较研究》，中国政法大学出版社 1999 年版。

9. 王恒勤：《中国监狱劳教改革新论》，群众出版社 2003 年版。

10. 王恒勤等：《中国特色社会主义监狱理论体系研究》，河北大学出版社 2011 年版。

11. 王秉中主编：《外国监狱概论》，金城出版社 2003 年版。

12. 张晶：《深读矫正：现代监狱制度的理论逻辑》，江苏人民出版社 2013 年版。

13. 万安中：《中国监狱发展的探索与思辨》，中国政法大学出版社 2013 年版。

14. 辛国恩等：《二十一世纪中国监狱发展战略研究》，法律出版社 2004 年版。

15. 辛国恩等：《毛泽东改造罪犯理论研究》，人民出版社 2006 年版。

16. 刘智：《中国劳改法学》，未来出版社 1985 年版。

17. 徐觉非、舒鸿康、邵名正、于齐生：《劳动改造学（公安机关内部发行）》，群众出版社 1983 年版。

18. 王福金:《中国劳改工作简史》,警官教育出版社 1993 年版。

19. 王泰主编:《现代监狱制度》,法律出版社 2003 年版。

20. 高寒:《监狱经济体制改革研究》,中国市场出版社 2005 年版。

21. 姜爱东主编:《监狱体制改革下若干重大问题研究》,群众出版社 2009 年版。

22. 刘津、张露:《监狱企业法人制度问题研究》,河北人民出版社 2009 年版。

23. [日]大桥洋一:《行政法学的结构性变革》,昌艳滨译,中国人民大学出版社 2008 年版。

24. 戴荣法、朱永忠:《社会治理与监狱基层基础建设——浙江监狱文化研究成果》,浙江大学出版社 2014 年版。

25. 中国监狱工作协会监狱史学专业委员会:《我所知道的新中国监狱第二辑》(内部编印),2010 年。

26. 中国监狱工作协会监狱史学专业委员会:《我所知道的新中国监狱第三辑》(内部编印),2012 年。

27. 中国监狱工作协会监狱史学专业委员会:《我所知道的新中国监狱第四辑》(内部编印),2017 年。

28. 河北省劳改法学研究会:《劳改法学文集》(内部编印),1985 年。

29. 中国监狱工作协会监狱史学专业委员会:《新中国监狱工作若干问题研讨会论文集》(内部编印),2011 年。

30. 中国监狱工作协会:《新形势下狱务公开工作研究优秀论文集》(内部编印),2015 年。

31. 周亚非:《我国监狱企业管理体制改革研究》,长江大学出版社 2015 年版。

32. 朱麒名:《我国监狱管理体制改革研究》,中国地质大学出版社 2013 年版。

33. 杨向东:《建国初期(1949—1954 年)行政组织法认识史》,山东人民出版社 2013 年版。

34. 丁伟峰:《行政组织的自我规制研究》,吉林大学出版社 2017 年版。

35. 邓灵评:《基于数据挖掘的犯罪行为分析及系统实现》,西南交通大学出版社 2014 年版。

36. 谢寒光:《基于数据挖掘技术的犯罪行为分析》,中山大学出版社 2014 年版。

37. 邵雷主编:《中英监狱管理交流手册》,吉林人民出版社 2014 年版。

38. 周勇主编:《国外罪犯安全分级评估与管理制度规定及工具选编》,法律出版社 2017 年版。

39. 张亚平:《法国刑事执行法》,法律出版社 2014 年版。

40. 中国社会科学院评议研究所词典编辑室编:《现代汉语词典》,商务印书馆 2015 年版。

二、论文类

1. 王明迪:《一个甲子的辉煌》,载《我所知道的新中国监狱第二辑》(内部编印),2010 年。

2. 孟庆丰:《辽宁监狱系统实行"累进处遇制"的回顾》,载《我所知道的新中国监狱第二辑》(内部编印),2010 年。

3. 陆强:《深入推进监狱体制改革的思路》,《中国财政》2015 年第 10 期。

4. 魏红:《论社区矫正在刑罚中的运用》,《贵州警官职业学院学报》2011 年第 2 期。

5. 张鸿魏:《美国监狱管理的紧束化倾向研究》,《河北法学》2005 年第 1 期。

6. 周燕军:《制度伦理评价系统的原则与建构》,《理论与现代化》2000 年第 5 期。

7. 孔伟艳:《制度、体制、机制辨析》,《重庆社会科学》2010 年第 2 期。

8. 杨建顺:《社会管理创新的内容、路径与价值分析》,《人民政坛》2010 年第 3 期。

9. 张明楷:《刑事司法改革的断片思考》,《现代法学》2014 年第 2 期。

10. 周斌:《紧扣时代脉搏司法体制改革不断向纵深发展》,《法制日报》2019 年 6 月 6 日。

11. 马宝成、安森东:《中国行政体制改革 40 年:主要成就和未来展望》,《行政管理改革》2018 年第 10 期。

12. 张纪南:《深化机构和行政体制改革》,《人民日报》2017 年 12 月 28 日。

13. 郭明:《中国监狱的现状及其变革》,《中国监狱学刊》2013 年第 2 期。

14. 李林:《怎样以法治凝聚改革共识》,《北京日报》2013 年 3 月 11 日。

15. 苗连营、陈建:《宪法与改革关系的中国逻辑》,《江海学刊》2019 年第 1 期。

16. 黄小勇:《新公共管理理论及其借鉴意义》,《中共中央党校学报》2004 年第 3 期。

17. 李自如、李卫勇:《运用新公共管理理论改造海关组织架构》,《求索》2004 年第 9 期。

18. 赵春晓:《中国特色司法文明建设的探索与实践——以最高人民法院第二巡回法庭的改革实践为视角》,《法律适用》2019 年第 1 期。

19. 徐汉明:《积极稳妥地推进设立跨行政区划检察院》,《检察日报》2014 年 12 月

31 日。

20. 傅郁林:《最高人民法院巡回法庭的职能定位与权威形成》,《中国法律评论》2014 年第 4 期。

21. 薛艺泽:《物联网在监狱管理中的应用》,《中国安防》2010 年第 7 期。

22. 王凯:《基于云计算与物联网的监狱信息化建设之探讨》,《江西通信科技》2014 年第 2 期。

23. 章恩友:《监狱法修改的基本原则与主要任务》,《中国监狱学刊》2019 年第 3 期。

24. 王明迪:《监狱体制改革探索》,《中国监狱学刊》2003 年第 4 期。

25. 李豫黔:《关于监狱体制改革若干问题的思考》,《中国司法》2004 年第 1 期。

26. 夏宗素:《新中国监狱性质职能的历史演变及科学定位》,《中国监狱学刊》2007 年第 2 期。

27. 奚建荣:《关于监狱企业改革转型的探讨》,《犯罪与改造研究》2009 年第 2 期。

28. 范方平:《关于监狱体制改革的几点思考》,《中国司法》2004 年第 1 期。

29. 张绍彦:《中国监狱改革论略》,《北京市政法管理干部学院学报》2011 年第 2 期。

30. 贾洛川:《改革开放四十年中国监狱发展的回顾与展望》,《河南司法警官职业学院学报》2018 年第 4 期。

31. 余亚宇:《论基层法院组织结构设计的原则和方法》,《司法改革论评》2017 年第 24 期。

32. 万宏:《国有企业组织结构设计的原则》,《四川师范大学学报(社会科学版)》2005 年第 5 期。

33. 魏书良:《北京清河分局监狱体制改革研究》,《犯罪与改造研究》2010 年第 11 期。

34. 商希雪:《美国联邦监狱产业运营对我国监狱生产的启示》,《上海政法学院学报(法治论丛)》2006 年第 4 期。

35. 王廷惠:《美国监狱私有化原因研究》,《财贸经济》2004 年第 8 期。

36. 王廷惠:《美国监狱签约外包简评》,《国家行政学院学报》2004 年第 5 期。

37. 陈颀:《美国私营监狱的复兴———个惩罚哲学的透视》,《北大法律评论》2009 年第 10 期。

38. 许新军:《日本监狱体制的印象与启示》,《河北法学》2003 年第 4 期。

39. 吴金群:《论我国权力制约与监督机制的改革战略》,《江海学刊》2013 年第

2 期。

40. 谢志强:《创新社会治理:治什么谁来治怎么治——我国加强和创新社会治理面临的问题挑战与对策建议》,《光明日报》2016 年 7 月 13 日。

41. 司法部:《"数字法治、智慧司法"信息化体系建设指导意见》,《中国司法》2018 年第 11 期。

42. 刘华婷、郭仁祥、姜浩:《关联规则挖掘 Apriori 算法的研究与改进》,《计算机应用与软件》2009 年第 1 期。

43. 陈鹏、疏学明、颜峻等:《犯罪活动在一天内的发生时间规律》,《清华大学学报(自然科学版)》2009 年第 12 期。

44. 林艳、罗万杰、曾昭龙:《犯罪地理画像方法与应用研究》,《中国人民公安大学学报(自然科学版)》2013 年第 4 期。

45. 叶文菁、吴升:《基于加权时空关联规则的公交扒窃犯罪模式识别》,《地球信息科学学报》2014 年第 4 期。

46. Lee-Feng Chien. "PAT-tree-based keyword extraction for Chinese information retrieval". *International AcmSigir Conference on Research & Development in Information Retrieval*, 1997:50-58.

47. Walker, B. B., Schuurman, N., & Hameed, S. M.. "A GIS - based spatiotemporal analysis of violent trauma hotspots in Vancouver, Canada: Identification, contextualisation and intervention". *BMJ open*, 2014, 4(2):1-7.

48. DaweiWang, Wei Ding, Henry Lo, et al. "Crime hotspot mapping using the crime related factors—a spatial data mining approach". *ApplIntell*, 2013, (39):772-781.

49. 《新疆生产建设兵团,体制机制》, http://www.xjbt.gov.cn/bt/。

50. 《新疆生产建设兵团监狱工作管理局》, 兵团监狱管理局, http://jygl.xjbt.gov.cn/c/2015-04-28/554966.shtml。

51. 张玉卿:《澳门监狱制度介绍,司法部政府网》, http://www.moj.gov.cn/organization/content/2019-04/10/jygljsjxw_232251.html。

52. 汪兴军:《近观香港惩教所和内地监狱的同与不同》, http://www.yidianzixun.com/article/0Kt3JXqq。

53. 邵雷:《推进高度戒备监狱建设与管理的研究和探索》,《中国司法》2018 年第 1 期。

54. 周鹏:《高度戒备监狱建设与管理初探——以江苏省龙潭高度戒备监狱为例》,《中国司法》2018 年第 1 期。

55. 闵征：《香港囚犯矫正工作特色研究》，《中国监狱学刊》2009 年第 1 期。

56. 闫佳：《国外刑罚执行体制介绍及其启示》，《中国司法》2015 年第 3 期。

57. 李忠东：《法国监狱不堪重负》，《检察风云》2018 年第 16 期。

58. 沙闻麟：《法国瑞士德国监狱管理掠影》，《中国司法》2016 年第 10 期。

59. 朱琳：《法国未成年犯的刑事处罚执行机构及管理部门》，《犯罪与改造研究》2011 年第 10 期。

60. 栗志杰、田越光：《俄罗斯联邦刑事执行制度研究（续 8）——剥夺自由刑刑罚执行的基本规则》，《中国监狱学刊》2014 年第 1 期。

61. 陈厅、田越光：《俄罗斯联邦监狱罪犯教育》，《中国监狱学刊》2014 年第 1 期。

62. 张泽平、金建栋：《初探俄罗斯司法警校教育培训体系对我国的启示》，《社会科学研究》2021 年第 2 期。

63. 司法部政府网：《司法部：充分发挥标杆示范作用，全面推进智慧监狱建设》，http://www.moj.gov.cn/news/content/2019-04/04/bnyw_232049.html，2019。

64. Yu H. "Apriori algorithm optimization based on Spark platform under big data". *Microprocessors and Microsystems*，2021，80：103528.

65. 中国安防：《纽约市警察局与微软公司合作部署犯罪监控预防系统》，《中国安防》2012 年第 11 期。

66. 人民网：《北京警方利用大数据预测犯罪趋势》，http://scitech.people.com.cn/n/2014/0618/c1057-25165614.html.2014。

67. Zhiyuan Lin, Jongbin Jung, SharadGoel, Jennifer Skeem. "The limits of human predictions of recidivism". *Science Advances*，2020，6(7).

68. 卫晨曙：《美国刑事司法人工智能应用评价》，《山西警察学院学报》2020 年第 4 期。

69. 吕辉：《基于大数据技术的罪犯危险性评估方法研究》，《犯罪与改造研究》2020 年第 8 期。

70. 陈志文、黄东荣、周竹：《罪犯危险性评估系统工具研发与实践——以广东监狱为例》，《犯罪与改造研究》2019 年第 8 期。

责任编辑:洪　琼
封面设计:石笑梦
版式设计:胡欣欣

图书在版编目(CIP)数据

中国特色监狱管理体制改革与创新研究/王恒勤等 著. —北京:人民出版社,
　2023.7
ISBN 978 - 7 - 01 - 025438 - 8

Ⅰ.①中…　Ⅱ.①王…　Ⅲ.①监狱-管理-体制改革-研究-中国
Ⅳ.①D926.7

中国国家版本馆 CIP 数据核字(2023)第 063886 号

中国特色监狱管理体制改革与创新研究
ZHONGGUO TESE JIANYU GUANLI TIZHI GAIGE YU CHUANGXIN YANJIU

王恒勤 等 著

人民出版社 出版发行
(100706　北京市东城区隆福寺街 99 号)

北京中科印刷有限公司印刷　新华书店经销

2023 年 7 月第 1 版　2023 年 7 月北京第 1 次印刷
开本:710 毫米×1000 毫米 1/16　印张:17.25
字数:270 千字

ISBN 978 - 7 - 01 - 025438 - 8　定价:79.00 元

邮购地址 100706　北京市东城区隆福寺街 99 号
人民东方图书销售中心　电话 (010)65250042　65289539